区块链与
资产证券化

姚前　林华 等◎著

图书在版编目（CIP）数据

区块链与资产证券化 / 姚前等著. -- 北京：中信出版社，2020.10
ISBN 978-7-5217-2263-5

Ⅰ.①区… Ⅱ.①姚… Ⅲ.①区块链技术—应用—资产证券化—研究 Ⅳ.①F830.91

中国版本图书馆CIP数据核字（2020）第177108号

区块链与资产证券化

著　　者：姚前　林华　等
出版发行：中信出版集团股份有限公司
　　　　　（北京市朝阳区惠新东街甲4号富盛大厦2座　邮编　100029）
承 印 者：北京诚信伟业印刷有限公司

开　　本：787mm×1092mm　1/16　　印　张：24.25　　字　数：335千字
版　　次：2020年10月第1版　　　　　印　次：2020年10月第1次印刷
书　　号：ISBN 978-7-5217-2263-5
定　　价：89.00元

版权所有·侵权必究
如有印刷、装订问题，本公司负责调换。
服务热线：400-600-8099
投稿邮箱：author@citicpub.com

《区块链与资产证券化》 作者名单

著　者　姚　前　林　华
参与作者　肖　风　赖智明　李　伟　邹传伟
　　　　　王立荣　郁冰峰　张贝龙　李康宁
　　　　　梅冰晶

前言

资产证券化是指将基础资产的未来现金流打包，以此为价值偿付，发行资产支持证券（Asset－Backed Securities，简写为ABS）的过程。自1970年美国政府国民抵押协会发行首单资产支持证券以来，资产证券化已发展成为具有广泛影响力的金融创新工具。以美联储为例，其货币量化宽松，除了购买美国国债，就是购买机构抵押贷款支持证券（Mortgage－Backed Securities，简写为MBS）。我国资产证券化试点于2005年启动，2008年全球金融危机爆发后，一度有所放缓，2012年重启，2015年实行备案制后，进入快速发展阶段，融资租赁、收费收益权、应收账款、保理融资、汽车抵押贷款、商业房地产抵押贷款等资产证券化产品不断推陈出新，近期正开展基础设施公募REITs（Real Estate Investment Trusts，房地产投资信托基金）的试点工作。

一般来说，资产证券化包含构建资产池、破产隔离、信用增级、证券评级、证券销售、挂牌上市、交易、存续期管理、到期支付等多个步骤，流程长，涉及多方面主体，包括发起人、SPV（Special Purpose Vehicle，特殊目的载体）、承销商、投资银行、信用增级机构、担保机构、评级机构、托管人、律师、会计师等。其通过特殊的法律实体以协助转移收益（风险），并可分层出具有不同风险/收益特征的证券，是一种复杂的金融创新，甚至被称为最高级的"金融炼金术"。

在我看来，资产证券化虽然流程复杂，但原理其实简单。其核心在于将复杂、难以"他信"的基础资产转化为面向市场、可信的资产，然后将其标准化、可分割化，并供众多投资者购买和交易。可信是资产流转的前提。原始资产"藏"在企业的资产负债表里，产权功底扎实的业界专家,共同撰写了《区块链与资产证券化》这部专著。

希望本书的出版能对我国资产证券化行业的创新发展有所助益。

姚前

目录

第一部分　数字资产概述

第一章　**数字资产与数字金融**　3

第二章　**区块链高质量发展与数据治理**　13

第三章　**基于区块链的资产证券化信息披露应用**　20

第二部分　区块链与资产证券化结合的探索与实践

第四章　**资产证券化业务的发展过程及瓶颈**　35

第五章　**区块链在资产证券化过程中的应用**　51

第六章　**区块链在资产证券化应用市场中的案例**　59

第七章　**区块链在资产证券化中的应用前景及挑战**　73

第三部分　资产证券化底层技术

第八章　**资产证券化实现的区块链技术基础**　79

第九章　**区块链技术的运用方式**　126

第十章　**区块链技术发展及其在资产证券化领域应用的展望**　218

第一章　数字资产与数字金融

金融是现代经济的发动机与加速器，近年来在科技的"加持"下，各种新概念、新模式层出不穷。比如：银行核心业务系统从分散到集中再到分布式；污名化后的互联网金融，改头换面，以金融科技的新形象继续讲着"互联网＋""人工智能＋""移动＋"……的故事；直销银行、网络银行、智能投顾等概念方兴未艾。最近，数字金融与数字经济的概念又逐渐进入人们的视野，带来很多新的提法。

实质上，若站在更高的维度来审视这些创新金融业务，可以发现它们依然没有摆脱传统金融业务的窠臼。"互联网＋"的设计思路和产品形态着眼于渠道的拓宽，以带来长尾客户，数据分析能力的增强可开展精准营销，或与特定的产业政策结合进行定向服务……但这些都是"术"的层面，远没有到"道"的高度。

到底什么是数字金融？或者说新金融到底新在哪里？我认为，数字资产才是数字金融的核心命题。只有数字资产活了，数字金融才能满盘皆活，因此资产数字化是数字金融的基础。通过数字化，资产属性变得多样化了：可以是证券也可以是货币，可以是现货也可以是期货……这些名目，在传统金融业务中是资产可以流通的"护身符"，唯有在这些属性的界定下，资产才能流动起来；而在数字资产的新金融模式下，边界模糊了。因为资产数字化打通了金融市场的"任督二脉"，任何资产都有了可分割性和流动性，都标准化了，无须依赖传统的外在力量来激活和赋能（人们美其名曰"点石成金"）。在破除了对货币、证券、期货等标签的依赖之后，数字资产的流动将变得更加灵动和自主。近期美国证交会（SEC）批准了 BlockStack 等多个项目，让大家看到了这一点：没有传统意义上的金融中介的参与，融资活动照样可以开展，而且资产的数字化使融资成本可以更低，范围可以更广，效率可以更高……这开启了金融体系的全新局面，以数字资产为核心的金融创新或将是数字金融的重要发展方向。

一、数字资产各种属性深度融合，益于创新

经济学上有句名言：货币是罩在实物经济上的一层面纱。套用这句话，我们可以说，任何的金融工具，如货币、证券等均是罩在底层资产上的一层面纱。以证券为例，它本身就是为了让底层资产流动起来而人为创造的符号表征。股票是股东权益的证券化，债券是债权的证券化，电子黄金是黄金的证券化，MBS（抵押贷款支持证券）是银行信贷的证券化……证券的意义在于为资产创造了流动性，但有了资产数字化，传统证券的含义可能就会有新的变化。因为资产数字化后，天然就有了流动性，就无须证券这一层薄纱，也就没有什么所谓的证券属性认定了，相应的监管体制也随之消解。ICO（Initial Coin Offering，首次代币发行）之所以争议很大，除了被利用成为诈骗工具，还在于数字股权的公开发行、流通和交易，与传统的股票概念、模式有所不同，使传统的证券概念以及建立在此基础上的整个金融体系和监管规则出现了歧义，使人们无所适从。

面对新型的非常规数字资产，现在各国监管部门的反应，要么否定它的出现，要么像美国证交会一样，试图把证券这一面纱，重新盖回新型数字资产上。美国证交会在2018年11月16日的公开声明中，提了一个有趣的称呼，叫数字资产证券（Digital Asset Security）。某种意义上，Security（证券）似乎是多余的，而美国证交会在数字资产（Digital Asset）后面加上Security的用意，更多是为了表达它的政策立场。

数字资产与证券的差别可以用一个简单的例子来说明。现在通用的电子票据，很多人把它定义成数字资产，其实不然。从根本上来说，传统电子票据只是纸质票据的一种数字化表达形式，还不能称作

数字资产，它应该被称为证券。因为，其记录的只是作为流通工具的部分信息，并没有记录合同、物流、发票、税务、保理等底层与真实贸易背景相关的信息。真正意义上的数字资产应该是原生的、包含全量信息的、以数字形式展现和流转的资产。数字化后的订货合同、物流单据、发票、保理合同等资产，才是真正的数字资产。这些数字资产就像证券一样，可流通可交易，但它们难以按传统意义上的证券划分标准，被归类为哪一种证券。就像数字货币的出现模糊了 M0（流通中的现金）、M1（狭义的货币）、M2（广义的货币）等货币层次一样，数字资产模糊了证券属性。或者说，它们的属性内涵更丰富了，既可以在银行间市场备案成为可交易产品，也可以在证券市场登记成为可交易的证券产品，甚至可以在厘清法律关系的基础上作为支付工具使用，成为 x-money。这样的数字资产属性是模糊多样的，反过来说，这恰是它的特别之处：可以当证券，也可以当准货币……各种属性深度融合，益于创新。

二、资产数字化的关键是如何为实体经济赋能

资产数字化离不开金融科技的运用，图灵奖获得者、Pascal 之父——尼古拉斯·沃斯（Niklaus Wirth）曾提出一个著名公式：程序＝算法＋数据结构。这个公式深刻地揭示了程序的本质特征，如果将其扩展至更为广泛的业务流程，该公式完全可以修正为"金融科技＝算法＋数据"。常说的监管科技、大数据征信、智能投顾、数字货币等，实质上均是算力突破奇点后"算法＋数据"的体现，只是侧重点各有不同而已。因此有人对算法推崇备至，认为构建算法模仿超越并最终取代人类，是 21 世纪最重要的能力，未来属于算法及其创造者。

资产数字化正是算法与数据综合应用的典范，通过技术手段保障原生数据的可信是资产数字化的根本要求，数字资产的流通环节也需要各种技术的支持以保证其安全、高效、协同、可控等。

传统金融业务都是围绕着商业银行的账户开展的，在数字金融时

代，由公私钥体系取代了商业银行的账户体系，这在金融史上是一个非常重大的变化，它相当于在传统金融体系之外创造出了一个全新的领域，支撑它安全运行的是一整套复杂的可信技术和密码学方案。数字资产产生、流通、确权都依靠全新的价值交换技术，可采用基于真随机数的加密技术，也可采用基于区块链技术、DAG（有向无环图）技术或公证人机制的分布式账本技术（Distributed Ledger Technology，简写为DLT），在未来甚至还可采用量子叠加态和量子计算实现的量子技术。资产的数字形态既可是一串二进制的加密信息，也可是以去中心化账本的形式来表达，还可以是以量子比特的形式存储的量子信息。在价值转移方面，既可采用UTXO（Unspent Transaction Output，未花费的交易支出）模式，也可采用Account模式，各种模式可相互转化。

这里着重谈谈区块链技术。互联网发展至今，已初步完成其阶段性使命：连接人和信息。当下即便是个人直播这样的高消耗、低效用场景也能获得充分支撑，足以说明互联网能量之巨大。但因电子数据易删、易改、易复制等特性，现有网络安全技术难以保障互联网上高价值数据的高效安全、广泛有序流转，因此互联网上的价值交换依然依赖于金融专网完成最终的价值转移。此外，因为数据产权的问题，数据仍以国家或者机构为界，形成孤岛，数据之间难以形成协同效应。

作为信任机器，区块链技术创造了一种新的范式，连接金融服务所涉及的各参与方，能够打破数据孤岛，提高数据安全性，降低交易成本，增强风险控制能力，这也是区块链技术备受关注的原因所在。可以说区块链承载了太多的理想，获得了资本和产业的热捧。种种溢美之词，掩盖了该技术在比特币（BTC）、以太坊之外少有重大应用的尴尬。在这样的氛围下，研究人员和技术人员更应该沉下心来，认真分析并改进区块链技术的不足之处，比如如何满足高并发量的场景需求，如何与其他非区块链系统交互，如何解决区块链上的数据隐私问题，如何将智能合约与现行法规相结合，如何设计适合区块链的治理机制和标准……

中国是互联网大国，当然也是数据大国，但这更多的是就数量而不是质量来说的。怎样在数量优势上提升品质，把数据资源转化为价值资产，从中产生信用并为实体经济服务，最终促进社会经济的发展，无疑是我国金融科技领域的难题和挑战。

而这恰恰是资产数字化的关键所在。

赫尔南多·德·索托（Hernando de Soto）曾这样描绘资本的创造过程："正规的所有权制度提供了使我们可以把资产体现为活跃的资本所需的过程、形式和法律……把资产加工成资本所采用的方法是，仔细描述资产在经济和社会中最有利用价值的方面，使它们在记录系统中得到确认，然后极富成效地对其进行组织，并收录在所有权凭证中。"

区块链作为一项可信技术，由多方认可，多方背书，是新一代金融基础设施的技术雏形，可以为现有金融机构未能触及的底层实体"加持"信用，增进相互协作，降低交易成本，这对信用和贷款资源一直不能很好渗透到的中小企业及边缘群体而言，有可能创造一个全新局面，而这对于国家的经济发展和金融监管，意义非同一般。

三、资产自金融，普惠共享

数字资产的生产与流通，和现有的金融体系存在极大的区别。资产数字化的更深层次的含义是，数据信息是原生的，可以被穿透和追溯，可以被自证与他证，从而引申出了自金融的概念。自金融的典型特征有3个：一是用户自主掌控数字身份；二是用户自主掌控数字资产，承担交易责任；三是用户之间点对点交易，可以独立于第三方中介机构。数字金融与传统金融的区别如图1.1所示。

数字金融既可自律，也可他律，是构建在底层信息充分披露基础上的高度个人隐私保护的金融科技体系。用户在生产数据的同时，也在创造数字资产，为创新性的数字金融服务增添各种要素。

算法，再到监管部门的介入，基于法币抵押的稳定代币因对法币的价值锚定得到增信，再到近期摩根币（JPM Coin）、脸书的 Libra 出现，虚拟货币价值不稳定和不合规的问题有望得到解决。表面上，虚拟货币的价值在锚定央行货币，其实是在"去虚拟化"。因此，加密货币与虚拟货币的概念需要重新审视，加密货币不再一定是虚拟货币，而"要把脏水泼掉，把孩子抱起"。某种意义上，区分加密货币与虚拟货币，意义重大。

加密货币已经有可能成为真正意义上的货币，只是在货币层次上，它不一定是数字 M0，也有可能是比银行存款货币更高层次的货币：Mn。与数字 M0 相比，M1、M2……Mn 等高层次货币的数字化或更具有想象空间。

中央银行一向被认为不适合承担数字货币供给这一任务。除了狭义银行化的顾虑，主要的担忧是当数字货币向 C 端（零售客户端，即社会公众）发行时，中央银行可能会面临极大的服务压力和成本。这是各国在研发法定数字货币过程中所面临的难题之一。目前各国开展的央行数字货币试验，比如加拿大央行 Jasper 项目、新加坡金管局 Ubin 项目、欧洲中央银行和日本中央银行 Stella 项目等，正在试验加密货币技术，但还停留在 B 端（机构端）应用场景。

按照国际货币基金组织（IMF）中的经济学家比亚斯·阿德里安（Tobias Adrian）和汤玛索·曼奇尼-格里弗利（Tommaso Mancini-Griffoli）等人的观点，100% 备付准备金存缴央行后的支付宝和微信支付，相当于以中央银行负债进行交易，本质上就是央行数字货币。如此，中国早就是全球首个实现法币数字化的泱泱大国，当然这还只是 1.0 版本。需要注意的是，脸书的 Libra 白皮书提出的 100% 资产储备和大家说的 100% 备付准备金，并非一个概念，前者将资金交由第三方托管，后者则是将所有资金存缴中央银行。事实上，100% 准备金存缴之后，如何激励商业机构的行为，既要马儿跑，又要马儿不吃草，这有可能是一个新的命题。

技术上，100% 准备金存缴意味着数字货币的发行、流通、收回、销毁等全生命周期均要依附于传统账户体系，尤其是跨机构央行数字货币的流通，除了央行数字货币账本更新外，还要处理相应准备金账户间的清结算，这不仅增大中央银行中心系统的压力和复杂性，而且难以实现"账户松耦合"的要求，自金融创新不容易展开，跨境支付的想象空间亦大打折扣。相比较，央行加密货币（Central Bank Crypto-Currency，简写为 CBCC）可以让客户真正自主管理自己的货币，而不是托付给第三方，赋予客户自主掌控的能力，也可以越过银行结算系统（Swift），开辟跨境支付的全新战场，目前看，这应是最热的前沿焦点。

英格兰银行行长卡尼（Carney）认为类似 Libra 的数字货币将是全球储备货币的更好选择。我的理解是数字货币不仅仅是法币的数字化，就像数字资产不仅仅是资产数字化那么简单，未来的数字货币需要修补现有货币体系的弊端，超越美元，升级换代。

六、需重新审视传统监管范式

上述数字资产的种种特性，无论是属性多样、融合创新，还是科技驱动、自由开放，均对金融监管提出了全新的命题和挑战。传统上以牌照管理为关键、以金融机构为抓手、以开立在金融机构的账户为核心的监管范式，需要重新审视。

一是机构准入的牌照管理，应转变为用户准入的权限管理。在自金融模式下，中介机构不再是抓手，用户才是关键。用户入场须经过相关认证机构的身份认证和核验，业务过程须与身份认证隔离，并采用密码学原语与方案来实现交易身份及内容隐私保护，管理部门则有权开展穿透式监管。在此基础上，各国监管部门根据客户的数字身份归集本国居民，划定数字司法辖区。在数字司法辖区内，各国监管部门根据 KYC（了解你的客户）、AML/ATF（反洗钱/反恐怖主义融资）及其他金融监管政策，对本国居民节点设置各类业务参与权限。本国居民与非本国居民的金融业务和资金往来，由各国监管部门按照各自的资本账户开放和跨国金融监管政策进行规范。这样的设计既保障了自金融业务的自由开放，同时又充分满足了各国监管要求。以脸书受监管的金融子公司 Calibra 为例，其首个产品就是 Libra 数字钱包，脸书通过 Calibra 钱包将社交用户的身份信息与 Libra 用户的区块链地址进行连接，钱包代替了持牌金融机构成为自金融环境下被监管的主体，这样可以按照司法辖区的具体要求落实监管策略，兼顾了用户隐私保护与监管合规的要求。

二是业务核准，应增加智能合约审核。在自金融模式下，传统的金融业务将被逻辑编码为透明可信、自动执行、强制履约的智能合约。智能合约承载着各种金融业务，甚至一个智能合约就代表一个金融业态。从某种意义上来说，管住智能合约，就管住了未来的自金融业务。在安全高效的用户身份认证及权限管理的基础之上，智能合约应被要求在上链之前必须经过相关部门的验证，判断程序是否能按照监管部门的政策预期运行，必要时监管部门可阻止不合规的智能合约上链或者关闭本国居民执行该智能合约的权限，同时还可建立允许代码暂停或终止执行的监管干预机制。此外，智能合约的参数设置也是一种监管手段，就像利用法定准备金率、资本充足率等监管指标来防控银行风险一样，监管部门亦可通过调整或干预智能合约参数，来管控自金融业务规模和风险。

以监管科技应对金融科技是合乎趋势的应对之道。面对新型数字资产，各国监管部门"五味杂陈"，一方面认可它的创新意义，另一方面却又担心不可控。实质上，在数字化技术的手段下，数字资产不仅可控，还可以做到监管更加精准。某种意义上，与其担心未来不可控，不如警惕可能管得太紧，控制更严。

经济是躯体，金融是血脉，资产是核心。以资产数字化为特征的数字金融创新必将激活各领域边缘资产，推动货币金融变革，全面挖掘数字经济的深度与广度，前景广阔。

第二章　区块链高质量发展与数据治理

习近平总书记在中共中央政治局第十八次集体学习中的讲话内涵丰富，思想深邃。他敏锐地抓住现代信息技术发展的前沿热点，强调要加快推动区块链技术和产业创新发展，高屋建瓴地提出我国区块链技术发展蓝图，为我们指引了方向。同时他又要求客观辩证地看待创新技术的"双刃剑"效应，强调要加强对区块链技术的引导和规范，加强风险研究和分析，加强行业自律，落实安全责任，依法治链，推动区块链安全有序发展。

应该说，要不要发展区块链，已无争议，怎么发展才是当前亟须回答的关键问题。本章认为，先从数据存证、共享入手是务实策略，考虑到技术前沿在公有链，我们应支持公有链的研究，基于现实环境，联盟链或许是应用落地的较优选择。密码学是区块链技术的重要基石，应加强国产密码算法应用和创新发展，以保障我国区块链安全可控。当前最重要的是，我们应提倡区块链的高质量发展，为此，需要加强链上和链下数据治理（Data Governance），建立有效的区块链数字治理体系。

一、先从数据存证、共享入手，逐步向价值网络发展，是务实的落地策略

从现阶段技术的成熟度看，区块链在价值转移方面，还存在性能上的争议，但其本身就是一个点对点的数据共享网络，因此其在数据存证、共享方面的适用性存在较少分歧。在总书记的重要讲话中，促进数据共享是他指出的五大区块链作用之一，也是他强调的区块链重

点应用方向。利用区块链数据共享模式，可实现政务数据跨部门、跨区域共同维护和利用，促进城市地区在信息、资金、人才、诚信等方面更大规模的互联互通，保障生产要素在区域内有序高效流动，提升城市管理的智能化、精准化水平。

但是区块链技术本身对数据高度冗余的要求，客观上增加了计算与存储开销；另外区块链技术在数据透明方面的特性，需结合安全多方计算、同态加密、零知识证明（Zero - Knowledge Proof，简写为ZKP）等隐私保护技术，才能保障大范围的应用，而隐私保护技术本身的效率还在提高过程中。

因此当前比较合理的实现方法是链上共享数据的哈希指纹存证与信息披露，真实数据按照"数据不出门、数据不落地、数据可用不可见"三原则，依托安全隐私保护技术在链下按照授权来共享使用，随着基础设施与安全技术的进步，有计划地将系统和数据迁移到区块链上，进而发展成为价值网络。

二、技术研究在公有链，场景应用在联盟链

从私有链到联盟链、公有链，社区信任程度逐步递减，相应带来的技术难题（比如共识机制、性能问题、隐私保护等）逐步递增。私有链类似于传统信息系统，联盟链是相互信任的机构之间的互联互通，介于去中心化和中心化之间，根据业务场景的要求，不一定只采用POS（Proof Of Stake，股权证明）或POW（Proof Of Work，工作量证明），可采用BFT（拜占庭容错）等传统共识机制，也可以采用多种共识协议相结合的混合共识机制，Libra就是联盟链。而公有链的相互信任程度最低，高度开放和容错下的安全和性能挑战所要求的技术水平最高。公有链的前沿技术突破，将为联盟链和私有链现有技术问题提供新的解决方案。因此，就学术而言，区块链的技术创新关键点更多的是在公有链上。支持公有链的研究，推进联盟链的应用，是我国区块链发展战略的应有之义。

三、以监管科技应对金融科技,是区块链治理的应对之道

可以说,区块链的去中心化对金融监管提出了全新的问题和挑战,完全开放自由的公有链存在合规风险,如承载金融科技应用则必须予以改进。应对之道或许是以监管科技应对金融科技,联盟链是许可链,既可以开展跨机构应用,也可以为行业自律和监管提供服务。鉴于此,可考虑在不损害区块链技术优势的前提下,在公有链上增加监管节点,保障公有链的合法合规,或者采用多链策略,即采用联盟链+公有链的"二元模式",将联盟链在相关监管部门注册,开展链上监管,去中心化应用则使用公有链,开展去中心化商业活动。若有需要,监管者亦可从联盟链穿透到公有链,管控全局。基于依法合规的现实要求,联盟链或许是应用落地的较优选择。

四、国产密码算法的应用和创新发展,是我国区块链安全可控的基础

本质上,区块链是一个基于密码学原理的分布式共享存储与计算系统,其对中心化机构的扬弃和对密码学技术的依赖,标志着一种全新范式的控制权的转移。就这一个角度而言,国产密码算法的应用和创新发展,意义重大。关键领域的区块链应用,密码学技术必须符合国家密码标准。

目前,国家密码局公布的中国自主研发的国家商用密码算法,包括 SSF33、SM1(SCB2)、SM2、SM3、SM4、SM7、SM9、祖冲之密码算法(ZUC)等。其中 SSF33、SM1、SM4、SM7、祖冲之密码算法是对称算法,SM2、SM9 是非对称算法,SM3 是哈希算法。国密算法有优点,但也有需要改进的地方。以 SM2 为例,相比传统的 ECDSA(椭圆曲线数字签名算法),两者的签名和验签的核心步骤相近,SM2 签名验证算法加入了较多的检错功能,提高了签名验证系统的数据完整性、系统可靠性和安全性。与广泛应用的 RSA 数字签名算法相比,SM2 在同等安全强度下所需密钥位数更少,且密钥对生成速度、签名

一是清晰的业务需求。不是所有的数据都要上链,只有需要多方共享的高价值数据,或者说只有主数据,才需要上链,早期甚至只有主数据的哈希指纹存证在链上。

二是明确的主数据规则和标准。联盟链的各方应预先在标准和规则层面达成一致:各节点的上链数据在链下统一标准,或者各自规范,仅在上链时通过数据抽取引擎(比如 ETL、ESB),将异构数据转为链上统一格式的标准数据集。如果是前者,那么各方应共同制定链下数据标准,即统一的数据定义、分类、记录格式和编码,以及分类规范、编码结构、数据模型、属性描述。如果是后者,各节点在数据上链之前通过数据抽取引擎,对欲上链的数据进行一系列的加工处理,以形成标准统一的主数据,再根据链上数据规范要求进行数据存证与信息披露。

三是统一的链上元数据标准。为了使多源的链上数据能被区块链各参与节点方准确理解和使用,需要事先对每个数据元素进行元数据定义,消除数据的二义性,降低数据集成的成本,让各方能够在统一的逻辑框架上解读和验证链上与链下数据。

四是适当的干预机制。欧盟的《通用数据保护条例》(General Data Protection Regulation,简写为 GDPR)规定数据主体享有知情同意权、访问权、拒绝权、可携权、删除权(被遗忘权)、更正权、持续控制权等多项权利。其中,删除权(被遗忘权)是指数据主体有权要求数据控制者立刻删除与其有关的个人数据及其副本、备份和任何链接。更正权是指数据主体有权要求数据控制者更正并且完善与其有关的个人数据的权利。从这个角度看,区块链的难以篡改特性与上述两个数据主体权利存在一定的冲突。因此,需要在联盟链上建立适当的干预机制,以满足法律上的数据主体权利保护要求和其他合规要求,而且这也是保障良好网络生态的应有之义。

五是科学的管理体系。数字治理本质上是一种管理活动,需要有相应的运维组织、管理流程和考核机制,推动数据标准规范的落地实施和有效执行。比如可考虑成立联盟链联合工作组,负责开展明确数据需求、制定标准、统一规则、监督评估等治理工作,并负责评测各节点的链下数据治理成熟度,行使节点的许可准入权力。

(三) 加强数据安全管理与隐私保护,保障数据资产价值

随着数字经济时代的到来,数据已成为关键的生产要素。数据具有经济价值,是重要资产。如何在数据共享的同时,又避免数据泄露,自然是数据治理的重中之重。在需求规划时,各节点应预先梳理各自的数据,识别哪些是非密数据,哪些是保密数据,哪些是敏感数据,哪些是边缘数据,哪些可公开,对谁可见,和谁共享,在此基础上,根据数据的价值、敏感性和隐私性进行分级,制定访问控制矩阵和差异化隐私策略。在数据上链时,应保证接口安全。无论链上数据访问,还是链下数据访问,应有身份认证、分级授权等访问控制,防止攻击者假冒合法用户获得访问权限,保证系统和数据的安全。在数据的传输和共享过程中,可根据数据的共享和安全需要,对不同的数据进行脱敏,或者采用数据加密技术,比如零知识证明算法对数据加密,亦可采用一些通道技术来限制数据共享范围,控制数据泄露风险。

六、结语

当前,发展区块链技术俨然成为一种不可阻挡的技术趋势,是全球产业变革的全新赛道,各国均在发力,加速布局。在这样一个全球瞩目的阵地,我们应扎实备战,抢占技术制高点。习总书记的讲话是我国区块链技术创新和产业发展的指导思想和根本宗旨,我们应积极贯彻落实总书记重要讲话精神,珍惜战略机遇,求真务实,勇于探索,使区块链技术在建设网络强国、发展数字经济、助力经济社会发展等方面真正发挥作用。

第三章　基于区块链的资产证券化信息披露应用

运用区块链技术对传统信息系统进行改造和变革,成为当下的科技创新研究热点。在金融领域基于区块链的分布式账本技术是继账本数字化后的又一次重大飞越。区块链彻底改变了目前依赖对账的不可信记账模式,为各方提供了技术保障一致性和真实性的可信共享账本。

将区块链应用在供应链领域,不仅从根本上提高了记账效率和真实性,而且中小企业也有机会获得对等话语权,可不依赖核心企业信用,独立向金融机构提供可信数据并据此获得融资。同时,中小企业融资还存在需求分散、主体信用不高、融资交易成本高等问题,在打通融资渠道方面,资产证券化是一种有效的方式。因而,研究应用区块链技术构建新型分布式账本,促进供应链中小企业资产证券化融资,对于服务实体经济、推动普惠金融科技创新具有重大现实意义。

一、供应链金融资产证券化场景分析

中小企业存在自身信用不足的固有问题,因而长期以来,传统银行信贷难以为其提供足够的信用支持。同时,中小企业单笔融资金额不高,融资需求时效性高,变动性大,传统银行信贷业务操作效率和成本也难以满足其融资要求。

解决中小企业融资的主要思路可以从两方面入手。一是通过信息技术或金融工具的使用来提高融资效率、降低融资操作成本。利用信息系统来支撑中小企业经营活动全过程,实现传统交易单据和凭证的电子化、网络化,实现信息自动获取,从掌握中小企业经营状况角度对其信用进行评估。建立服务中小企业的金融服务系统,实现中小企业融资过程的线上化,利用信息技术来降低中小企业信用评估和融资服务的操作成本,提高效率。二是将基于信用的融资转化为基于资产的融资,以资产自身形成的现金流作为还款来源,或通过资产作为担保为中小企业增信,保证资产变现渠道畅通,将中小企业信贷模式转换为促进资产流动的金融服务模式。进一步,可以通过资产打包以及建立动态资产池等方式,将分散的中小企业资产聚合成更大规模的资产,利用证券化等方式实现中小企业资产支持融资成本的降低,更加灵活地流动,通过对接广泛资本市场,进一步拓宽中小企业融资渠道。

(一) 供应链金融解决中小企业信用问题

供应链融资,是将供应链上的核心企业及其相关的上下游配套企业作为一个整体,根据供应链中企业的交易关系和行业特点、制定基于货权及现金流控制的整体金融解决方案的一种融资模式。供应链融资通常可分为应收账款融资、预付款融资和存货融资三类。

供应链金融解决中小企业融资难问题的核心是,改变传统独立对单个中小企业进行融资,而是将中小企业纳入供应链的整体范围,通过供应链核心企业的信用传导,利用中小企业与核心企业之间真实交易关系和付款约定,直接或间接为中小企业提供增信。金融机构可以依托供应链获得中小企业交易的真实信息,从而可以提供一种对中小企业进行信用评估的新视角。同时金融机构通过将融资业务与供应链中小企业交易流程进行深度嵌套,可以设计各种创新的金融产品和服务,充分利用供应链业务来控制和降低金融风险。例如,以应收账款所产生的现金流作为还款来源,可以实现中小企业获得融资而由核心企业还款的模式;以交易过程的货物控制为手段,为中小企业融资提供有效抵押品,并利用供应链快速实现抵押品的流动变现,从而大幅降低融资风险。据初步统计,我国中小企业应收账款规模在 10 万亿元以上,如何有效盘活供应链资产,是解决中小企业融资难问题的关键出路。

（二）供应链金融信息化提高中小企业融资效率

虽然供应链金融能够为中小企业提供融资增信，使得中小企业可以不通过自身信用，而依靠资产支持获得融资，但中小企业数量多，单笔融资金额不高，融资需求时效性高，变动性大，传统银行信贷业务操作效率和成本难以满足其融资要求的问题，使得中小企业融资缺乏可操作性，融资规模依然受限。信息化手段，可以将传统纸质文件电子化、传统操作过程线上化、融资服务网络化，从而大幅提高中小企业融资效率。

供应链金融信息化包括供应链信息化和基于供应链的贸易融资服务信息化两部分。供应链信息化是以核心企业自身 ERP（企业资源计划）系统建设为基础，通过核心企业信息技术能力的输出和外延，将核心企业内部信息化系统渗透和推送到其上下游企业，使得中小企业可以利用核心企业信息系统来实现供应链交易单据电子化和交易过程的信息化。而基于供应链的贸易融资服务信息化，则是从金融机构为中小企业提供线上融资产品和服务角度出发，金融机构开发融资服务平台，将传统融资过程通过系统方式来完成，包括贷前、贷中和贷后，尽可能将纸质文件变为电子信息，将人工服务变成在线操作或系统自动完成。

由于供应链涉及的企业众多、交易复杂，传统中心化方式下，供应链金融平台的模式基本可分为以核心企业为中心、以金融机构为中心、以中介服务机构为中心的 3 种。这些中心化的平台相对封闭，系统之间的信息交互和整合难度较大。平台之间有限的信息互通，无法有效实现中小企业融资信息的闭环。中小企业融资对平台依附性较强，仅限于平台参与方，融资范围较为受限。

（三）基于资产证券化放大中小企业融资规模

中小企业融资典型的特点是单笔金额小、期限短且灵活。一些参与方通过挖掘供应链交易过程产生的流动资产，为中小企业提供资产支持性融资，都比较分散，难以形成规模化的金融资产。因此，需要将中小企业的基础资产进行打包，或者构建资产池，形成资产的动态滚动机制，从而建立具有一定规模的、相对稳定的大的底层资产。在此基础上，引入资产证券化金融工具，发行相应的资产支持证券，通过金融交易市场进行交易，可以将供应链中小企业融资需求对接到现有的金融市场，极大地拓宽中小企业融资渠道。这种基于中小企业资产集合的证券化融资，其实际操作难度在于，底层资产的分散化对于资产证券化众多参与方所引入的复杂性。这方面，可以利用供应链金融信息化的基础，通过系统来对大量小额底层资产进行电子化处理，从而提升资产证券化底层资产管理以及风险管理的效率，降低操作难度和成本。

传统中心化平台模式都是围绕某一方为基础提供信息服务，外部聚合信息有限、信息链条不完整、系统参与方有限等问题也使得资产证券化对于底层资产的信息需求和市场流动性需求难以有效满足。

二、传统供应链金融信息化的多方困局

当前，通过供应链金融方式解决中小企业融资问题取得了一定的突破，各类供应链金融系统和平台不断涌现，有效促进了中小企业融资。但供应链金融固有的参与方众多且分散的现状，使得传统中心化平台的模式难以很好平衡多方关系，实际应用中还存在一定局限。

（一）融资参与方较多，各方信息互通、共享不够充分

供应链融资过程涉及买方、卖方、资金提供方、融资中介等各方，尤其是在庞大的供应链体系和一系列融资交易结构下，参与方较多，信息互通比较复杂。传统方式需通过某一方，一般是核心企业或第三方融资信息服务机构作为中心来连接各方，作为信息枢纽。其他各方都需要在足够信任的基础上，以中心化平台为基础，作为参与方进来。该中心化平台因而逐渐形成了在这个小的融资生态中的系统优势，并可以借助该优势显现出对其他参与方的强势。这种不对等的发

过供应链可以依靠真实的交易过程产生的资产作为支持来融资，但由于缺乏有效的真实资产信息披露能力，中小企业自身难以独立向金融机构提供可信资产信息，在申请融资过程中必须依靠核心企业提供信息真实性证明，无法与金融服务机构进行直接交互。这就使得中小企业的融资高度依附于供应链的核心企业，从而导致供应链金融渠道与核心企业融资渠道高度重合。某种程度上，信息话语权缺失让中小企业丧失了自主融资能力，导致普惠金融的服务难以直接渗透到中小企业。

（二）原始信息分散、对账困难导致信息不可靠

供应链金融相比传统信用融资，最大的优势在于以挖掘和利用供应链真实交易为背景，为融资发生的背景、融资资金使用、融资还款来源等提供可信依据。因而，贸易真实性成为供应链金融风险防控的核心。为保障信息的真实性，传统业务往往通过多个维度信息的比对，防止作假现象。人们常谈到的供应链金融"三流合一"，就是指物流、信息流、资金流中相关信息的一致性问题。

由于现代社会分工的深入发展，供应链的贸易参与方众多，贸易过程涉及多个主体和操作环节。在传统的记账模式下，各个主体独立记账，各自记录原始信息，因此各主体账本和原始信息分散在不同的系统和位置。因此，中小企业供应链资产的证券化融资，大量底层资产原始信息需要从多个不同来源进行获取，若要保证信息的一致性，不仅要耗费大量搜集和提取信息的成本，还需要开展复杂但又不可靠、容易出错的对账工作，因而在产品发行和存续期间，难以做到全面、动态、准确一致的底层信息披露。

（三）底层资产信息传导困难导致中小企业资产证券化无法顺利开展

供应链金融使得中小企业可以利用底层资产信息支持，为主体提供增信，以获得融资。尤其是，当中小企业开展资产证券化业务时，中小企业供应链底层资产将通过金融工具，以证券化产品方式进入多

层级市场流通。在层层流动过程中，各个阶段必然涉及不同参与方，为了更好地对资产证券化产品进行定价和风险管理，需要动态跟踪底层资产变化，将底层信息的变动实时传导到各方，并且全程保证数据的真实性和一致性。

因此，如何将融资所需的底层原始信息传导到相关方，并且保证信息不丢失、不失真，是当前中小企业供应链资产证券化融资亟须解决的问题。传统中心化系统大集中的方式，既存在信任协调的难度，也存在竞争关系的壁垒，同时难以实现系统的完全透明化，还存在数据安全的隐患等。这些问题都使得传统方式无法真正满足资产证券化对于中小企业大量分散的底层资产的穿透要求。从技术角度考虑，上述问题的解决，可以引入一种不依赖特定一方的分布式账本技术，打破传统中心化平台的局限，由多方共同参与，以对等协作的方式进行数据共享，并由多方共同保证数据真实性和安全性，实现底层资产信息的全局记账，并为各方提供动态、一致的信息披露，从而真正实现证券化产品底层资产可信穿透。

四、基于资产上链的数字化思路探索新型资产证券化信息披露

区块链是近年来兴起的一种分布式账本技术，可以不依赖某一方作为中心，而以多方对等、共同参与的方式，通过技术形成全局一致的共享账本，并且保证数据不可篡改。这种技术保证的真实可信，为基于资产支持的中小企业供应链金融提供了一种全新的解决方案。目前，区块链技术多用在中小企业供应链直接融资方面进行创新，资产证券化方面相对探索不足。

资产证券化无论在资产规模、信息公开，还是在对投资人的保护等方面都有更高的要求，相比传统资产证券化，中小企业供应链资产证券化需要能够提供一种透明可信的底层资产穿透能力。利用分布式账本技术，能够通过技术来满足多方充分透明和可信的要求，将中小企业供应链底层资产信息完整、动态上链，能够为参与各方提供可信的底层资产信息披露服务。

（一）建立底层资产原始信息的区块链账本实现信息穿透

传统资产证券化的信息披露主要依靠承销商，其披露的内容也仅限于产品发行的文件，对于底层资产原始信息缺乏穿透能力。利用区块链技术建立分布式账本，则可以在原有信息披露的基础上，针对底层资产信息补充提供专项信息披露服务，实现底层资产穿透功能。主要思路是，在中小企业的资产证券化流程中，引入基于联盟链技术的分布式账本，完整记录资产证券化产品相关的底层资产信息，并利用各方共享的全局一致的分布式账本数据，为相关方提供底层资产信息披露，从技术上真正实现底层资产信息可见、可信、可跟踪，解决底层资产穿透问题，保障资产证券化披露的完整性和真实性。

技术机制是，把分布式账本作为最终可信数据的承载平台，由资产证券化相关各方作为参与方，共建联盟链，并维护全局统一的底层资产原始信息分布式账本。在该账本基础上，提供多种原始信息数据采集接口和数据交叉验证接口。融资人以及相关服务方，按信息披露的要求，将融资相关的底层交易信息完整发送到联盟链，并经过内部和外部交叉等多种验证后，记录在分布式账本上。由于分布式账本由联盟链网络多方共同记账维护，该原始信息一经记录，不可篡改，为后续产品发行全流程提供了可信的存证信息。通过这样的方式，传统产品发行过程涉及的基于底层资产进行的评级和审计操作，都可以依据分布式账本记录的原始信息进行。同时在产品交易过程中，资金流向和存续期底层资产变化等各类信息，均可以在分布式账本上完整记录。当所有信息汇聚在分布式账本后，通过技术手段可自动进行信息一致性比对，从而实现在产品发行过程中的账证相符、账账相符、账实相符。

总之，利用分布式账本对数据一致性、数据不可篡改等技术保障的可信优势，可以实现对底层资产信息全生命周期的完整记录，真正做到底层资产的公开和透明，使所有参与方能够获取完全相同的底层数据，不仅可以为投资人提供一个动态、真实可信的完整信息披露来源，还可以为监管提供便利。基于此，一方面投资人可以对底层资产进行风险评估并衍生出一系列增值服务功能，另一方面也为在有效监管下开展各种资产证券化创新提供良好的基础环境支撑。

（二）基于资产上链需求对现有区块链技术进行改进

相比区块链技术应用在虚拟数字货币方面而言，服务供应链企业贸易和融资过程，还面临现实的数据复杂性、数据存储的规模化和与外部系统互操作等问题。目前分布式账本表达的数据比较单一，只能反映某种数值关系，只能进行交易的金额流水记账，而无法真正记录底层资产的详细信息，因而常常被限定于虚拟数字货币领域，无法真正与实体经济相结合。例如，底层资产涉及交易各方主体信息、交易背景信息、交易合同信息、交易单据信息、交易物流和资金清算信息等，所涉及的信息格式还包括各种电子文件，不仅超出传统区块链数据记录的能力，而且也超出传统一般数据库的存储能力。此外，目前基于区块链技术的分布式账本较为封闭，缺乏外部互操作性，这使得在分布式账本记录的底层资产数据来源单一，无法有效整合供应链多方信息资源。同时，这也使得区块链上数据缺乏有效多重验证手段，影响数据真实性和可信度。

因此，对目前分布式账本技术进行改进，才能真正充分发挥区块链技术的应用优势。一是对传统分布式账本基础数据单元进行扩充，使其可以表达更加丰富的信息内容，支持复杂数据类型。二是对传统分布式账本的底层数据存储体系进行扩展，使其可以支持多种数据格式的存储。三是引入外部数据源，对分布式账本数据进行交叉验证，进一步增强数据真实保障的手段，满足分布式账本数据在实际应用中的业务可信要求。

（三）应收账款资产证券化信息披露应用案例研究

在金融资产交易所场景探索利用区块链技术建立新型分布式账本的试验思路如下：利用联盟链技术建立新型分布式账本；根据大量底

层资产的多样化原始信息和大规模数据存储的要求，对账本结构和分布式底层技术架构进行扩展，以实现对大规模底层资产完整信息的详细记录；通过访问外部可信数据源，构建多重交叉验证机制，在保证数据不可篡改的基础上，进一步验证业务数据的真实性。充分发挥区块链优势，基于技术手段保障分布式账本数据一致性、数据可信不被篡改，并据此进行信息披露，为发行产品相关方提供一致的可信数据视图。研究发现，采用分布式账本记录底层资产信息，可以有效解决信息穿透的真实性问题。

方案要点是，在底层采用联盟链的技术架构，支持各参与方在许可方式下加入，未来可以不断扩展整个区块链网络节点。在账本结构上，根据资产证券化产品底层资产的分级结构，设计相应的分级账本数据结构。按信息披露的需求，支持从上层产品到底层资产相关实体信息的完整数据建模，并支持包括简单数据、文档、图像等多种信息格式。在账本数据存储上，将结构化数据在区块链账本上直接记录，将文件数据存储在 IPFS（Inter－Planetary File System，星际文件系统），并通过分级数据结构的链接关系，使存储在 IPFS 的数据完全纳入区块链账本体系范围内，保证整个分布式账本数据安全可信，这样的改进极大增强了分布式账本的数据存储能力，在架构上实现了完全分布式，充分体现了分布式账本的优势和潜力。在与外部数据对接时，选取贸易过程核心的发票数据，将国税局增值税发票查验平台作为外部可信数据源，对发票信息进行交叉验证。

实施效果是改进后的新型分布式账本结构很好地实现了对整个产品相关底层资产信息的全记录：一方面，利用区块链提供技术上的可信保障，保证全量数据不可篡改；另一方面，通过联盟链与 IPFS 相结合，实现了全新的可扩展分布式架构，使得海量文件数据可以纳入区块链账本体系。整个系统具有良好的开放性，便于未来吸引其他机构参与区块链网络和文件系统网络；配合上层的业务链，实现了双链架构，从底层技术上提供多方合作的基础。试验系统通过与国税局增值税发票查验平台对接，实现对外部可信数据源的访问，可以对分布式账本中发票信息真实性进行核验和存证，从而为分布式账本数据验证提供了新的模式，也为区块链系统与外部数据整合提供了思路。

试验系统对接了多家核心企业的信息服务商，并真实发行了多个债权融资计划，实现了所有底层资产的透明与可追溯，为产品发行以及潜在的贸易争端调解提供了一个全新的工具。另外，试验系统还开发了专用的区块链浏览器，可以让业务人员方便地查阅所有的链上信息，实现了可视化。

第四章　资产证券化业务的发展过程及瓶颈

资产证券化在发达资本市场孕育发展多年。2005年4月中国人民银行、中国银监会共同颁布实施《信贷资产证券化试点管理办法》，开启了我国资产证券化业务的篇章。

国内资产证券化从2005年开始试点以来发展比较缓慢，初期以银行信贷资产证券化为主，2008年受到国际金融危机影响，试点业务全面暂停。2011年到2012年，资产证券化业务试点陆续重启，并在一系列的监管制度完善中逐步迎来大发展。

主要的制度改革有：2014年下半年信贷资产证券化产品发行从审批制改为更加市场化的备案制；2014年年底证监会将企业资产证券化原有的审批制改为有负面清单的备案制；2016年12月，交易商协会发布《非金融企业资产支持票据指引（修订稿）》，将SPV（特殊目的载体）引入资产支持票据产品的交易结构。

截至2019年年底，我国资产证券化产品累计发行额近8万亿元，市场存量3.8万亿元，其中企业资产证券化有2万亿元，信贷资产证券化有1.4万亿元，资产支持票据0.4万亿元。

信贷资产证券化基础资产主要是各类贷款，其中企业贷款占比最大，还包括汽车贷款、个人住房抵押贷款等。其他主要原始权益人包括金融租赁公司、资产管理公司、中国邮政储蓄银行和外资银行。企业资产证券化产品基础资产种类非常多，资产证券化做得比较多的有小额贷款、应收账款、租赁资金、信托受益权等。资产支持票据（ABN）基础资产主要为租赁债权、票据收益和应收债权。

长期以来，资产证券化在审核、资产质量、破产隔离、信息披露、中介尽职等方面都表现出了很多问题，限制了资产证券化市场的健康发展。错综复杂的资产信息与交易链条对业务整体化形成了冲击，将交易各方、各环节隔离，生态呈现破碎形态，瓶颈也随之显现。第一，入池资产多，穿透性差。出于风险考虑，投资者对证券化产品预期收益、回款周期及安全性的评估过度依赖于发行主体及信用评级机构，而非底层资产。第二，融资流程复杂冗长，效率低下。真实资产状况掌握在原始权益人手中，底层资产呈现透明度低、管理人难以有效监控资产池等情况。第三，信息数据缺失，评级定价困难。资产动态入池提高信息披露难度、加重不对称性，在投后管理阶段，后入池的资产质量难以保证及时跟进，发行方对资产的管理能力存疑。

一、流程复杂、审批较长

各交易场所资产证券化项目审核流程类似，包括项目受理、双人审议、书面反馈、上会决定是否通过、封卷发函。具体流程如图4.1所示。

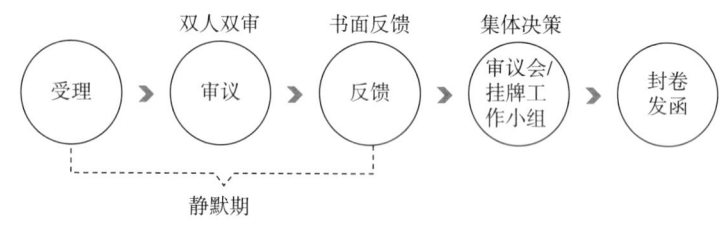

图 4.1 资产证券化项目审核流程

（一）受理

计划管理人通过申报系统提交债券申报材料后，审议人员将在2个工作日内对申请文件是否齐备和符合形式要求进行核对，要件齐备的，予以受理，要件不齐备的，一次性告知补正事项，补正3次仍不符合要求的，将终止申请文件的申报。

根据不同阶段，状态分为"已提交"和"已受理"。

（二）审议

在受理文件后，有两名工作人员进行审议。首次书面反馈意见在受理之日起 10 个交易日以内（绿色通道项目除外），通过本所电子申报系统，送达管理人。反馈意见发送后，项目状态变为"已反馈"，没有反馈问题，项目状态变更为"待封卷"。

交易所需先判断资产证券化项目的基础资产类型，若基础资产类型属于重大无先例事项，还需就基础资产类型是否符合负面清单管理要求征求中国证券投资基金业协会的意见，最终反馈意见由该交易所及外聘专家共同讨论决定。

（三）反馈及回复

管理人应当于收到交易所书面反馈意见之日起 20 个交易日以内，通过电子申报系统，提交书面回复文件，对反馈意见进行逐项回复。回复意见涉及申请文件修改的，应当同时提交修改后的申请文件及修改说明。因特殊情形需延期回复的，管理人应当在书面反馈意见回复期限满前向交易所提交延期回复申请，说明延期理由和拟回复时间。回复延期时间最长不得超过 20 个交易日。在延期回复期限内仍未回复的，管理人可以申请中止审议。

如无特殊情况，审核人员在收到回复及修改后的申请文件后 5 个交易日内，提交审议会或挂牌工作小组审议，审议会或挂牌工作小组出具会议意见，或出具补充的书面反馈意见。

（四）审议会/挂牌工作小组确认

交易所由审议会负责对专项计划是否符合挂牌转让条件进行集体评议，交易所由挂牌工作小组负责。对于无须出具书面反馈意见或补充反馈意见的，由审议会/挂牌工作小组做出"通过""有条件通过""不通过" 3 种会议意见。

申请文件存在严重质量问题或存在中介机构明显不勤勉尽责的

其他情形的，交易所可以不出具书面反馈意见，由审议会/挂牌工作小组直接做出"不通过"的会议意见。审议"通过"，或者"有条件通过"的相关事项落实完毕后进入封卷流程。审议"不通过"的，交易所将向管理人出具不符合挂牌条件的相关文件并告知理由。

（五）封卷发函

管理人应在 20 个交易日内报送申请文件盖章稿；若在 20 日内无法提交，则应当在期限满前申请延期，延期时间最长不超过 20 个交易日；延期回复期限内仍不能提交回复文件的项目中止，中止超过 3 个月的，项目自动终止。

在收到封卷稿后 2 个交易日内进行完备性核对，对封卷材料无异议的，将在 3 个交易日内出具挂牌转让无异议函。

审批资产证券化项目涉及部门多、流程长，每一步都有可能导致项目夭折，不到最后一刻发行簿记完成都有可能中止。因此，对于发行人、承销商，了解银行资产证券化审批流程，把握好项目跟进节奏显得尤为重要。

除了交易所审批，一般投行角色都会有更多的内部流程，以银行为例，包括分行准入、预沟通、总行立项、分行贷审会、总行投决会和认购等环节。

二、资产不透明、真实性得不到有效保证

目前，资产证券化市场中存在底层资产不透明、从产品设计到发行的数据采集困难、二级市场的交易标准化程度低等痛点。尤其作为重要资产证券化市场底层资产组成部分的消费金融资产证券化，还处于发展初期，由于金融模式不成熟、准入门槛低、行业标准不完善，容易出现相应欺诈风险。同时，除银行和消费金融公司外，有大量未持牌的消费金融机构游离于监管之外，这类机构一旦发生风险，投资者的利益就难以得到保障。消费金融资产证券化产品的基础资产信用

质量参差不齐，评估和风险定价具有难度。

另外，以近两年收到市场追捧的供应链金融资产证券化为例，资产真实性问题待解。目前，供应链资产证券化遇到的最大难点是资产真实性问题，本质上是对资产的信任问题。在实操中往往通过核查底层材料，如合同、发票，以及债务人确权等方式验证资产真实性。材料的真实性和债务人确权是否配合仍存在问题。

底层资产的透明度、真实性、资产质量等问题是所有资产证券化产品面临的共同难题，核心还是资产证券化产品的信用风险问题，解决的思路主要有两种：一是通过债权分级、引入担保方等方式进行增信，弥补底层资产不透明等带来的额外信用风险；二是引入区块链等金融科技，增强底层资产的透明度和真实性，降低各方的信任成本，提高资产证券化产品的吸引力。

相关事件

2019年7月8日美股开盘前，美国上市公司诺亚财富发布公告，旗下上海歌斐资产管理公司的信贷基金为承兴国际控股相关第三方公司提供供应链融资，总金额为34亿元人民币。承兴国际控股实际控制人罗静近期因涉嫌欺诈活动被中国警方刑事拘留。

图4.2为披露的爆雷产品交易结构（仅供参考）。

爆雷产品原交易结构显示，核心企业确认应收账款，但并未得到追认且诺亚财富未提供证明材料，同时公开资料也未显示歌斐债权私募基金是否发送应收账款转让通知至核心企业，并告知承兴应收账款转让事宜。承兴控股实际控制人罗静，对债权私募基金承担连带担保责任，承兴控股股东China Base将其对承兴62.84%股权质押至诺亚财富，交易结构显示，核心企业将合同对应款项支付至歌斐债权私募基金指定的回款专项账户，但由于核心企业是否确认应收账款存疑，修改回款账户可能性较低。

基础资产真实买卖是实现破产隔离的必要条件。资产证券化的主要转让方式分为两种类型：一是财产信托方式，信贷资产证券化和资产支持票据多有采用；二是资产买卖形式，资产支持专项计划购买基础资产多使用这种方式。而两层 SPV 资产证券化架构，可能同时包含这两种转让方式。

在常见的资产买卖形式中，计划管理人代表资产支持专项计划与原始权益人签署基础资产买卖合同，购买基础资产并支付交易对价。在资产证券化实践中，资产支持专项计划通常按照符合商业公平的有效价值向原始权益人支付基础资产买卖对价，符合《合同法》《破产法》规定的公平交易原则。因此，只要该等资产买卖完成，资产支持专项计划的基础资产就具备了实现破产隔离的交易基础，这是实现破产隔离的必要条件。

因此，符合《物权法》规定且权属清晰的不动产产权、债权（比如租赁债权、信贷资产、应收账款）等基础资产通过资产证券化，是可以实现与原始权益人破产隔离的。

未来收益难以实现破产隔离的，需要探索更为完善的交易机制。对于未来收益类资产（基于未来运营获取现金流），如未来若干年过路费、污水处理费、发电收入等，属于原始权益人（服务提供方）与付款人（服务购买方）基于双务合同（或虽未签署文字合同，但具备合同关系实质）产生的未来收益，该收益的实现是以原始权益人能够持续经营并在未来为付款人提供符合必要标准的服务为前提的。这类基础资产无法完整脱离原始权益人而独立存续，当原始权益人发生破产事件或其他丧失继续提供相应服务的情形时，这种未来收益可能随之消失，因此未来收益类资产难以对原始权益人实现破产隔离。

基于产权转让的不动产资产证券化（俗称"类 REITs"）在实现破产隔离方面是健全的。不动产登记确权体系相对于信贷资产、债权、抵押权等，体系更为健全、运营更为稳定，并经历了 20 余年各类复杂司法判决的考验。

尽管我国境内符合国际标准的公募 REITs 尚未登台，不过类 REITs 型资产证券化在基础资产交易架构上基本实现了 REITs 所需要的不动产产权交易，通过不动产资产的房地产产权转让登记和/或作为不动产资产业主的项目公司股权的工商转让登记，真正实现了入池不动产与原始权益人的破产隔离。

境内类 REITs 型资产证券化目前通常采取双 SPV 架构，资产支持专项计划通过私募基金或信托计划，一是通过新设项目公司向原始权益人收购不动产资产，并在房管部门办理不动产转让登记，办理新的不动产证；二是通过直接收购原始权益人持有的不动产所在的项目公司股权，并在工商管理部门办理项目公司股权转让登记。

根据我国《物权法》及相关法律法规，类 REITs 型资产证券化在办理完成上述转让登记，且交易价格符合《合同法》和《破产法》的规定并实际支付对价后，能够实现对原始权益人的破产隔离。

在融资租赁和消费金融资产证券化业务中，产品往往引入监管账户的设计，用于归集融资租赁公司及消费金融公司入池资产的回收款，以防止资金混同和挪用风险。然而，实际的存续管理操作，仍面临多种无奈，尤其是在原始权益人经营不善、银行账户被司法冻结或破产时，该监管账户无法与其其他经营账户第一时间进行有效区分，监管账户的回款资金以及基础资产后续回款有可能成为破产财产，为管理人的存续期管理带了巨大的挑战，也严重影响了资产证券化投资者的利益。因此，不少投资者仍将此类资产证券化产品视为主体融资产品。

2018 年 8 月，湖北省武汉市中级人民法院下达《执行裁定书》，支持山西证券作为案外人对融信租赁股份有限公司与其债权人借款合同纠纷诉讼保全一案中将资产支持专项计划的监管账户作为执行标的的异议，法院认为该监管账户的资金享有足以排除强制执行的权益，依法对该账户中止执行。此举被认为是首例获法院支持的资产证券化监管账户破产隔离的案例，将对资产证券化市场产生深远影响。

四、信息不对称

信息不对称是制约消费金融资产证券化市场发展重要的瓶颈，这个问题在资产方主体信用较低时尤为突出。一方面，由于原始权益人风控标准不一，资产服务机构资产管理能力和存续能力尚待验证，尽职调查有效性存疑，投后管理操作风险过高，信息披露不彻底，所以消费金融资产证券化市场在投资人眼中是一个信息不对称市场。另一方面，许多拥有优质资产的公司苦于主体信用不足，只得依赖高成本的资金渠道。

信息不对称的形成机制如下。

（一）代理人风险

SPV 管理人和中介机构并不能总是及时有效地获取基础资产的真实状况与经营管理情况，因而给了原始资产生产方及资产服务机构追求自身利益最大化的空间。

在这里，代理人风险主要是发起人（原始资产生产方）的代理人风险。以银行业为例，在一个高度发达的资产证券化市场，银行发放的贷款总能以证券化的形式打包分割销售给投资者，本该由银行承担的坏账风险转移给了 SPV，并最终随着投资者的购买转移到投资者身上。因为坏账风险的减少，银行将关注的重心由贷款的质量转移到贷款的数量。在获取高额利润的刺激下，银行加大了放贷规模，在满足传统贷款市场的需求后开始转向更高风险的业务。银行向大量没有还款能力的低信用客户发放贷款，然后将这些劣质资产进行证券化，再将风险进行转移，而自身攫取了高额利润。与此同时，银行出于削减成本和抢占市场份额的考虑，对于贷款的贷前、贷中、贷后管理审查工作疏于管理，最终造成低质量的资产证券化产品在市场上泛滥。

（二）交易层级过多

从资产池最初的选取构建，到资产证券化产品最终出售给投资者，需要经历多个参与主体的分别参与。各个主体之间在数据传递过程中信息失真问题也显得尤为严重。在证券化过程中，各个主体所关注的信息重点都有所不同，发起人掌握全部的市场信息，评级机构基于风险因素确定信用评级，而投资者更加偏好资产收益。复杂的证券化程序、各个参与主体之间层层传递、信息的碎片化等问题突出之后，原始资产信息已经很难完整、准确地传递到最终的投资者手中。

（三）产品的复杂性

资产证券化指的是除房地产抵押贷款支持证券以外的资产支持证券，随着证券化的广度不断加深，其资产池内可以包括信用卡应收贷款、汽车贷款、基础设施收入、门票收入等一系列能够产生稳定现金流的资产。MBS 可以分为个人住房贷款支持证券（CMBS）和商业不动产贷款支持证券（RMBS）。而 CDO（债务抵押证券）作为一种复杂的证券化产品和信用衍生产品，类型繁多、结构复杂，评级和定价建立在复杂且未必可靠的数学模型的基础上。不仅缺乏专业知识的普通投资者无法判断，甚至一些专业的信用评级机构也无法从基于异常复杂的数学模型构建的证券化产品中得到准确有效的市场信息。

（四）标的资产的透明度低

资产证券化资产的特点主要是交易量低、标准化程度低以及交易透明度不高，有些资产只能在场外市场进行交易。基于低透明度资产构建的资产证券化产品，给其他交易主体获取市场信息造成了困难。因此资产证券化产品就无法获取流动性溢价，也无法达成理论上降低贷款利率的结果。

在信息完全的情况下，资产证券化对银行流动性提高的作用，将使银行贷款利率降低。然而在现实中，银行作为信息的优势方，可以选择违约风险大的低质资产进行证券化而保留违约风险小的资产，因而资产证券化的信息不对称与流动性溢价相互抵消，并没有起到降低银行贷款利率的作用。

首先，购买方和发起人间的信息不对称。发起人作为信息的优势方，可以自行选择用于证券化的资产池构成，对证券化的资产掌握完全信息。而投资者对于基础资产池中的资产往往缺乏了解，加之资产种类繁多、结构复杂，投资者因其自身知识、技能的缺乏，很难或需要耗费大量成本来鉴别资产质量，并且，资产证券化过程相当复杂，需要经过一系列参与主体的信用增级，而分割成不同份额、有不同支付顺序的证券化产品，最终被出售给投资者时与原始资产已经相去甚远。投资者处于信息劣势，只能依赖于评级机构的评级报告，自身无法获取有效的资产信息。

其次，监管机构和发起人间的信息不对称。由于证券化业务多以"表外"形式进行，记录在离岸账户中，因此透明度非常低。监管机构在试图监管时，通常难以得到准确的数字，因而也就难以了解情况到底如何，风险有多大。由于该业务透明度低，可以逃避监管部门的监管，发起人可以不受监管地过度放贷，产生"道德风险"。

最后，评级机构和发起人间的信息不对称。出于提高证券化资产价格、获取更高利润的动机，发起人很可能隐瞒重要的资产信息，而评级机构也无法充分获取这些资产信息。采用传统的模型分析只能在一般意义上解决评级问题，并不能充分拟合基础资产的真实情况，特别是在发起人有意隐瞒信息时。

五、信息披露不及时、不准确

资产证券化成功发行后，投资者最为关心的问题是能否顺利收回本息。而存续期间的信息披露则为投资者及时了解专项计划运行状况、防范潜在风险发生提供了重要的途径。

监管部门及交易所在资产证券化信息披露要求方面，在信贷资产证券化领域推行早，覆盖类别较全，而对企业资产证券化中个人消费贷款、信托受益权等占比高的类别尚未出台信息披露指南。

信贷资产证券化信息披露指引标准化程度高，条款差异体现在基础资产定义及入池标准、机构历史数据披露和针对性信息披露。而企业资产证券化产品的条款差异程度大、标准化程度偏低，且绝大多数为私募发行，原始权益人和发行机构信息披露的动力较低。企业资产证券化产品信息规范性和质量低于信贷资产证券化，导致风险管控困难、二级流动性偏低。

按照国际上的要求，资产证券化产品应该把基础资产、评级模型披露出来。这样，投资者能够按照评级机构的方法自己组成投资模型，但是我们还远远做不到。伴随着参与机构的丰富，交易所中资产证券化产品每一类的基础资产都有自己的不同风险属性，而参与机构的多元化，更是把产品的风险把控责任变得模糊不清，产品交易结构和风险属性不断复杂化，对信息披露是一个非常大的挑战。

六、信息数据缺失，评级定价困难

目前，资产证券化产品主要采用的估值方法为到期收益率和静态利差法。到期收益率法无法准确计算资产支持证券价格，静态利差法更适合用于计算资产支持证券价格，两个方法计算出的资产支持证券价格存在一定差异。

证券的基础资产产生的现金流金额与时间会受到重点参数影响而发生变化，而基础资产现金流的变化又会通过证券现金流支付机制传导给证券，使得证券获付的本金与利息的金额与时间也会产生相应变化，进而对证券的估值产生影响。中债资信认为，影响资产支持证券估值的重点参数主要包括违约率、提前还款率和回收率。具体来说，重点参数估计不准确主要体现在两个方面，一是重点参数计算公式不一致，二是重点参数在现金流模型中影响现金流计算的方法不一致。

七、区块链在资产证券化中的应用价值

（一）提高证券化交易安全系数

区块链技术以其去中心化、加密安全、不可篡改的技术特点，可

以参与资产证券化项目从成立前承做到成立后存续期管理的多个流程、环节。

目前,区块链对资产证券化的应用切入点多集中于底层资产的形成过程。

一方面,运用区块链技术,每一笔基础资产的真实性可被所有参与主体确认并共享,极大地降低了信息不对称性,对计划管理人尽职调查的翔实性提供了有力支持,评级机构也可以对每一笔资产的质量进行分析而非因技术所限采用抽样调查手段,律师事务所能更大程度地把握整个资产池的法律风险,资产服务机构也可以便捷地掌握资产的还款和违约状况,投资者能穿透底层资产增加信任度。

另一方面,循环购买的资产证券化结构,存在循环购买资产质量下降的风险。如果在循环购买的时候,所有中介机构,如资产服务机构、管理人、评级机构、律师事务所及会计师事务所都可以到链上看到每一笔真实的循环购买资产,进而对新入池资产进行评估,对于底层资产的质量能形成较高水平的保障。

(二)提高交易速度与效率

在证券化过程的早期阶段,当基础资产被纳入资产包时,通过区块链,资产数据被参与机构实时获得,不但避免了各方录用数据可能产生的误差,有利于对资产进行风险评估,同时也保护了数据的隐私。在项目存续期,当基础资产数据更新时,信息也可即时传达,因此,区块链的应用有利于加强参与方对风险的认知和判断。在这些应用中,基于区块链的系统整合信息可以直接导致金融活动效率的提高。

这在资产证券化估值和定价过程中也起到关键作用。当交易的现金流瀑布被编程,纳入智能合约之后,区块链上各参与机构就可以依据同一现金流瀑布逻辑对证券进行现金流预测及定价,降低因对项目书不同解读而产生的误差。同时,构成交易文件的智能合约可以收集贷款的回款现金流状态,并可以根据 SPV 中现金流瀑布的设定向证券的投资者进行本息的自动偿付和清算。现金流的分配在初始承销时的一致性和不可篡改性确保了现金流分配的可靠性，并使得付款时间大大缩短。由于支付的智能化，监管也更为便捷。

（三）消除不对称信息

穿透资产主要用于消除信息不对称。将资产证券化运行路径中的资产信息和现金流信息入链，项目的参与各方因此拥有共识信息。从资产评级角度看，传统资产评级机构的评论往往带有主观性，且主体信用评级与项目信用评级难以剥离，评价客观性有待商榷。利用区块链中详细记录的数据可轻易将项目数据分离出来，生成独立的项目与主体信用评价，有助于健全投资评价体系。从风险控制角度看，在智能合约中编入预警参数与相应的违规处置、合约终止等止损操作设置，设置业务时间、资金阈值，触发条件后自动执行投资或担保措施，从根源上预防 SPV 管理人等参与方的违约行为，保障投资者利益。得益于分布式结构的设计，金融监管机构只需接入其中一个节点便可实时监控金融杠杆等状态，凭借永久性审计追溯防范系统性风险。

结合征信大数据等技术，可以为主体信用不足但资产信用良好的资产方做到间接增信；在资金端，可以帮助投资者减少逆向选择的风险，增加优质的资产标的。通过大数据征信提高消费金融的信息透明度，通过降低信息不对称性以征信方式达到消费金融资产证券化"增信"效果，使消费金融证券化产品真正为投资者理解，成为信息披露充分、风险可控的投资标的。

（四）增加市场流动性

长期以来，我国资产证券化在二级市场上流动性相对缺乏，制约了资产证券化市场的发展，大多数投资者更倾向于将资产证券化持有到期。信息不对称不透明、定价可信度低是资产证券化在二级市场交投寡淡的重要因素，引入区块链技术的资产证券化能曝光资产证券化交易结构中的激励错配信息，缓解委托—代理问题，帮助更好地完成价格发现，从而提升投资者信心，促进资产证券化在二级市场的流动。

（五）提高资产证券化的监管效率，防范系统风险

区块链的分布式结构，让每个节点都成了中心。金融监管机构可以成为区块链的一个节点，掌握比以前作为单一中心时更多的数据，有效把握底层资产，真正实现穿透式监管。美国 2008 年金融危机正是由于次级房贷资产证券化的泛滥，如果运用区块链技术，监管部门就可以及时掌握市场上所有被有意隐藏起来的信息，避免重蹈覆辙。

第五章　区块链在资产证券化过程中的应用

区块链技术问世以来，已经被很多市场机构应用于资产证券化。截至2018年7月底，市场上共发行过5只应用区块链技术的资产证券化产品，发行规模共计18.6亿元，见表5.1。

表5.1　5只应用区块链技术的资产证券化产品

时间	产品	规模（亿元）	基础资产	特点	参与方
2017-05	佰仟汽车租赁资产证券化（私募）	4.24	个人消费汽车租赁债权	区块链技术在资产证券化中的首次尝试	原始权益人：佰仟租赁 计划管理人：华能信托 特定资产服务商：百度金融
2017-09	百度-长安新生-天风2017年第一期资产支持专项计划	4	汽车贷款	首只基于区块链技术的交易所资产证券化产品	原始权益人/资产服务机构：长安新生（深圳）金融投资有限公司 计划管理人：天风证券 技术服务商和交易安排人：西安百金互联网金融资产交易中心有限公司（百度金融旗下） 增信方式：结构化分层
2017-12	德邦证券浙商银行池融2号资产支持专项计划	3.36	应收账款	首只区块链供应链金融（贸易融资）资产证券化产品	原始权益人/资产服务机构：浙商银行股份有限公司 计划管理人：德邦证券 增信方式：结构化分层

续表

时间	产品	规模（亿元）	基础资产	特点	参与方
2018-06	京东金融-华泰资管19号京东白条应收债权资产支持专项计划	5	京东白条应收账款债权	首次建立多方独立部署的联盟链，更建立了能广泛支持各类资产的业务底层	原始权益人/资产服务机构：京东金融 计划管理人：华泰资管 增信方式：结构化分层
2018-07	博时资本-第一车贷汽车金融资产支持专项计划	2	汽车应收账款	公募市场首只以汽车供应链金融为底层资产的区块链资产证券化产品	原始权益人/资产服务机构：第一车贷 计划管理人：博时资本 数据信息服务商：开通金融 增信方式：差额支付承诺，外部担保

从发行时间来看，基本同步于区块链概念在国内的兴起时间，区块链技术于2017年5月在资产证券化业务中首次亮相，在证券化领域尚属"新潮"。

从基础资产类型来看，已发行的5只产品均为应收账款的证券化，根据债务债权人的不同特征，可进一步归纳为消费金融应收账款、供应链金融应收账款、汽车贷款。这在一定程度上也体现了，债权类资产是区块链最适合的资产证券化领域。

从信息技术提供方来看，目前主要分为两类：一是以百度金融与京东金融为代表的互联网公司旗下的金融分支公司，二是开通金融业务的金融科技公司。后者的优势在于比较熟悉资本市场的交易规则，拥有相对丰富的资本市场运营经验。前者的优势在于拥有较为成熟的技术基础以及持续开发的能力，更重要的是，部分开展消费金融业务的公司在提供技术的同时，也能作为原始权益人提供基础资产，集原始权益人、资产服务机构、信息技术提供方于一体。

从发行规模来看，市场上目前仅发行过5只共18.6亿元的资产证券化产品，且 5 只产品在产品结构、基础资产类型、相关参与方等方面均体现出各自的差异化，这也体现出区块链技术在证券化的运用中尚未形成某种成熟的模式，仍处在"摸着石头过河"的探索阶段。同时，这也意味着区块链在证券化领域的应用还存在广阔的空间待发现。

一、资产生产阶段的应用

从区块链的特性及实践应用来看，债权类资产是区块链最适合的资产证券化领域：第一在于信用，第二在于去中心化。

（一）信用真实记载

消费金融与汽车贷款具有小而分散且现金流稳定的特点，天然适合作为资产证券化的底层资产。但是互联网消费金融中的信用问题成为影响其融资的重要障碍，而区块链无须借助第三方就能对交易双方的信用历史进行真实呈现，这能有效解决消费金融中的信用问题。同样，供应链金融资产证券化普遍存在信息不对称导致的信用问题，如票据、信用证、企业应收账款、保理债权等，而区块链技术的引入能使供应链上的每笔交易得以录入并开放给所有参与者。

（二）去中心化传递信息

资产证券化对底层资产风险分散性的偏好与区块链去中心化的特质不谋而合。区块链技术以其去中心化、加密安全、不可篡改的技术特点，可以参与资产证券化从成立前承做到成立后存续期管理的多个流程、环节。

以消费金融资产为例，区块链技术将可以在基础资产生产阶段更好地记录相关债权的法律关系，并有效避免债权真实性问题。

（三）基础资产生成的贷款发起、承销、服务

区块链和智能合约可以在各种证券化功能之间实现无缝对接。如

果在贷款发放和服务阶段有效部署了这项技术进而降低成本，那么整个生命周期中的结构性收益效率最大化将成为可能。

（1）借款人和贷款人同意贷款协议条款中关于相关信息准确性的陈述，包括还款计划、信用评分、收入验证和税务记录。一旦协议达成，这笔贷款可以被放置在分布式分类账（即区块链）上。

（2）银行被指定为贷款的临时所有者，此时，智能合约将自动输入维修数据，更新所需的信息并通知其他生态系统内的参与合作伙伴。

（3）新创建的贷款文件包含银行在放款时重要的承保信息，例如借款人的信用分数或公司的信用评级、债务与收入比、提交的贷款文件、银行对账单、税务记录、资产负债表，以及有关基础抵押品的相关信息及价值。对借款人身份信息的保密将采取特殊措施且仅允许在认可的情况下授予使用权。在借款人开始支付贷款后，付款记录也附在贷款标记上，降低可能发生的付款争端。

（4）这些数据点一旦被放在区块链上，就成了不可改变的记录，并且在审计线索中加上时间戳。这种不可篡改性大大降低了检查成本。此外，通过不可改变的审计线索，区块链上的数据也可追踪。因此信息丢失的风险以及篡改记录而不被发现的概率将降至最低。

（5）如果借款人拖欠一笔或多笔款项，贷款服务商的智能合约会自动向借款人、贷款所有者和征信管理部门发出即时通知。如果拖欠仍然存在，智能合约将自动调用相应的后续相关流程。如果进行了任何调整，贷款标记将进行更新。如果基础资产需要被拍卖转售，交易的现金收益将通过智能合约直接转账付给适当的受益人。

（6）若连续逾期付款，智能合约可以自动转让所有权。例如，在安全具有保障的前提下，电子关闭汽车启动。如果自动驾驶汽车成为现实，可直接下令使汽车回到服务商指定的位置。虽然此方式与现行法律制度尚未完善，但必要的相关技术基本上已经存在。

对于所有资产类别，区块链在贷款发放和服务方面的一个关键优势是下游参与者（例如投资者）可以直接跟踪贷款或贷款池表现，并对其进行量化模型。而审计跟踪，可以减少欺诈性篡改的可能性。

由此，贷款和资产池数据不仅更加完整且增加了可靠性与时效性，最终整个贷款生态圈都将受益。

二、信用传递方面的应用

以供应链金融为例，区块链技术能较好地将核心企业的信用传递到生态中各层级小微企业，有效助力供应链金融升级。

供应链金融是典型的多主体参与、信息不对称、信用机制不完善、信用标的非标准的场景，与区块链技术有天然的契合性。信用是金融的核心，多参与主体间信用的高效传递是供应链金融的关键要点。实体经济发展所面临的中小企业融资难、融资贵的问题，其关键突破点在于打通信用流转，以更好地盘活资产。

（一）多主体合作

供应链金融围绕核心企业覆盖其上下游中小微企业，需要商业银行、保理公司等资金端的支持，以及物流、仓储等企业的参与，还有企业信息技术服务、金融科技服务等。多主体参与的环境，协同合作的基础是信任与利益分配。

区块链作为一种分布式账本，为各参与方提供了平等协作的平台，降低机构间信用协作的风险和成本。链上信息的可追踪与不可篡改，多个机构之间的数据实时同步，可实时对账。

（二）多层级信用传递

供应链中往往有多层供应、销售关系，但在供应链金融中，核心企业的信用往往只能覆盖到直接与其有贸易往来的一级供应商和一级经销商，无法传递到更需要金融服务的上下游两端的中小企业。

区块链平台的搭建，能够打通各层之间的交易关系，从而实现对与核心企业没有直接交易远端企业的信用传递，将其纳入供应链金融的服务范畴。

使用区块链划分信息使用权，可以保持在不同参与者间的机密性需求。监管机构可以不断更新即时数据，促成资产支持的证券二级市场更深入、更广泛、更高效、更安全。

六、存续阶段的应用

在基础资产的存续期监控中，区块链技术可以有效防止存续期的诸多问题。

对于基础资产的存续期监控是全方位的监控，包括统计分布特征、违约率以及回收率等。目前来说，管理人完全只能依靠企业提供的数据质量，较难做出准确的判断，只能假设企业提供的信息是真实可靠的。而引入区块链技术，与上述资产的形成和转让思路相似，均是依托区块链的开放与共享精神，对整个资产池的存续期进行严格跟踪和监控，方便数据分析和处理。同时，在区块链上记录每笔资产及其逾期早偿情况的行为天然就是信息披露。

七、评级及信息披露方面的应用

一方面，评级机构和监管机构可以利用区块链对资产支持证券和业务参与方进行更快、更有效的监控。由于数据对所有参与方可以开放不同等级的权限，因此评级机构可以通过预先设置，实时观察到资产池的变化，同时也可以在区块链的平台上镶嵌自己的监控软件。评级机构的智能合同软件可以根据参与者之间的协议方式以不同的方式运行，例如，当现金流模式远离预期或警报评级时，该软件可以触发自动通知评级审查机构进行相应措施，达成零时差的预警功能，提升评级报告的时效性。

另一方面，监管在区块链中可以享有超级权限，对业务所有流程进行监控，提升监管部门对产品合规的监督效率。

第六章　区块链在资产证券化应用市场中的案例

一、中国人民银行贸易金融区块链平台

（一）平台介绍

中国人民银行贸易金融区块链平台是由中国人民银行发起，数字货币研究所和中国人民银行深圳市中心支行建设和运营的金融科技基础设施，致力于打造立足湾区，辐射全球的开放金融贸易生态。目标是创建基于区块链技术的开放、可信、安全、标准、合规、高效、公益、共享的贸易金融资产登记、托管、交易和流转平台，同时赋能中小企业，服务实体经济，降低企业融资成本，提高融资效率，积极探索基于区块链的创新性贸易金融产品形态、金融监管政策，以贸易融资推动深港合作和粤港澳大湾区发展，为推动数字经济的全球化发展奠定基础。

中国人民银行贸易金融区块链平台是区块链技术在供应链金融领域的有效尝试。项目自2018年9月4日正式上线试运行后，已成功实现供应链应收账款多级融资、跨境融资、国际贸易账款监管、对外支付税务备案表等多项业务上链运行。中国人民银行再贴现快速通道项目也已于2019年11月上链，业务场景不断丰富，上链银行、企业数量不断增加。

截至2020年1月中旬，参与推广应用中国人民银行贸易金融区块链平台的银行已有44家、网点485家，发生业务的企业1898家，

实现业务上链 3 万余笔，业务发生 8 000 余笔，累计业务量超过 900 亿元。同期，中国人民银行数字货币研究所牵头的贸易金融开放平台关键技术研发与应用示范项目获批国家重点研发计划重点专项立项。未来，中国人民银行贸易金融区块链平台将连接更多国家和国际组织的同类平台，形成一个广泛连接的全球贸易融资高速公路，有望成为世界上最大的区域贸易金融区块链平台。

（二）平台重大突破

中国人民银行贸易金融区块链平台与传统业务流程相比有六大突破，是区块链供应链金融实践的重要成果。

（1）突破跨机构、跨平台、跨地区平台之间较难实现互联互通的问题，提供一个整合、可无缝对接的平台。

（2）突破传统流程中各参与方无法通过同一平台协作处理相关业务流程的痛点，通过区块链技术改变现有协作机制，实现业务流程节点由参与方共同维护的新机制。

（3）突破传统封闭系统边界，以区块链的开源、开放的技术特性，构建开放平台和开放生态。

（4）突破传统业务中各方重复开发平台且兼容性差的问题。通过提供底层技术平台，参与方仅需开发业务应用并在平台上完成布置就可进行相应业务的流程操作。

（5）突破传统流程瀑布型的处理方式，所有交易均通过智能合约执行并在链上实现流程自动化。

（6）突破传统流程中信任无法传递的难点，通过链上流程自动化和数字化的方式增进参与方之间的信任。

（三）平台优势

相比于当前其他平台，中国人民银行贸易金融区块链平台还具有一些无法比拟的突出优势。

一是实现了线上、线下的无缝对接。在实践中，商业银行负责对企业背景调查和相关资料的真实性审核,确保上链企业的业务资质。各参与方对自身在平台上传相关信息的真实性负责。建立相应的惩罚和退出机制,将企业线上的违规记录纳入相关重点监管企业名单,有效保证了上链信息的真实性和准确性。

二是兼备一、二级市场。由于平台的初衷为允许各类市场主体通过平台开展多种场景的贸易融资活动,因此,在一级市场业务顺利开展的基础上,平台同时也具备了在二级市场开展贸易融资业务的能力。

三是成功实现了境内、境外市场的对接。在粤港澳大湾区框架下,平台在建设时便具有良好的跨境贸易基因,在运行初期便吸收了香港及澳门地区的大量市场主体加入。可以预见,随着平台业务的逐步扩大,将逐步覆盖"一带一路"沿线国家和地区的市场主体,并积极探索与亚洲其他国家及欧洲国家同类平台的互联互通。

四是兼顾了商业和监管的需求,既有效解决了当前贸易融资业务中面临的诸多商业问题,便于市场主体主动持续地在平台上开展贸易融资业务,同时也从多维度建设了智能化的监管平台,满足了市场的监管需求,实现了市场主体准入、管理和业务行为的智能管控。

一个平台的成功依赖于整个平台生态的繁荣,因此不仅需要开放性的技术架构,还需要凝聚共识的治理机制以及市场化的运营方式,来充分调动平台参与方的积极性,吸引更多银行和企业参与和使用,从而聚集更多数据和资源,最大程度地发挥网络效应和协同效应。中国人民银行贸易金融区块链平台依托区块链技术,记录了贸易融资业务的核心单据、关键流程,将贸易各环节"可信"地连接到一起,使得贸易双方以及任何一个中间参与方都能快速获取真实信息,并借助智能合约这一工具推进交易快速进行,从而降低企业融资总成本。

同时,作为监管科技的实践运用,监管部门可通过中国人民银行贸易金融区块链平台对贸易金融全流程、全生命周期进行穿透式监管。由于底层资产高度透明,监管重点也从金融机构的合规层面逐步上升到系统性风险的识别层面,从而防范类互联网金融风险的累积和爆发，在促进金融创新的同时维护金融稳定，规范市场健康发展。

二、腾讯供应链金融

（一）项目背景

近年来，全球经济发展增长速度放缓，我国进入了经济增速换挡期、经济结构调整期，国家从战略层面首倡"供给侧改革""加大小微企业扶持力度""支持实体经济"，因此，供应链金融与产业链管理也已成为市场的重点课题之一。通过管理核心企业的供应链条，支撑整体产业链上下游小微企业，从一定程度上解决小微企业融资问题，实现核心企业优化产业链管理，助力实体经济快速稳健增长。

然而纵观市场，首先，小微企业的融资难、融资贵问题仍未得到根本解决。有关数据显示，应收账款总额已超过 20 万亿元，且呈逐年攀升态势，而实际发生保理融资的仅 3 万亿元，仍有约 17 万亿元的供应链条长尾小微供应商应收账款融资需求无法覆盖。

其次，传统金融机构对于小微企业融资也存在获客成本高、风控手段有限、操作效率低等诸多痛点。截至 2017 年，传统金融机构由于风险偏好及操作成本考虑，仅有 1/3 的小微企业融资需求通过传统融资形式被覆盖。

最后，核心企业对于加强供应链条管理、提高产业链上下游合作黏性存在较强诉求，然而通过对数十家行业龙头企业的走访调研发现，大部分核心企业缺乏平台化、系统化的管理工具，且自行研发存在成本高、周期长、实用性差等问题。

政策方面，从 2017 年至今，国务院与多部委共发布逾 10 次指导意见文件，旨在推进供应链金融的积极发展与小微企业应收账款融资，优化供应链金融，改善小微企业融资难、融资贵问题，这已成为国家重点关注课题。如 2017 年国务院做出重要批示，指出小微活，就业旺，经济兴，金融支持是激发小微企业活力、助推小微企业成长壮大的重要力量，需要将小微企业金融服务放在更重要位置。2017

年 10 月,国务院办公厅发布了《关于积极推进供应链创新与应用的指导意见》。2018 年 5 月,中国人民银行、工信部、财政部、商务部、国资委、银监会、外汇局七部门联合印发《小微企业应收账款融资专项行动工作方案(2017—2019 年)》,在全国开展为期 3 年的小微企业应收账款融资专项行动。

基于亟待填补的小微企业融资需求以及国家政策大力支持背景,腾讯与其投资的保理公司联易融共同建立微企链平台,以腾讯区块链与财付通支付为底层技术,结合资产线上获取审核平台(AMS 平台)、资产证券化云平台(标准化资产证券化工作流协同平台)与腾讯大数据风控模型,打造了开放式供应链资产服务平台。平台引入包括但不限于核心企业、供应商、银行、信托、券商、保理公司等各角色,实现应收账款的拆分、流转与变现。核心企业在区块链上对其应付账款进行确权,形成类标准化数字债权凭证,核心企业的信用通过区块链不可篡改、双重记账的方式传递至多级,穿透覆盖至长尾端供应商,提高小微企业融资可获得性,降低融资成本。同时,金融机构可通过平台批量服务小微企业,并且助力核心企业优化供应链管理。

(二) 项目内容

微企链平台为财付通支付科技有限公司、深圳市腾讯计算机系统有限公司与深圳前海微企区块链科技有限公司共同建造的供应链金融开放平台,结合区块链技术、财付通支付、腾讯云平台、大数据风控等金融科技能力,实现应收账款债权的拆分、流转与变现,使得核心企业的信用可以传递至长尾供应商,改善小微企业融资难、融资贵问题,提升核心企业全供应链条管理,向市场提供类标准化金融资产。

腾讯是中国最大的互联网综合服务提供商之一,也是中国服务用户最多的互联网企业之一,其通过腾讯金融科技,连接用户、商户与金融机构,致力于提供理财、证券、金融创新等全方位服务,共同建造互联网金融生态平台。财付通是腾讯创办的中国领先的在线支付平台,是首批获得中国人民银行支付业务许可证(许可证编号为

Z2000444000013）的专业第三方支付大型企业，长期致力于为互联网用户和各类电子商务企业提供安全、便捷、专业的在线支付服务。现阶段，财付通业务覆盖 B2B（企业对企业）、B2C（企业对客户）和 C2C（个人对个人）各领域，提供卓越的网上支付及清算服务。针对个人用户，财付通提供了包括在线充值、提现、支付、交易管理等丰富功能，并推出了极富特色的 QQ 钱包、微信钱包、理财通等互联网金融产品。针对企业用户，财付通提供了安全可靠的支付清算服务和银行卡收单、跨境支付、供应链金融服务等产品。

深圳前海微企区块链科技有限公司（以下简称"微企区块链"）为联易融下属的全资控股子公司，联易融为腾讯"金融领导者"生态核心圈之一，是腾讯区块链技术在供应链金融场景指定战略合作伙伴，是腾讯在 B 端小微企业服务层面的重要补充和战略布局。截至 2018 年 10 月，联易融已经完成 C 轮融资 2.2 亿美元，是国内供应链金融服务领域的独角兽企业。

微企链平台功能如图 6.1 所示。

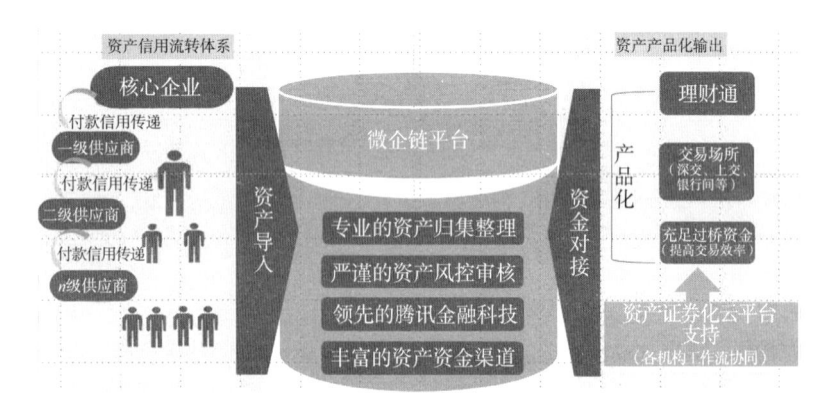

图 6.1 微企链平台功能

微企链结合区块链技术、财付通支付、资产线上获取审核系统、腾讯小程序、腾讯云平台、大数据风控等金融科技能力，建立了全线上化操作的供应链金融开放平台，针对传统供应链金融业务中的痛点，打造了以下两大功能模块。

1. 资产端：打造资产信用流转模块，实现核心企业信用传递

资产信用流转模块整合金融科技能力，基于市场痛点，打造具备远程获客、债权可拆、自动风控、秒级放款、闭环可视以及系统定制化等特色服务的资产获取模块，实现核心企业信用通过平台拆分流转以及变现的职能向上游长尾供应商传递，降低长尾供应商融资成本，帮助金融机构触达小微企业，挖掘低风险、高收益资产，满足核心企业产业链管理诉求。

利用区块链数据防篡改、交易可验证的功能，核心企业强确权的应收账款上链，生成数字债权凭证至一级供应商，一级供应商可根据自身需求选择持有到期、向上游供应商拆分流转、选择上链资金方融资变现，二级供应商在链上签收数字债权凭证亦可重复以上三大选择。此外，微企链平台也可根据核心企业自身诉求提供定制化服务。微企链平台如图 6.2 所示。

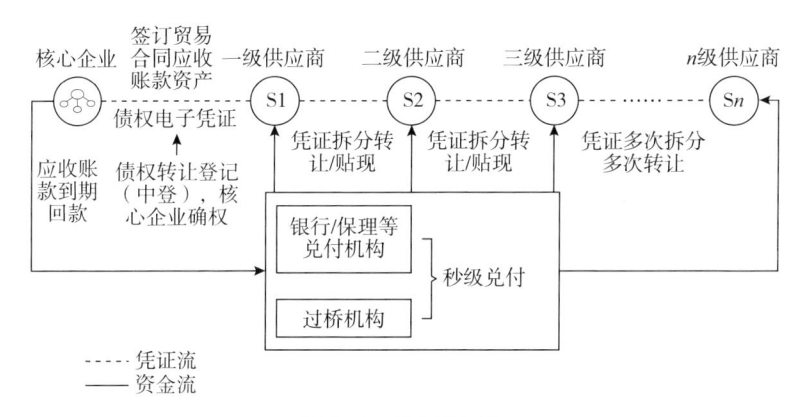

图 6.2 微企链平台

2. 资金端：打造多渠道资金标准化对接模块，实现资产与资金的有效对接

微企链平台引入多渠道资金，对接平台类标准化资产，实现全平台资金流与信息流闭环。资金方针对不同核心企业报价，在平台自主选择申请融资变现的供应商，通过接单、审核、签收放款三大环节完成全线上化封闭式融资服务，批量服务小微企业。

目前已打通多资金渠道，其中腾讯理财通平台的 C 端资金已实现标准化对接，并与 26 家银行、多家信托公用与券商签署战略合作协议。此外，微企链平台正同步向交易所申报 N+N 储架，进一步丰富低成本资金来源。同时，腾讯与联易融共建的过桥资金已启用，真正实现链上资产秒级放款，解决"短小频急"的根本痛点。

3. 微企链平台功能介绍

微企链平台通过全方位、线上化的一站式服务，结合腾讯金融科技能力的综合运用，实现类标准化应收账款资产的拆分、流转与变现，帮助批量且高效服务小微企业，挖掘低风险、高收益资产，降低操作风险与人工成本，提高风险管控能力，打通资金流与信息流在微企链平台的完整闭环。

（1）微企链平台小程序——源头数字化、批量服务。

①批量获客：用户通过小程序完成注册、开通区块链账户、批量上传底层资产相关材料，降低传统模式下人工操作成本，批量服务用户。

②人脸识别功能：用户注册环节借助腾讯人脸识别、活体检测与人工智能技术，直连公安数据，有效鉴证主体身份真实性。

③腾讯反欺诈功能：借助腾讯大数据风控模型，对法人主体进行欺诈排查。

（2）底层资产审核——线上化、自动化、透明化。

①企业工商信息自动查询动能：直连工商信息平台，确保自动主体真实性。

②发票信息自动查询功能：直连 OCR，实现发票自动识别、验证。

③底层资产多人审核：微企链网关多人审核底层资产发票、合同、履约凭证，查询中登信息，审核记录留痕，保证贸易背景真实性。

④批量中登登记功能：直连中登网，实现批量债权登记，保证债权有效性。

⑤线上签约功能：全流程电子签约实现信息闭环。

（3）资产上链——强确权、双重记账。

①债权类标准化功能：核心企业线上强确权，同步完成区块链双

重记账,生成平台类标准化数字债权凭证。

②风险预警功能:持续监控发票有效性、核心企业动态舆情。

(4) 债权拆分流转变现——核心企业信用全产业链传递。

①拆分功能:基于区块链技术,数字债权凭证持有人可将其进行无限拆分。

②流转功能:数字债权凭证持有人可基于贸易合同将部分或全部数字债权凭证转让至其上游供应商,解决短期结算、资金流短缺等问题。

③变现功能:数字债权凭证持有人可在链上向资金方发起融资申请,通过核心企业信用以及各资金方市场化报价进行融资变现,降低融资成本,扩大融资渠道。

④秒级放款功能:微企链平台建立过桥资金池,解决"短小频急"的资金需求。

(5) 到期清分兑付——资金流闭环、可视、可追溯。

财付通清分1对多清分功能:到期财付通支付根据区块链账本所记录的最终债权凭证持有人信息,自动发起多笔代付,降低到期兑付环节操作的人工成本。

三、京东

(一) 项目简介

京东金融区块链资产证券化云平台对京东金融所管理的资产进行全面准确的管理,从资产的风控、放款审批、资产回款,到最后的打包销售,实现了全流程上链,完成了资产的全生命周期的管理,大大提高了投资者和监管机构对资产管理的识别能力和风险定价能力。

(二) 解决行业痛点

1. 业务痛点

从业务本身的角度出发,目前国内大部分互联网消费金融公司虽大大提高了资产交易效率，以及交易对象、交易资产形式及方式的可选择性，提高了资产交易市场的自由度。同时，区块链内每台设备储存节点都能获得一份完整的数据库备份，一个节点失效，其余节点仍然能正常工作，并保留金融资产交易过程信息的完整性，这就确保了所有交易信息的完整性。由于区域内的金融交易透明，所有的数据信息面向区域内是公开的，因此每一笔交易都对所有节点可见，实现了交易信息的不可篡改性，确保了每笔金融交易中的信息无法造假。公司将区块链的技术引入平台建设中，将提供最先进的金融知识和技术服务，让这些涉及投资者直接利益的平台更健康，安全发展，维护社会稳定。目前，该平台已获得3项国家专利。

四、百度

百度消费金融探索了大数据+人工智能+深度学习+区块链的综合解决方案。百度金融结合自身数据积累与分析的能力，通过大数据风控和黑名单筛选，识别出一些常规风控手段难以发现的"问题"资产，并通过大数据、人工智能、深度学习等技术的研发，加强对资产的筛选、评级、定价等能力，利用区块链实现底层资产质量透明度和可追责性。百度区块链商业化体系布局全景图如图6.4所示。

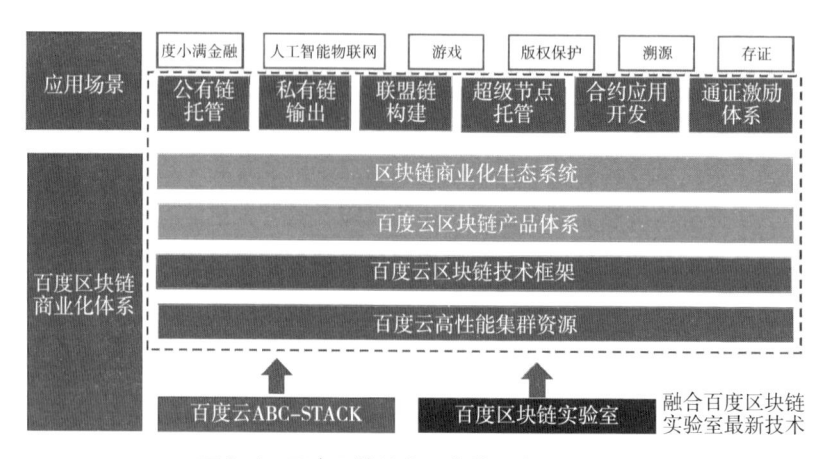

图6.4　百度区块链商业化体系布局全景图

百度区块链涵盖了底层操作系统 XuperChain、百度云 BaaS 和商业化应用场景。XuperChain 是百度自研的区块链操作系统，依托该系统，百度云和百度区块链实验室共同研发了一套区块链商业化解决方案。百度云是区块链商业化的实施主体，百度云区块链服务 BaaS 结合云计算的资源、部署、交付和安全等系统能力，将区块链平台进行云端系统化和产品化，并有序输出至金融、物联网等行业，赋能合作伙伴，构建行业区块链的战略联盟和标准。用户通过购买资源、搭建区块链网络、编写智能合约、构建去中心化应用（DApp），就可以搭建出属于自己的区块链系统和应用。百度云区块链产品系列示意图如图 6.5 所示。

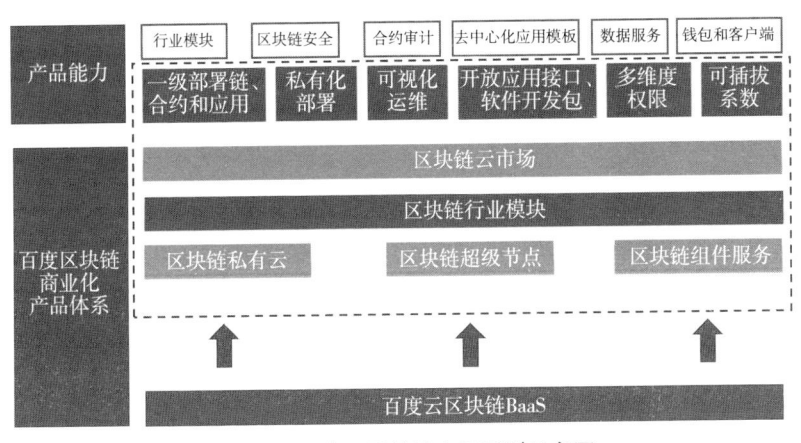

图 6.5　百度云区块链产品系列示意图

资料来源：《百度区块链白皮书 V1.0》。

能够率先试水区块链＋资产证券化，得益于百度在区块链、消费金融等领域的已有布局，以及对前沿领域的敏感度及好奇心。近两年来，百度之后已有 10 余只资产证券化产品相继尝试使用区块链技术，未来区块链＋资产证券化的发展将趋于成熟与理性，具有技术、资本、人才及场景优势的科技与金融巨头，以及拥有独特技术优势的细分领域标杆企业将有望获得长期发展。

基于百度云 BaaS 的开放平台实现了快速部署且安全可靠。该平台依托于百度 Trust 区块链技术框架，可以快速搭建区块链网络及应用。百度 BaaS 支持高并发、低延迟的实时区块写入和查询，同时支持多副本复制、多实例部署，并保证数据一致性，同时采用包括非对称加密、签名、证书认证、审核、权限控制、隔离、共识机制等在内的技术方案，全面保证数据、通信的安全可靠。截至目前，该平台已经支撑了超过 500 亿元资产的真实性问题。

第七章　区块链在资产证券化中的应用前景及挑战

我国资产证券化虽起步较晚，相较于美国，我国资产证券化市场在未来大有可为。消费金融、供应链金融、REITs等主流资产证券化基础资产的急速兴起，为资产证券化市场发展提供了充足动力。虽然已有部分企业尝到了区块链在资产证券化中应用的甜头，业界也逐步认识到其发展的巨大潜力，但是企业级应用层面远未达成熟阶段，在技术规模推广、安全隐患解决、法律法规方面还存在明显不足。

一、重点应用的资产领域

从区块链的特性及实践应用来看，债权类资产是区块链最适合的资产证券化领域，未来区块链技术有望广泛应用于各类债权类资产的资产证券化项目中，如贷款类债权、保理融资债权、企业债权、应收账款债权、租赁债权等。

（一）应用于供应链金融资产证券化领域

国内供应链金融资产证券化业务既能够有效解决中小企业融资难问题，又能够推动商业银行的持续发展，因为银行信用的介入，基础资产信用质量较高，故在近期发展迅速。适合做资产证券化的贸易金融基础资产类型有信用证、保理、保函和票据等，区块链技术可以降低这些资产贸易背景的真实性风险，有效提高票据市场风险的防控能力，保障票据资产证券化产品的安全性与真实性。

（二）应用于消费金融资产证券化领域

消费金融类贷款具有单笔金额小、分散度高、期限短、超额利差丰厚等特征，具备良好的资产证券化特质，是我国资产证券化市场重要的基础资产类型之一。随着我国居民消费观念的转变，越来越多的消费金融类贷款细分领域不断进发，但快速发展的同时风险事件也频繁暴露。区块链技术可以拓宽消费金融行业发展空间，防范行业风险并促进消费金融行业保持高速增长态势。

二、技术及法律挑战

（一）区块链技术自身存在瓶颈

一是区块链技术需实现足够的处理和存储规模，才能满足金融市场中大规模交易的需求。账本中不断添加的交易数据，也对系统存储能力提出了更高的要求。二是多个区块链技术方案、新旧系统并行，带来互联互通性和技术标准化方面的问题。三是区块链技术的信息管理和系统安全仍存在问题。系统参与者在账本中共享信息，且几乎不可能对信息进行更改，因此确保共享信息的正确性，对错误和欺诈信息的处理措施是系统运行的重要基础。此外，区块链系统同样存在端点（节点）安全性问题，其分布式结构使端点更易遭到攻击，在市场应用与推广之前，需进一步评估系统安全管理流程和控制措施的有效性。

（二）区块链应用存在潜在安全风险

因为区块链每个节点都拥有全链总账，一旦区块链系统被黑客攻陷，不仅攻陷节点的信息会被窃取，全链储存的总账信息都可能被复制。如果证券区块链技术大规模应用，那么风险安全隐患将不容忽视，隐患可能会给整个交易市场和金融市场的基础设施带来较大影响。

（三）区块链技术部分构成要素的法律基础仍有空白

一是账本中同步并向参与者公布的记录，其法律效力如何认定，是否可以作为确定基本义务和履行义务的依据尚未明确。二是与数字令牌和数字资产相关的权利义务关系，在现行法律框架中并未明确界定，需通过详细分析确定法律适用问题。三是智能合约的执行需具备健全的法律基础。区块链技术的广泛应用，离不开智能合约，所谓智能合约，是以数字编码的形式定义承诺，一切交易都由代码强制执行。《合同法》确立了合同订立、修改、终止和争议处理等领域的基本原则，其中一些经典原则与智能合约的自动执行相冲突。智能合约的形式及其内容的效力，还没有得到法律和司法的正式认可，其作为数字编码的形式体现出来的合同文本尚无法确定。

（四）缺乏行业兼容性

一是区块链技术规模化难以实现。中国人民银行曾表示对区块链技术的探索虽被鼓励，但就目前设施水平来说，账本中不断增添的数据可能占用过多计算与储存资源，无法完全应对现存交易规模，在未来还面临多个区块链方案与不同特定技术并存的现象，业务拓展的跨链需求要有足够的通用标准来满足，这给信息互通和场景适应化带来更高挑战。二是区块链系统存在安全隐患。区块链的分布式节点结构更易受到攻击，单个节点拥有的系统总账本也随之暴露出来，风险难以控制。三是区块链相关法律制度亟待完善。区块链技术的基本构成要素存在法律认定空白，如账本中的共识信息是否认定为参与方需履行义务、数字资产的权利义务关系、智能合约与现存合同法的内容形式冲突问题等。

（五）监管和规范的不确定性

区块链技术采用去中心化的技术设计，避免了传统中心化经济系统结构中的诸多问题，但去中心化也意味着主体不明确，监管难以对

第八章 资产证券化实现的区块链技术基础

第一节 区块链底层综述

通常，金融场景对区块链底层要求主要体现在如下方面：技术国产自主可控、功能性、易用性、可拓展性、可靠性、安全性、兼容性、可维护性、性能指标和云平台集成等指标。

2019年9月9日，中央全面深化改革委员会第十次会议通过了《统筹监管金融基础设施工作方案》，明确要加强对重要金融基础设施的统筹监管，统一监管标准，健全准入管理，优化设施布局，健全治理结构，推动形成布局合理、治理有效、先进可靠、富有弹性的金融基础设施体系。以区块链作为底层技术的资产证券化系统实则为金融基础设施，自主可控是保障信息安全、金融安全的重要前提，也是对区块链技术的一个最基本的要求。能够自主可控信息系统，更具备可治理性，同时产品与服务一般不存在"恶意后门"并可以自主进行不断改善与修复漏洞。反之，不能国产自主可控则意味着"他控性"，在"芯片"事件后，自主可控在国家重要信息系统中越发受到重视，区块链技术的国产自主可控十分重要。

功能性、易用性与可拓展性主要由运行在区块链上的智能合约保障，从功能上来看，需要一套图灵完备（具有无限存储能力的通用物理机器或编程语言，简单来说是可以解决一切可计算的问题）的智能合约执行引擎，以适应多变的业务场景与运行环境，常见的智能合约语言与执行引擎有以太坊虚拟机（Environment Virtual Machine,

（三）功能完善的区块链、节点和智能合约管理工具，适应企业多样需求

区块链管理平台具备区块链新建和纳管、节点新建和管理及智能合约全生命周期管理各项功能。企业通过平台进行各类业务场景的区块链搭建和管理并进行节点设置，技术上实现业务场景区块链技术的快速落地，并在实际业务中对智能合约进行统一管理。

以下将详细对共识机制、隐私保护、安全性机制、跨链互操作性、链上链下协同技术等进行分析与讨论，并针对资产证券化场景提出要求与建议使用的技术解决方案。

二、共识机制

（一）综述

共识机制是区块链系统中各个节点达成一致的策略和方法。区块链的共识机制替代了传统应用中保证信任和交易安全的第三方中心机构，能够降低由于各方不信任而产生第三方信用、时间成本和资本的耗用。常用的共识机制主要有 POW、POS、DPOS（Delegated Proof Of Stake，股权授权证明）、Paxos、PBFT、RBFT（Robust Byzantine Fault Tolerant，高鲁棒性拜占庭容错算法）等，共识机制既是数据写入的方式，也是防止篡改的手段之一。目前，金融行业使用较多的区块链底层平台有国际区块链底层平台 Fabric、以太坊（Ethereum）、Corda 和 Hyperchain 等。

1. POW

POW 机制出现于 1997 年，由亚当·巴克（Adam Back）设计，初期用于预防垃圾邮件的泛滥。2009 年中本聪（Satoshi Nakamoto）将 POW 机制用于比特币的区块链网络中，作为区块链全网的共识机制。在该机制中，网络上的每一个节点都在使用 SHA256 哈希算法一个不断变化的区块头的哈希值。共识要求算出的值必须等于或小于某

个给定的值。在网络中，所有参与者都需要使用不同的随机数来持续计算该哈希值，直到达到目标。当一个节点得出了确切的值，其他节点需要进行相互确认，并达成共识，确认交易。在比特币的"生产"中，运算哈希值的节点被称作"矿工"，而运用 POW 的过程被称为"挖矿"。由于认证的计算是一个耗时的过程，所以机制中会对认证方以比特币的形式进行奖励。

POW 的优点是实现了完全的去中心化，但是缺点也同样明显。在公有链中被证明有效的 POW 共识机制在联盟链中面临诸多挑战，其确认时间长、能耗高、吞吐量性能低下、严重依赖算力竞争的记账确认机制存在安全隐患。另外，联盟链的应用场景存在大量高价值标的交易，这些交易的机制与节点验证激励机制无关，因此 POW 的算法无法为联盟链的可靠运作提供安全保障。

2. POS

POS 机制来自尼克·萨博（Nick Szabo），是 POW 的一种节能替代选择。不同于 POW 机制，POS 机制不需要用户在不受限制的空间中找到一个随机数，而是要求人们证明货币数量的所有权，因为其相信拥有货币数量多的人攻击网络的可能性更低。因为账户体系会出现账户余额的差异，所以拥有资本最多的人在全网会拥有更多资源。

在 POS 中，每当创建一个区块，矿工需要创建一个称为"币权"的交易，这个交易会按照一定比例预先将一些币发给矿工。然后 POS 机制根据每个节点持有代币的比例和时间，依据算法等比例地降低节点的挖矿难度，以加快节点寻找随机数的速度，缩短达成共识所需的时间。与 POW 相比，POS 可以节省更多能源，更有效率。但是，由于挖矿成本接近于零，所以可能会遭受攻击。POS 在本质上仍然需要网络中的节点进行挖矿运算，所以它同样难以应用于商业领域。

3. DPOS

DPOS 机制中，股权拥有者选举代表来进行区块的生成和验证。DPOS 类似于现代企业董事会制度，比特股系统将代币持有者称为股东，由股东投票选出 101 名代表，然后由这些代表负责生成和验证区块。持币者若想成为一名代表，需先用自己的公钥去区块链注册，获得一个特有的身份标识符，股东可以对这个标识符以交易的形式进行投票，得票数前多少位会是代表。代表们轮流产生区块，收益（交易手续费）平分。如果有的代表作恶，则会被其他代表或股东发现，会被移除代表名单。DPOS 的优点是大幅减少参与区块链共识的节点数，从而保证了区块链的性能，提升了效率，但是 DPOS 的中心化特性相对较为明显，更容易受到中心的控制，从而造成网络安全程度的下降。

4. PBFT

PBFT 最初由卡斯特罗（Miguel Castro）和利斯科夫（Barbara Liskov）在学术论文中提出，初衷是为一个低延迟存储系统所设计，降低算法的复杂度，该算法可以应用于吞吐量不大需要处理大量事件的数字资产平台。它允许每个节点发布公钥，任何通过节点的消息都由节点签名，以验证其格式。验证过程分为 3 个阶段：预备、准备、落实。如果已收到超过 1/3 不同节点的批准，服务操作将是有效的。使用 PBFT，区块链网络 N 个节点可以包含 f 个拜占庭恶意节点，其中 $f = (N-1)/3$。PBFT 确保至少 $2f+1$ 个节点在将信息添加到分布式共享账簿之前达到共识。PBFT 解决了传统 BFT（拜占庭容错）中效率不高的问题，将算法难度从指数级降低多项式级。

5. RBFT

Hyperchain 共识模块算法是基于艾伦·克莱门特（Allen Clement）等人在 2009 年提出的 Aardvark 算法进行改进的，实现了 RBFT。这在保证 BFT 系统强一致性的前提下，提升了系统的整体交易吞吐能力以及系统稳定性，可以稳定达到 3 000～10 000TPS（每秒交易笔数），并可以将交易执行时间控制在 300ms 左右，为区块链的商业应用提供高性能的解决方案。RBFT 两个核心特性在于增删节点与动态恢复。

（1）动态成员管理与权限控制（DMPC）：Hyperchain 共识模块实现了在区块链网络中动态增删节点机制，使得整个网络在不宕机的前提下准入或删除节点。同时，它通过 CA（证书签发机构）证书的方式区分不同节点，达到节点之间的权限控制功能。

（2）动态数据失效恢复机制（ARCM）：共识模块在原有机制上，新增了 Recovery 机制。节点重启时，Recovery 机制能自动检测节点并自主更新，同时也是动态增删的基础。当一个节点发生 ViewChange 而无响应时，Recovery 机制进行自我恢复。Recovery 机制的存在大大增强了共识模块的可用性。

近期，趣链科技发布的新版本 RBFT 区块链底层在实际标准投产环境中（8 核 16G，HDD 机械硬盘的标准服务器）能够支撑 32 000TPS，单链在硬件加速条件下可达 50 000TPS 以上，日均存储量突破 TB 级，同时支持数千节点的共识组网，实现数十万个多类型区块链网络节点的分层部署。

6. Fabric 的共识算法应用

Fabric 采用的共识算法目前包括 Solo、Kafka，以及未来要使用的 PBFT、SBFT（简化拜占庭容错）。Solo 机制是一个非常容易部署的非生产环境的共识排序节点，它由一个为所有客户服务的单一节点组成，所以不需要"共识"，相应地，Fabric 也丧失了共识节点的可扩展性，这使得独立开发和测试很理想，但不适合生产环境部署。Order – Solo 模式作为单节点通信模式，所有从 peer 收到的消息都在本节点进行排序与生成数据块。Kafka 主要是利用排序功能实现共识，也是 Fabric 应用与商业场景目前唯一的可选共识算法，但是由于 Kafka 对网络稳定性要求较高，所以非常难通过多中心化的方式进行部署。

7. 以太坊的共识算法应用

以太坊起初采用的是 POW 机制，逐步向 POS 转换。POW 是区块链网络最原始的共识算法，其最著名的应用是比特币。通过 POW 共识机制，矿工互相竞争，验证区块链网络上的交易，并获得相应币的验证奖励。POS 是由 Sunny King 和斯科特·纳达尔（Scott Nadal）于 2012 年首次提出的，旨在解决比特币挖矿高能耗等问题，提出了另一种交易验证机制，可以根据钱包中所持有的币量来选择节点。至2020年年初，以太坊网络依然采用POW机制进行共识，至于何时可切换至POS，仍未确定。

（二）资产证券化场景对共识算法的要求和选择

金融机构企业级商用区块链底层共识算法的选择，应主要考虑以下因素。

（1）数据安全：实现安全哈希算法，为消息生成体积小、不可逆的数字指纹。

（2）身份安全：实现数字签名算法，对交易进行签名，防止交易数据被篡改。

（3）通信安全：实现密钥协商技术，对传输层数据加密，保证通信双方可以不共享任何秘密进行加密通信。

（4）机构安全：实现基于CA的权限控制与准入机制。

（5）隐私保护机制：在最初的区块链系统中，所有节点都可以访问链上数据，大部分商业应用场景需要对链上信息进行隐私保护，隐私保护机制主要包括分区共识、同态加密（Homomorphic Encryption）、合约访问控制3种。

在资产证券化场景中，区块链底层技术需要具备高安全性，这也是金融机构技术应用的最重要标准。同时，区块链底层需具备高隐私性从而避免金融敏感数据的外泄风险，这也意味着目前市场上的开源区块链底层在节点数据隐私保护方面，以及区块链底层技术开发和使用规范方面都存在不同程度的缺陷。POW、POS、DPOS多以开源的形式出现在各类公链项目中，对于共识参与方不设限制，节点准入门槛低。但这也带来了数据安全、身份安全、通信安全、机构安全和隐私保护方面的问题。

资产证券化系统底层区块链技术选型，还需考虑区块链本身的性能问题。POW、POS、DPOS机制在性能方面也存在较大局限，对于节点配置缺乏有效的标准化管理，并出现算力资源浪费，或者因缺少有效的制衡机制导致全网算力集中在少数节点，削弱了去中心化的效应、安全性和隐私性。上述原因导致 POS、POW 和 DPOS 不适合为企业商用平台提供区块链底层技术。传统的 BFT 和 PBFT 在区块链吞吐量和共识机制可靠性方面仍然有很大的提升空间。区块链性能是影响实际业务处理能力的最直接因素。资产证券化交易场景包括结算、信息存证、资产入池等环节，需要底层区块链技术的稳定支撑。

区块链底层技术，目前需要处理的业务量和交易笔数总体更注重平台本身的可靠性、隐私性和可扩展性。资产证券化系统区块链底层的设计和开发需要严格遵循我国金融行业分布式账本，底层技术需要在身份管理、节点通信、共识协议等方面，尤其是密码算法方面严格遵循金融行业规范。

综合来看，应用 BFT 类共识算法并且满足国产自主可控的区块链底层平台可以较好地满足各方面对金融基础设施的要求，在资产证券化场景中具有较明显的优势。

三、隐私与安全性

区块链在保证数据隐私性和安全性方面相较于传统系统有非常明显的优势，能够在保证交易安全性的前提下实现交易的隐私性。现阶段，区块链领域保障区块链隐私性的机制主要有零知识证明、同态加密、分区共识 3 种方式。

（一）综述

1. 零知识证明

零知识证明的概念在 20 世纪 80 年代由 S. Goldwasser、S. Micali 和 C. Rackoff 提出，指证明者可以在不向验证者提供任何证明信息的情况下，使验证者相信某个判断是正确的。为了保护用户隐私，承诺者通常使用零知识证明来证明其持有对应承诺值的秘密信息和陷门信息，而不是直接将其公开。零知识证明是一种两方面的密码协议，包括示证者所要证明的关系，通常表示为一种 NP 关系语言，对于该语言中的某一字符串,示证者持有秘密信息。示证者所要证明的关系通常表示为一种 NP 关系语言,对于该语言中的某一字符串,示证者知道对应的证据,使得某字符串属于该语言的论断可以被公开验证。

对一个零知识证明协议,我们通常考虑以下 3 点。

(1) 完备性:如果字符串属于该语言且示证者诚实地生成了其证据,则诚实的验证者总会接受示证者提供的证明。

(2) 可靠性:如果字符串属于该语言,任何(有限计算能力的)示证者不能使诚实的验证者接受证明。

(3) 零知识性:验证者无法通过证明获取除了字符串属于该语言这一论断之外的任何信息。

其中,若可靠性考虑的是具有有限计算能力的示证者,则该协议被称为零知识证据协议。

2. 同态加密

同态加密是一种特殊的加密方法,允许对密文进行处理,得到的仍然是加密的结果,即对密文直接进行处理,跟对明文进行处理后再对处理结果加密,得到的结果相同。从抽象代数的角度讲,这保持了同态性。

同态加密是基于数学难题的计算复杂性理论的密码学技术,它的概念可以简单解释为:对经过同态加密的数据进行密文运算处理,得到一个输出结果,这一输出解密结果与用同一方法处理未加密的原始数据得到的输出结果是一样的。

同态加密可以保证实现处理者无法访问到数据自身的信息。如果定义一个运算符 Δ,对加密算法 E 和解密算法 D,满足 $E(X\Delta Y) = E(X) \Delta E(Y)$,则意味着对该运算满足同态性。

同态性来自代数领域,一般包括 4 种类型:加法同态、乘法同态、减法同态和除法同态。同时满足加法同态和乘法同态,则意味着代数同态,称为全同态(Full Homomorphic)。同时满足 4 种同态性,则称为算数同态。

计算机操作实现全同态,意味着对于所有处理都可以实现同态性。只能实现部分特定操作的同态性，称为特定同态（Somewhat Homomorphic），特定同态特性的算法有 RSA、ElGamal、Paillier、Pedersen 承诺（Pedersen Commitment）等。

3. 同态加密的作用

同态加密首先被运用在云计算和大数据中。对于区块链技术，同态加密也是很好的互补。使用同态加密技术，运行在区块链上的智能合约可以处理密文，而无法获知真实数据，极大地提高了隐私安全性。通过同态加密的加密思想，可以实现区块中交易金额和账户余额的加密。同态加密算法的这个特性，可以使验证节点在不知道账户余额和交易金额的情况下，进行交易合法性验证，并将通过验证的交易记录到区块链上。

区块链网络用户，希望提交到区块链网络中的数据安全性能得以保证，尤其是重要敏感数据，要避免恶意的信息泄露和被篡改。同态加密技术能够使用户的密文数据在区块链智能合约中密文运算，而非传统的明文运算。这样的优点是，用户将交易数据提交到区块链网络之前，可使用相应的加密算法对交易数据进行加密，数据以密文的形式存在，即使被攻击者获取，也不会泄露用户的任何隐私信息，同时密文运算结果与明文运算结果一致。

在实际的区块链应用中，从物理隔离到分区共识，金融领域已经有了相应较为成熟的落地方案，也普遍地被应用于实际场景中。同时，金融机构可以采用零知识证明的形式进行隐私保护。

虽然平安一账通、矩阵元等企业已经在应用零知识证明、同态加密等方面做了一些尝试性落地，但其仍然未广泛地应用于基于区块链的金融场景当中，究其根本原因：一方面为公众对零知识证明等应用密码学算法的认知仍需提升，相关研究及应用的投入仍然有限，导致发展缓慢；另一方面则为其依然存在一定的复杂度，导致进行技术方案选型时，更容易选择更加有效且简单的分区共识方案。

4. 分区共识

在此，以 Hyperchain 的名字空间为例，对分区共识技术进行展示。名字空间机制使区块链网络内部交易的分区共识得以实现。Hyperchain 平台的使用者可以按照名字空间进行业务交易划分,同一个 Hyperchain 联盟链网络中的节点按照其所参与的业务组成以名字空间为粒度的子区块链网络。名字空间通过业务的交易共识、分发以及存储的物理级别隔离,实现业务级别的隐私保护。

名字空间可以动态创建,单个 Hyperchain 节点按照其业务需求,可以选择参与一个或者多个名字空间。图 8.1 是名字空间机制的整体集群架构图——6 个节点参与两个名字空间的集群,节点 1、节点 2、节点 4 和节点 5 组成名字空间 1,而节点 2、节点 3、节点 5 和节点 6 组成名字空间 2。其中节点 1 和节点 4 仅参与了名字空间 1,节点 3 和节点 6 仅参与了名字空间 2,而节点 2 和节点 5 则同时参与了两个名字空间。名字空间通过 CA 认证的方式控制节点的动态加入和退出,每个节点可以允许参与到一至多个名字空间中。

带特定名字空间信息的交易的验证、共识、存储以及传输仅在参与

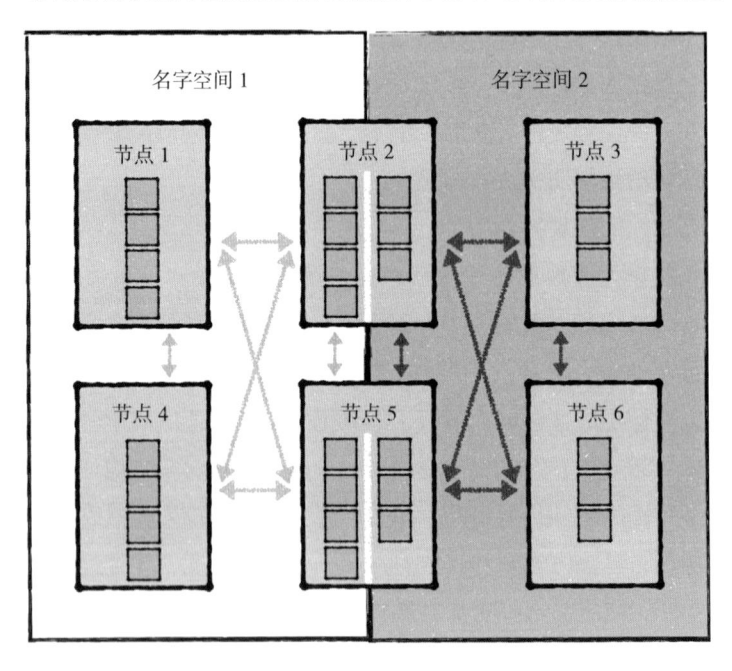

图 8.1 名字空间机制的整体集群架构图

特定名字空间的节点之间进行，不同名字空间之间的交易可实现并执行。图 8.1 中，节点 1 仅能参与名字空间 1 中交易的验证以及相应账本的维护，节点 2 能够同时参与名字空间 1 和名字空间 2 的交易执行和账本维护，但节点 2 中的名字空间 1 和名字空间 2 的账本互相隔离、互不可见。

（二）资产证券化场景对隐私保护方案的要求和选择

金融机构企业级商用区块链底层隐私保护方案的选择，应主要考虑以下因素。

（1）性能：所选隐私保护算法应当在保障整体系统性能的前提下，使可控折损部分运算能力能换取安全隐私。

（2）安全可控：所选方案应当具备可验证的安全特性。

（3）稳定性：所选隐私保护方案应当可保障系统的延续性与可用性。

零知识证明与同态加密技术目前仍在技术探索期，直接应用在生产系统中将会对业务的延续性与性能造成影响，而分区共识类解决方案从工程实现来看，更容易实现且更稳定。另外，从安全性角度来看，密码学解决方案（零知识证明和同态加密）需要一定时间的验证才可以直接应用至金融场景当中。对于资产证券化业务来说，发行期与存续期参与的机构不尽相同，监管机构与通道机构承担的角色也不尽相同，故对隐私保护算法，更加推荐使用分区共识的解决方案。

四、跨链互操作性

（一）综述

当前的区块链底层技术平台百花齐放，但主流区块链平台中的每条链大多是一个独立、垂直的封闭体系。在业务形式日益复杂的商业应用场景下，链与链之间缺乏统一的互联互通机制，这极大限制了区块链技术和应用生态的健康发展，跨链需求由此而来。

跨链是通过连接相对独立的区块链系统，实现账本的跨链互操作。跨链交互，依据其内容的不同，可以大体分为资产交换和信息交

（三）跨链核心流程

整个跨链生态必然会出现多个以中继链为中心的区块链联盟，那么跨链交易如何在整个跨链生态中进行流转呢？图 8.3 为交易处理的核心流程。

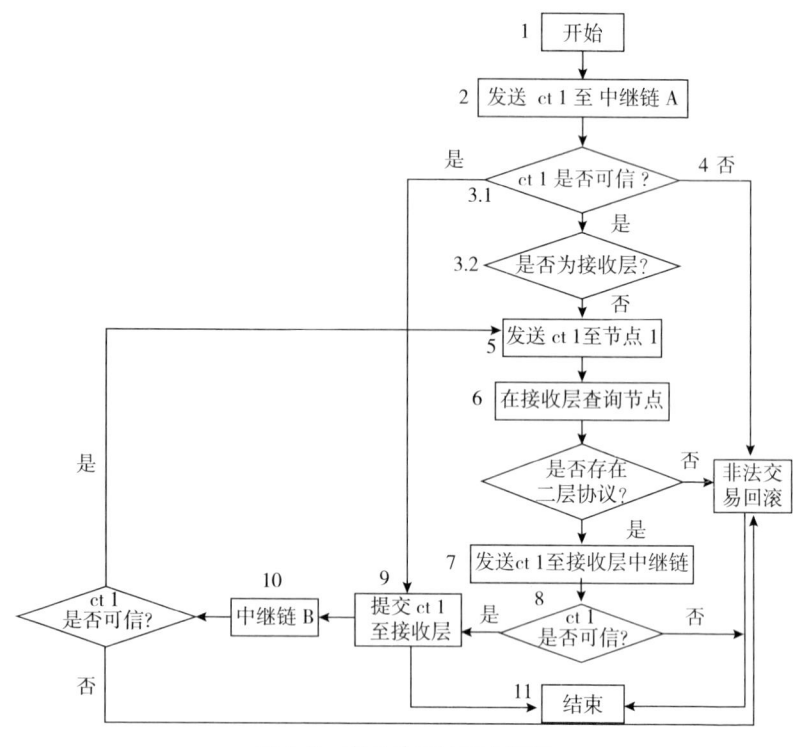

图 8.3　交易处理的核心流程

（1）应用链 1 发起跨链交易，记为 ct1。

（2）跨链交易 ct1 被提交到应用链 1 所关联的中继链 A。

（3）中继链 A 验证跨链交易 ct1 是否可信，一是验证交易来源是否可信，二是验证交易证明是否满足应用链对应的规则。如果验证不通过，则执行步骤 4；如果通过，则执行步骤 5。

（4）非法交易回滚，执行步骤 11。

（5）中继链 A 判断 ct1 的目的链是否在其管理的应用链列表中，

如果存在，则执行步骤 6，否则执行步骤 7。

（6）提交 ct1 到目的链，执行步骤 11。

（7）提交 ct1 到中继链 A 相关联的跨链网关 1。

（8）跨链网关 1 根据 ct1 的目的链地址，在跨链网关集群中通过分布式哈希表的方式进行查询，如果目的链所关联的中继链 B 的跨链网关 2 存在，则执行步骤 9，否则执行步骤 4。

（9）跨链网关 1 将 ct1 发送给跨链网关 2，跨链网关 2 将其提交到目的链所关联的中继链 B。

（10）中继链 B 验证 ct1 是否通过前置中继链（即中继链 A）的验证背书，如果背书验证可信，则执行步骤 5，否则执行步骤 4。

（11）结束交易。

五、智能合约

（一）综述

智能合约是区块链 2.0 的代表产物，其概念最早产生于 1995 年，由计算机科学家、密码学家尼克·萨博提出，他指出："智能合约就是执行合约条款的可计算交易协议。"其初衷是想把人、互联网和合同协议之间的复杂关系自动化、程序化，无须第三方公信的额外成本。在技术表现上，类似于部署在分布式数据库上的计算机程序语言，由特定事件触发，自动执行相应协议条款。在区块链中，是指部署在链上的一段可以自动执行条款的计算机程序。智能合约能够根据外界输入信息，自动执行预先定义好的协议并完成区块链内部相关状态的转移。

传统的智能合约虽然可以满足条件自动执行，但是由于其单点执行会存在缺乏公信力、不能防篡改等问题。而区块链由于其不可篡改、公开审计、共识信任等特性可以很好地解决单点智能合约的问题，基于区块链的智能合约有分布式不可篡改、多节点见证运行、可验证等特点。

最早的智能合约语言是以太坊开源社区提出的 Solidity 智能合约语言，Solidity 应用范围广泛，但相对于其他通用语言来说，还是较小众、成熟度较低，没有像 Java 一样丰富的应用接口（API）和库，并且合约编写相对较复杂，尤其是在进行复杂合约编写的时候，性能较差。但不可否认的是，其开源社区在智能合约技术和经验方面积累深厚，所以在合约语言的选择上，平台既考虑了较为常用的 Solidity 语言，同时也在自主研发编程友好、性能优良、适合复杂业务场景的合约语言，比如 Java、WebAssembly 语言等。

（二）智能合约执行引擎

上文我们了解到智能合约是区块链应用业务逻辑的载体，其在实现企业级应用落地中的重要性不言而喻。那如何让智能合约可以安全高效地运行呢？那就需要给合约提供一个安全沙盒的执行环境，不被外界攻击和打扰，不允许智能合约接触网络、文件系统、进程线程等系统资源，这个安全的沙盒环境被称为智能合约执行引擎（HVM）。

最早是以太坊将支持 Solidity 语言的以太坊虚拟机执行引擎引入区块链，拉开了区块链 2.0 的序幕，但因其合约语言本身在语言成熟度、生态工具、复杂合约编写性能等方面具有一定局限性，导致无法满足大规模的商业应用场景。

由于当前 Java 语言的流行以及其强大的生态，使用 Java 语言编写区块链智能合约无疑会使得区块链的开发更加便捷，更加易于推广。因此，基础防伪溯源平台首创自研支持 Java 语言的智能合约执行引擎，在保证智能合约执行的安全性、确定性、可终止性的前提下，提供了一系列灵活应用模式、工具方法集，以满足复杂多样的业务场景需求，面向更多的区块链开发人员提供更便捷、灵活、安全的区块链应用开发模式。

（三）智能合约执行引擎框架

智能合约引擎框架主要分为 3 个部分：最底层的虚拟机模块、上层的库函数支持以及最上层的合约操作层。

（1）虚拟机层，虚拟机中的定制类加载器是指在 jvm. go 中对引导程序（bootloader）以及对每个合约类都配置一个虚拟机加载器（HVM-ClassLoader），并且有类加载缓存机制，可以使类加载效率得到显著提升。另外，jvm. go 不支持多线程，所有步骤都单线程实现，相比多线程，避免了加锁解锁操作，效率高。而且，在实现的过程中，智能合约执行引擎将部分效率低的 Java 方法用 Go 语言 Native 实现，对栈帧进行复用，避免函数每次进栈出栈创建栈针，大大加快了程序执行效率。

（2）库函数层，支持多种 Java 优化数据结构，HyperList/超地图（HyperMap）/抽象机器超级桌面（Hypertable）为各种类型数据支持不同的数据结构。另外，支持账本持久化操作，方便数据写入账本；有丰富的日志信息，支持 6 种日志级别，包括严重、错误、警告、通知、信息、调试，方便使用者对合作操作过程中产生的异常进行调试，并且支持国标和国密的合约加解密操作。

（3）合约操作层，包括合约的全生命周期管理。

①合约部署：将一个合约部署到区块链上，并对合约数据进行一个初始化的过程，在这个过程中会调用钩子函数里的逻辑。

②合约调用：根据合约地址，调用响应合约中的逻辑，支持跨合约调用。

③合约升级：用新合约来替换掉旧合约。

④合约冻结：将链上的合约冻结，在合约所有者解冻之前，禁止任何人调用。

⑤管理合约：管理合约的冻结和解冻操作。

（四）以太坊虚拟机

以太坊虚拟机的作用是将智能合约代码编译成可在以太坊上执行的机器码，并提供智能合约的运行环境。它是一个对外完全隔离的沙盒环境，在运行期间不能访问网络、文件，即使不同合约之间也只有有限的访问权限。

尽管区块链是可编程的，但是由于其脚本系统支持的功能有限，基于区块链做应用开发是一件很有难度的事情。而以太坊是基于区块链底层技术进行封装、完善的，其中很重要的一个革新是以太坊虚拟机及面向合约的高级编程语言 Solidity，这使得开发者可以专注于应用本身，更方便、快捷地开发去中心化应用程序，同时大大降低了开发难度。

以太坊虚拟机具有如下特点。

- 以太坊虚拟机是一种基于栈的虚拟机（区别于基于寄存器的虚拟机），用于编译、执行智能合约。
- 以太坊虚拟机是图灵完备的。
- 以太坊虚拟机是一个完全隔离的环境，在运行期间不能访问网络、文件，即使不同合约之间也只有有限的访问权限。
- 操作数栈调用深度为 1 024。
- 机器码长度为一个字节，最多可以有 256 个操作码。

开源社区中的以太坊虚拟机主要应用于公有链环境下，需要考虑记账节点的运算能力及相关运算开销造成的费用，故其并不适用于联盟链环境下。以太坊 Solidity 语言兼容虚拟机是为了最大程度利用开源社区在智能合约技术和经验方面的积累，提高智能合约的重用性而深度重构以太坊虚拟机，并且完全兼容以太坊虚拟机上开发的智能合约。以太坊 Solidity 语言兼容虚拟机在保持 Solidity 开发语言的兼容性基础上，对智能合约虚拟机进行性能优化，保持以太坊虚拟机的沙盒安全模型，做了充分的容错机制，并进行系统级别的优化，结合环境隔离能够保证合约在有限时间内安全执行，在执行性能方面逼近二进制原生代码的效率。

1. 以太坊虚拟机的使用

以太坊虚拟机执行一次交易之后会返回一个执行结果，系统将其保存在被称为交易回执的变量中，之后平台客户端可以根据本次的交易哈希进行交易结果的查询，执行流程如下。

以太坊虚拟机接收到上层传递的事务（transaction），并进行初步的验证。

（1）判断事务类型，如果是部署合约则执行"部署合约"，否则执行"指令集"。

（2）以太坊虚拟机新建一个合约账户来存储合约地址以及合约编译之后的代码。

（3）以太坊虚拟机解析事务中的交易参数等信息，并调用其执行引擎执行相应的智能合约字节码。

（4）指令执行完成之后，以太坊虚拟机会判断其是否停机，否的话，跳转"状态回滚"步骤，否则执行"持久化状态"步骤。

（5）判断以太坊虚拟机的停机状态是否正常，正常则结束执行，否则执行步骤7。

（6）进行撤销操作，状态回滚到本次交易执行之前。

执行指令集模块是以太坊虚拟机执行模块的核心，指令的执行模块有两种实现方式，分别是基于字节码的执行以及更加复杂高效的即时编译（Just-In-Time Compilation）。字节码执行的方式比较简单，以太坊虚拟机会有指令执行单元。该指令执行单元会一直尝试执行指令集，当指定时间未执行完成，虚拟机会中断计算逻辑，返回超时错误信息，以此防止智能合约中的恶意代码执行。

2. 即时编译

即时编译也称为及时编译、实时编译，是动态编译的一种形式，该方式的执行相对复杂，是一种提高程序运行效率的方法。通常，它的程序有两种运行方式：静态编译与动态直译。静态编译的程序在执行前全部被翻译为机器码，而直译执行则是边翻译边执行。即时编译器则混合了这二者，一句一句编译源代码，但是会将翻译过的代码缓存起来，以降低性能损耗。相对于静态编译代码，即时编译代码可以处理延迟绑定并增强安全性。即时编译方式执行智能合约主要包含以下步骤。

（1）将所有同智能合约相关的信息封装在合约对象中，然后通过该代码的哈希值去查找该合约对象是否已经存储编译。合约对象有

```
"jsonrpc":"2.0",
"namespace":"global",
"id":1,
"code":0,
"message":"SUCCESS",
"result":{
"abi":[
"[{\"constant\":false,\"inputs\":[{\"name\":\"num1\",\"type\":\"uint32\"},{\"name\":\"num2\",\"type\":\"uint32\"}],\"name\":\"add\",\"outputs\":[],\"payable\":false,\"type\":\"function\"},{\"constant\":false,\"inputs\":[],\"name\":\"getSum\",\"outputs\":[{\"name\":\"\",\"type\":\"uint32\"}],\"payable\":false,\"type\":\"function\"},{\"constant\":false,\"inputs\":[],\"name\":\"increment\",\"outputs\":[],\"payable\":false,\"type\":\"function\"}]"
],
"bin":[
"0x60606040526000805463ffffffff1916815560ae908190601e9039600
0f3606060405260e060020a60003504633ad14af381146030578063569c5f6d
14605e578063d09de08a146084575b6002565b346002576000805460e06002
0a60243560043563ffffffff8416010181020463ffffffff1990911617905555b005b3
4600257600054633ffffffff1660408051633ffffffff90921682525190819003602001
90f35b34600257605c6000805460e060020a63ffffffff8216600101810120463fff
fffff1990911617905556"],
"types":[
"Accumulator"
]
```

}
　　}
　　字段 bin 对应的内容为该合约的字节码表示，该 bin 内容供后续部署使用。

3. 部署合约

　　基础防伪溯源平台部署的 Solidity 命令如下。

curl localhost：8081 --data ´{"jsonrpc":"2.0"，

"namespace":"global","method":"contract_deployContract"，

"params"：[{

"from":" 0x17d806c92fa941b4b7a8ffffc58fa2f297a3bffc

"，"nonce"：5373500328656597，"payload":" 0x60606040526000805463ffffffff1916815560ae908190601e90396000f3606060405260e060020a60003504633ad14af38114603057806356 9c5f6d14605e578063d09de08a146084575b6002565b346002576000805460e060020a60243560043563ffffffff8416010181020463ffffffff199091161790555b005b346002576000546 3ffffffff166040805163ffffffff9092168252519081900360200190f35b34600257605c6000805460e060020a63ffffffff821660010181020463ffffffff199091161790555 6"，"signature":" 0x388ad7cb71b1281eb5a0746fa8fe6fda006bd28571cbe69947ff0115ff8f3cd00bdf2f45748e0068e49803428999280dc69a71cc95a2305bd2abf813574bcea900 "，"timestamp"： 1487771157166000000 }]，"id":" 1"}´

　　部署合约返回如下，其中 result 字段内容为该合约在区块链中的地址，后期对该合约的调用需要指定该合约地址。

　　{

"jsonrpc"："2.0"，

"namespace":"global"，

"id"：1，

"code"：0，

"message":"SUCCESS"，

"result":

"0x406f89cb205e136411fd7f5befbf8383bbfdec5f6e8bcfe50b16dcff037d1d8a"

}

4. 调用合约

基础防伪溯源平台调用命令如下，其中 payload 为调用合约中函数以及其参数值的编码结果，to 为所调用合约的地址。

curl localhost: 8081 - - data

' {

"jsonrpc":"2.0",

"namespace":"global",

"method":"contract_invokeContract",

"params":[{

"from":"0x17d806c92fa941b4b7a8ffffc58fa2f297a3bffc",

"nonce":5019420501875693,

"payload":"0x3ad14af300000000000000000000000000000000000000000000000000000000000000010000000000000000000000000000000000000000000000000000000000000002",

"signature":"0xde467ec4c0bd9033bdc3b6faa43a8d3c5dcf393ed9f34ec1c1310b0859a0ecba15c5be4480a9ad2aaaea8416324cb54e769856775dd5407f9fd64f0467331c9301",

"simulate":false,

"timestamp":1487773188814000000,

"to":"0x313bbf563991dc4c1be9d98a058a26108adfcf81"

}],

"id":"1"

},

合约调用会立即给客户端返回该交易的哈希值，后期可以根据该交易的哈希值查询具体交易的执行结果。

```
{
    "jsonrpc":"2.0",
    "namespace":"global",
    "id":1,
    "code":0,
    "message":"SUCCESS",
    "result": "0xd7a07fbc8ea43ace5c36c14b375ea1e1bc216366b09
a6a3b08ed098995c08fde"
```

(六) 内置虚拟机

内置虚拟机 (Built-In Virtual Machine, 简写为 BVM), 是用于处理内置合约的虚拟机类型。内置虚拟机的出现可以让开发者自定义一些内置合约,提供一些固定的功能。诸如证券化交易等交易逻辑固定且需要高性能运行的业务逻辑,可使用内置虚拟机对合约代码进行"硬编码",从而以近似于二进制直接运行的速度进行合约执行。

所谓内置合约,是合约代码由开发人员预先写好,在平台启动时直接创建对象加载,不需要用户手动部署合约。由于合约随着平台预先创建加载,所以合约地址固定不变,且不属于任何用户,也不可以对该合约进行升级或冻结、解冻的相关操作。

目前,内置虚拟机支持两种内置合约,一种是存证相关内置合约,如 SetHashContract 等合约表示存证场景下文件哈希的存储形式;另一种是提案相关内置合约,分为配置类提案和权限类提案。

1. 内置虚拟机的使用

由于内置合约不需要部署,所以会直接抛出合约地址,以供外部调用。HashContract 合约地址为 0x000000000000000000000000000000000ffff01。ProposalContract 合约地址为 0x000000000000000000000000000000000ffff02。

(1) HashContract 内置合约。

HashContract 中有两个方法可供调用, Set 和 Get 方法。Set 方法接收两个参数，一个参数为 key，一个参数为 value，用于存储键值对。Get 方法接收一个参数 key，用于取出 HashContract 中与之对应的 value 值。

（2）提案类内置合约。

ProposalContract 提供创建提案、取消提案、提案投票以及执行提案的操作，分别对应创建提案、取消提案、提案投票、执行提案等方法。

①创建提案。

在内置合约 ProposalContract 中，创建的提案可分为配置类和权限类。提案创建后，创建者默认提案的同意者，即创建者默认对提案投了同意票。

②提案投票。

提案创建之后，管理员可对其进行投票，投票时将要执行的合约方法名、投票的提案 ID 及表决信息（同意/不同意）传入对应方法，将返回值作为事务的 payload，to 设置为要调用的提案合约地址，并设置 VMType 为内置虚拟机即可。

③取消提案。

创建后的提案如果处于投票、等待执行中，提案创建者可通过取消提案的方法进行取消，取消时将要执行的合约方法名及要取消的提案 ID 传入对应方法，将返回值作为事务的 payload，to 设置为要调用的提案合约地址，并设置 VMType 为内置虚拟机即可。

④执行提案。

提案创建者可对处于等待执行的提案发起执行操作，将要执行的合约方法名及要执行的提案 ID 传入对应方法，将返回值作为事务的 payload，to 设置为要调用的提案合约地址，并设置 VMType 为内置虚拟机即可。

（七）资产证券化场景对智能合约执行引擎的要求和选择

在资产证券化业务中，可对资产发行、资产交易、资产回笼等方面应用智能合约技术,但由于合约的执行效率及不同合约虚拟机的合约语言、逻辑、功能不同,需要从以下几个方面对智能合约执行引擎进行考虑。

(1)易用性。由于智能合约执行引擎与传统编程语言在安全性与沙箱环境上存在差异,故智能合约开发语言也随着虚拟机的不同产生了变化,如以太坊虚拟机中使用的 Solidity 语言、Libra 中使用的 Rust 语言等新型编程语言并不为金融信息化从业人员所熟悉。资产证券化开发者多为熟悉 Java、C 等传统编程语言的软件开发人员,故在易用性上对智能合约语言提出了比较高的要求。所以,Java 虚拟机及相关特定修改版本的虚拟机比较适合资产证券化场景的应用。

(2)安全性。基于区块链的资产证券化平台是以区块链技术为底层基础设施的重要平台,而资产交易等操作均以智能合约为实现载体,故智能合约的安全性十分重要。如何在编码时保证合约执行引擎的安全性以及合约编码的安全性成为金融基础设施的重中之重。从合约代码安全性来看,主要需要防止溢出漏洞、访问和权限漏洞、重放漏洞等,目前主要的安全监测方法包括静态验证及形式化验证两类。静态验证通过已经发现的漏洞对合约中的代码特征进行比对,找到可能出现漏洞的地方并进行告警。形式化验证则是以数学的方法来验证代码是否存在漏洞,以及以数学建模的形式来验证合约代码的安全。资产证券化平台使用的智能合约应当通过权威第三方机构的安全检验,以最大程度保障合约的运行安全,控制信息安全风险。

(3)可视性。智能合约在区块链中的形式是一段可被合约执行引擎运行的二进制代码,故其对一般金融从业者来说可读性较差。资产证券化平台应当设计并提供良好的合约可视化工具,为业务操作及终端用户提供良好的数据可视性。数据可用于包括但不限于前端交易软件、文件处理展示软件、大屏展示软件、手机 App 等。

(4)非功能特性。一般,我们在考虑区块链技术的非功能特性时,只对存证类交易以及普通转账交易进行评测。在资产证券化场景中,我们需要使用智能合约在资产发行、资产交易中的业务逻辑进行实现，但智能合约的执行会极大地影响区块链的非功能，特别是性能指标。这时，可选择比较轻巧的内置虚拟机，以减少代码解释过程中的时间开销，可使用以太坊虚拟机等通用虚拟机进行转账及资产的标准化工作，以分层的架构来实现功能与非功能特性之间的平衡。

六、链上链下数据协同

在资产证券化业务当中，并不是所有业务数据均需要上传到区块链当中，一方面业务信息应当保持隐私性、安全性，以确保商业机密不会因区块链网络的多中心化而产生信息泄露；另一方面区块链网络难以承受海量数据的存储与检索的非功能要求。故链上链下数据协同就变成了资产证券化区块链网络的重要问题。

在链上链下数据协同上，我们将存储在块链数据结构中的数据称为L1层（Layer 1，有时也被称为 Layer 0），而把存储在链外的数据称为L2层（Layer 2）。L2层借助先进密码学机制，保障数据在高效流通的情况下提供远高于传统技术的安全性和隐私性。借助L2层的独特隐私和安全优势，可打造通用数据共享基础设施，发挥数据流动的价值，从而解决各机构之间数据合作过程面临的安全性问题，打破数据孤岛，达成"数据可用不可见"，促进资产证券化业务创新。

本书将以趣链科技的L2层产品 BitXMesh 作为例子，讲解如何解除L2层协议，实现资产证券化业务中的链上链下数据协同问题。

（一）物理架构

图8.4是 BitXMesh 的物理拓扑结构，相当于广义区块链中的L2层和L1层，BitXMesh 为区块链提供了链下存储、链下计算以及隐私保护等能力，提高了区块链的性能以及可扩展性。相应的区块链为 BitXMesh 网络提供了一个去中心的可信账本服务，为 BitXMesh 的可信存储、数据交换和联邦计算进行记录存证、权限控制和联盟治理的保障。

BitXMesh 实现了一个标准的去中心化、点对点的数据交换协议，每个 BitXMesh 可以连接一到多个私有数据库或大数据中心，支持数据提供方以文件、模型或者接口的形式灵活地提供数据服务方式。

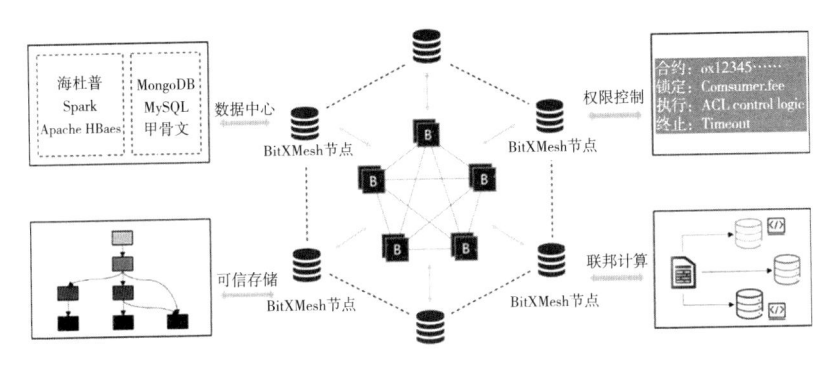

图 8.4 BitXMesh 的物理拓扑结构

（二）技术架构

从整体架构上，分布式数据协作网络主要分为 5 个层次：物理资源层、基础服务层、核心服务层、接口层、应用层，具体如图 8.5 所示。

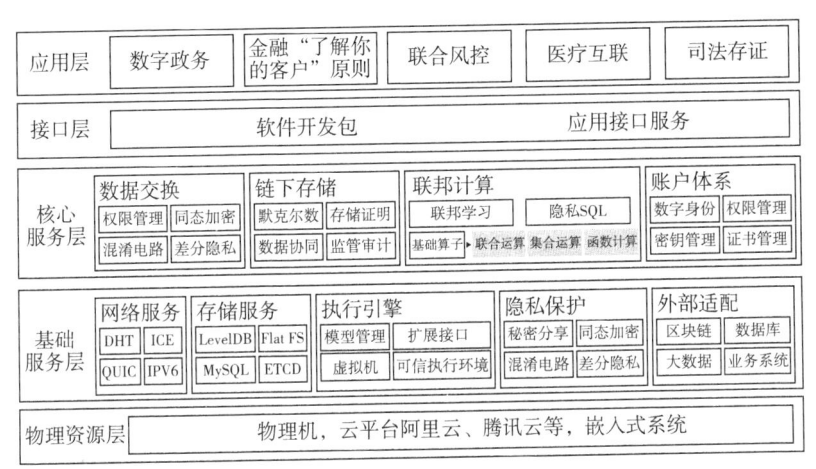

图 8.5 BitXMesh 架构图

物理资源层是 BitXMesh 系统所依赖的物理基础资源，BitXMesh

可以直接部署在通用物理机上，也可以部署在如阿里云、腾讯云、微软云等云平台上。

基础服务层是 BitXMesh 服务的基础支撑，网络模块提供了 BitXMesh 的节点之间的互联互通能力；存储模块提供了 BitXMesh 单一节点的存储能力；执行引擎是链下类智能合约的运行空间，通过沙盒化的形式运行动态可加载的数据或者业务模型。

核心服务层是 BitXMesh 软件产品功能的主要体现，它包括可信存储、数据交换、联邦计算、账户相关信息和操作等。

接口层是 BitXMesh 和应用层之间的连接器，主要提供外部应用层访问 BitXMesh 的接口，提供软件开发包（SDK）和应用接口服务两种连接方式。

应用层是基于 BitXMesh 构建的分布式数据协同应用服务。

BitXMesh 的核心技术主要包括可信存储和联邦计算，存储模块通过 Merkle DAG 的数据存储和存储证明技术以及数据指纹上链的方式保证数据的不可篡改。可信存储支持键值、日志以及 IPFS 的 DAG 格式数据存储灵活适配不同的业务需求；联邦计算模块通过使用隐私聚合技术、基于秘密分享的安全多方计算以及 TEE（可信执行环境）等技术提供隐私保护能力，同时集成 LuaVM、WASM 等高性能虚拟机支持分布式可编程计算环境，通过隐私计算和可编程机制对外提供灵活的跨机构可编程隐私计算服务。

区块链作为 BitXMesh 网络依赖的公共账本，用于提供基于智能合约的可信服务，包括权限控制、交易结算、数据交换溯源和审计等，目前 BitXMesh 支持与趣链、Fabric、以太坊等区块链平台无缝适配。

在底层架构上，BitXMesh 提供了软件开发包来支撑应用层开发能够支持联邦分析、数据共享、状态通道、流程引擎等区块链 L2 应用服务，为下一代分布式数据协作应用提供通用的平台支撑。

（三）资产证券化场景对于链上链下协同技术的要求和选择

首先，应当具备大数据可信数据能力。如消费金融类资产证券化场景中，资产发行方把大量信贷资产打包进行证券化操作，蚂蚁金服2019年注册消费金融类资产证券化合计1 240亿元，涉及基础资产量巨大，链上链下协同技术应当可以将海量基础资产信息以实时或准实时的方式在链下进行存储，并通过链上对基础资产信息进行存证，进而提供可信数据源，为接下来的数据分析做好准备。

其次，应当具备数据不出库分布式计算（即"可用不可见"）的数据分析处理能力。由于底层资产数据往往涉及资产发行方的核心业务数据，如果直接公开数据供交易者进行分析，明显是不合适的。数据不出库分布式计算适用于具有一定隐私要求或数据较敏感的情况，数据需求方发布计算任务并自定义计算模型，数据提供方在本地运行模型，需求方仅获得任务执行结果，我们将这种数据运算方式称为联邦计算。

图8.6是联邦计算的基本流程，从联邦计算任务发起到结束的必须过程为：第一，联邦计算发起方通过BitXMesh发起联邦计算任务，并添加参与计算的数据；第二，数据发起方需要将数据对应的子模型完善并分发至其他参与节点；第三，参与节点通过子模型中的数据需求，在链上验证数据的使用权限；第四，通过审核的机构会将模型部署到其机构的BitXMesh的节点上并执行；第五，模型执行的结果会通过BitXMesh网络加密传输回调用方所在节点；第六，计算结果和数据查询记录上链。在整个执行过程中，数据使用方不会接触具体机构上的原始数据，但是数据的使用方仍然能够得到其希望得到的计算结果。

再次，可以通过TEE技术进一步增强联邦计算的安全性。基于密码学的安全计算模型所支持的计算算子有限，为了进一步提升联邦计算的能力，联邦计算利用TEE技术加强多方计算的安全性和隐私保护性，通过将密码学模块和模型执行虚拟机放入可信执行环境，防止数据与算法的泄漏。

引入TEE技术后，联邦计算框架可分为可信和不可信两个部分。不可信部分包含大部分模块，可信部分主要包含密码学模块和模型虚拟机。密码学模块放在TEE技术中，可以保证联邦计算中所使用密

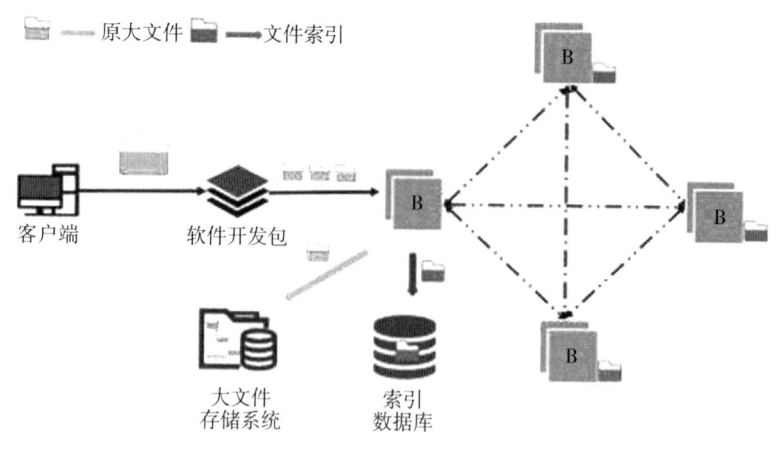

图 8.7　系统架构

2. 存储流程

大文件存储流程主要分为数据上传、数据存储、数据传输等步骤，具体如下。

（1）数据上传。

客户端通过软件开发包向区块链节点发送交易，交易中带文件流一起传输。区块链节点接收到文件后，对文件进行完整性与哈希交易，将文件索引作为交易的内容进行共识，如图 8.8 所示。

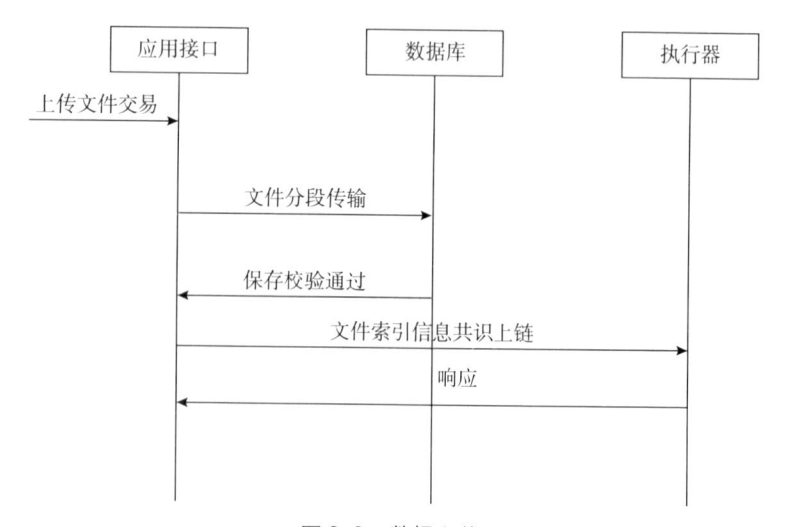

图 8.8　数据上传

图 8.11 数据归档流程中的制作快照

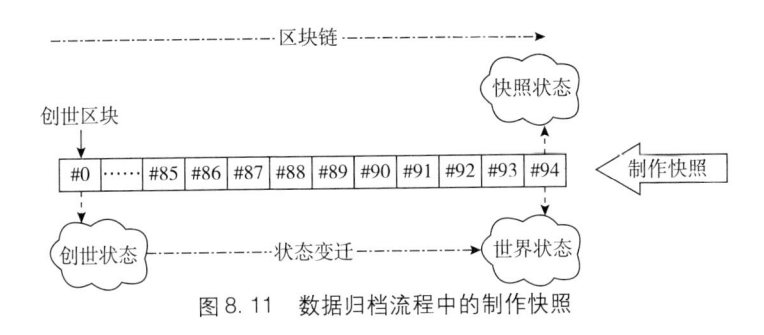

以线上的 0 号区块数据为基础新建一个快照。约定该快照的高度为 start，本次需要制作的快照高度为 end。

- 快照拷贝。

拷贝一份第 1 步获得的账本到一个新的文件夹，并将其作为后续账本操作的基础，拷贝为单纯的磁盘 io 操作。

- 根据日志数据构建完整账本。

遍历线上［start，end］范围内日志数据，从 start 开始制作出到 end 的账本，制作过程中同时遍历区块的 merkleRoot，保证账本的正确性。

②检查快照。

为了确定制作的快照与实际的账本是否一致，我们需要对快照进行检查。

检查的过程是遍历 snapshot 数据库中的状态数据，重新计算出 Bucket Tree 的根哈希，与最新区块的哈希记性对比，如果一致，则代表该快照是正确的。

③数据归档。

然后，用户发起数据归档请求，要求将快照点前所有的区块链数据进行转储归档。该节点将区块号为 0~93 的区块数据以及相应的交易回执等数据都进行转储，且将本地的"创世状态"内容更新为之前备份得到的快照状态，"创世区块"更新为区块号为 94 的区块，如图 8.12 所示。

整体步骤如下。

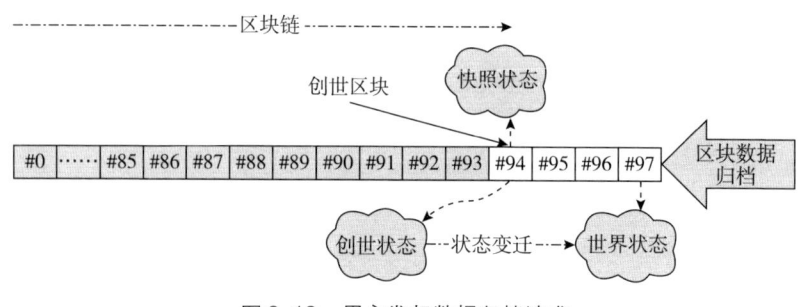

图 8.12　用户发起数据归档请求

- 向线下数据库写入一条 record，用于保证原子性回滚。
- 确定数据的版本。
- 非法交易迁移。
- 索引及回执数据迁移。
- 区块数据迁移。
- 日志数据迁移。
- 更新 chain 信息。
- 写入 archive.meta。
- 更新 archive.meta 文件字段内容。

如果说区块链正常的状态变迁是状态终点不停向前更新的过程，那么数据归档就可以视为一个区块链状态起点向终点更新的过程。

数据归档针对的主体是区块链数据，而部署在区块链上的智能合约，同样有较大的存储需求用来记录庞大的业务数据。针对这部分数据，基础防伪溯源平台提供了另外一种归档机制，用户仅需发起一笔带有特殊标记的交易，调用智能合约中自定制的归档函数，就可实现合约数据的转储。合约编码者可以在合约中实现任意逻辑的归档函数，以满足不同的业务需求。

（5）归档数据恢复。

平台支持归档数据的恢复操作，通过 Archive Reader 的方式来实现。恢复归档数据是归档的逆过程，将线下已经被归档出去的数据挪回线上，但是与归档不同的是，恢复归档并不删除线下数据。恢复归档仅支持后序恢复，即只能从最近的一次归档开始恢复，保证线上数据的连续性。过程如图 8.13 所示。

```
#0 …… #90 #91 #92 #93
              ↓
         Archive
         Reader
            B
              ↓
              #0 …… #90 #91 #92 #93
```

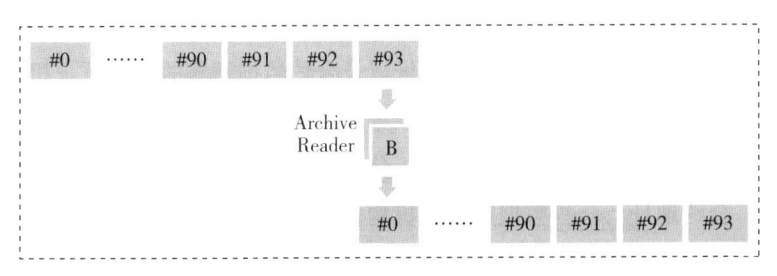

图 8.13　归档数据恢复过程

①区块数据迁移。

调用 FileLog 的 restoreRange 方法，范围中的最后一个区块存储在 LevelDB 中。

②日志数据迁移。

调用 FileLog 的 restoreRange 方法，范围中的最后一个区块存储在 LevelDB 中。

③索引数据迁移。

遍历线下区块数据，将区块号 - 区块哈希、区块哈希 - 区块号、交易哈希 - 交易回执的索引数据拷贝回线上。

④非法交易迁移。

将下上数据库中归档范围内的区块中的非法交易拷贝到线上，做法是用迭代器进行遍历。

⑤更新链上信息。

更新链上的 Genesis 与交易量数据。

⑥更新 snapshot.meta 与 archive.meta 文件。

（二）数据可视化技术综述

在资产证券化系统中，为了维护合约数据的隐私性，所有部署在

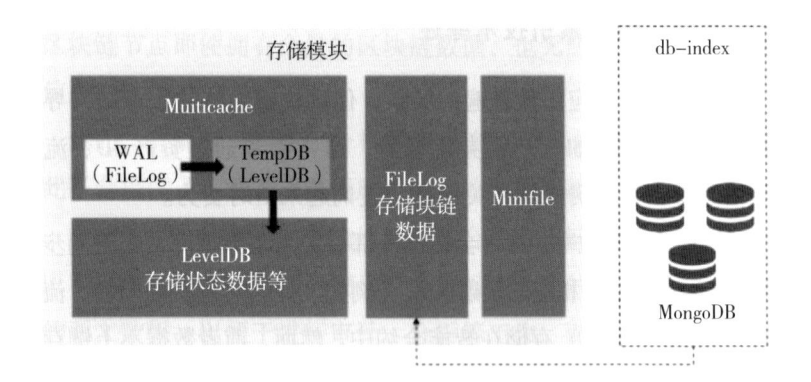

图 8.15　存储模块系统架构

索引从区块和交易里提取并插入到索引数据库的关键交易信息,二层索引对索引数据库里的数据创建数据库索引,进一步提高查询效率。

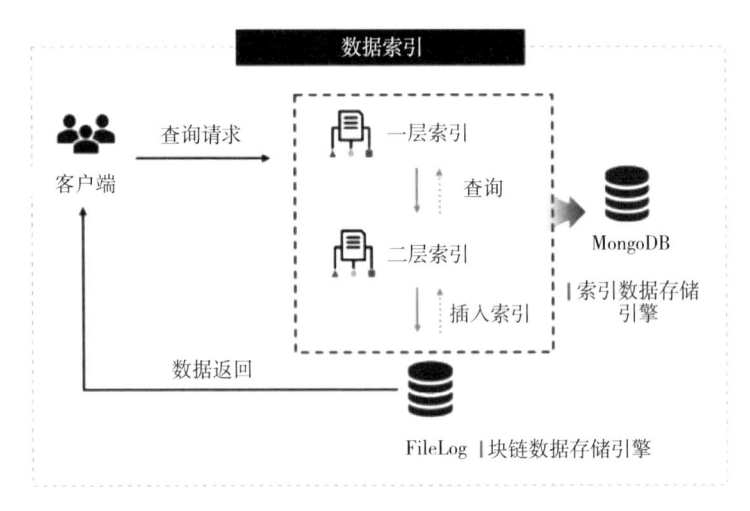

图 8.16　索引数据库

当客户端向节点发起查询请求的时候,首先通过索引数据库快速定位到符合查询条件的交易信息,交易信息包括交易哈希、交易所在区块号、交易在区块里的位置,然后到 FileLog 里查询交易详情。当有区块生成并持久化的时候,需要同时往索引数据库里插入数据,并要保证区块数据和索引数据的一致性。

（四）资产证券化场景对数据存储与展示的要求

资产证券化对基于区块链的文件存储提出了较一般区块链应用更高的要求。一是需要解决大数据存储问题，如 ERC－1400 等证券化通证协议，均涉及并使用了 getDocument 及 setDocument 接口，足以说明基于区块链的资产证券化平台对包括法律法规文件、权限控制文件、仲裁文件、批准批复文件、信息披露文件等非结构化数据存储及应用的需求，平台应当具备对非结构化数据的存储能力。二是需要解决数据可视化问题，在平台设计当中，大量业务逻辑将以智能合约的形式进行展现，若不能很好地对合约中的数据及处理过程进行展示，势必会对证券交易等关键性业务造成影响，故平台应当具备对合约内数据的可视化展现能力。三是需要解决数据快速索引问题，对基于区块链的结构化和非结构化数据进行处理时，平台应当具备可快速检索的能力。四是要解决数据、文件及权限的关联性问题，文件的存储与展示多数情况是为了鉴别用户操作的权限及相关的合规性，故平台应当提供对非结构化数据的分析及应用能力，使得传统资产证券化流程与基于区块链的证券化流程有效结合。

八、安全审计

（一）综述

中国人民银行于 2020 年 2 月发布的《金融分布式账本技术安全规范》，是区块链在金融行业内应用的重要标准，该标准规定了金融分布式账本技术的安全体系架构，在审计方面涉及了账本、节点、共识、智能合约等多方面的需求，部分细则如下。

（1）账本数据应提供安全审计功能，审计记录包括访问日期、时间、用户标识、数据内容等审计相关信息。

（2）数据变更审计。这不仅包括数据变更成功的记录，还应包括数据变更失败的记录。

（3）在节点有效性校验失败、一致性校验失败等情况下同步账本数据应提供安全审计功能，审计记录包括事件类型、原因、账本数据同步的节点、账本数据校验值等。

（4）单次共识过程和系统运行的整个共识历史都应可审计、可监管，该历史应不可被篡改。

（5）智能合约设计需要保证业务逻辑的安全性，源代码和编译环境需要安全审计，并需要有应急响应机制等。

1. 数据审计原理

（1）外部架构。

审计系统的整体架构如图 8.17 所示。

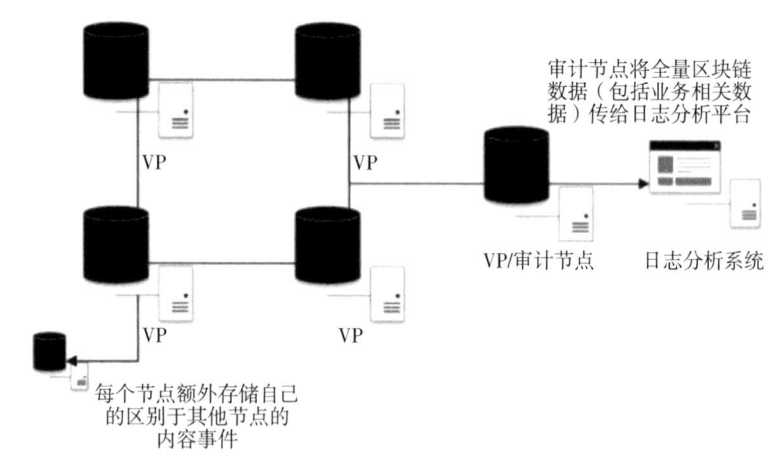

图 8.17　审计系统的架构

在此架构下，每个节点都只存储自己与其他节点不一致的消息，比如从当前节点接收的交易、非法交易、当前节点的状态变更等，节点存储完成之后等待审计节点进行请求调取。

审计节点作为共识节点加入区块链网络，审计节点每生成一个区块，就将所有的交易内容、状态修改集、事件变更等进行存储，供日志分析系统调用。

日志分析系统通过审计节点完成审计数据的请求，然后对审计数据进行分析展示。

(2) 内部架构。

单个节点的内部消息架构如图 8.18 所示。

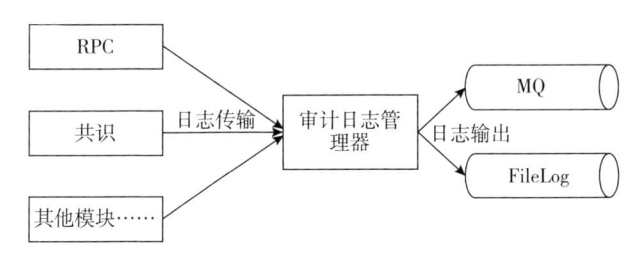

图 8.18　单个节点的内部消息架构

对于全局而言，系统会根据配置文件决定是否开启一个审计日志管理器，系统运行时其他模块会将审计日志推送至管理器，管理器根据需要可以配置审计信息的输出模式。

(二) 资产证券化场景对安全审计技术的要求

基于《金融分布式账本技术安全规范》的要求，资产证券化系统应当设计审计管理体系，打造审计节点并结合日志分析系统实现区块链全流程审计。区块链审计对交易来源、交易主体、发生时间、数据流转过程等，都有明确、可验证的记录，可以保证电子证据的规范、安全、可靠，并可以把多方单位需要审计的信息通过区块链进行传递，并与内部数据进行快速比对，提高联合造假舞弊的成本。

第九章 区块链技术的运用方式

第一节 基于区块链的资产证券化解决方案介绍

一、整体思路

利用区块链技术的多中心以及智能合约对资产的可编程特性,可在资产证券化参与的各方之间构建联盟链网络,从资产筛选阶段和SPV搭建,到执行阶段的尽职调查、信用评级、产品定价,直至发行后的资产证券化产品存续期管理,进行资产的全生命周期管理。基于区块链的资产证券化系统试图解决资产证券化过程中出现的资金流和信息流管理不透明、三方机构协同效率低下、投资人权益无法得到有效保障等问题,并通过区块链技术的应用促进流动性提升,对参与各方均可产生正向收益,从而形成一个多方共赢的金融基础设施,如图9.1所示。

从监管机构的角度来看,基于区块链的资产证券化平台可以通过监管节点(审计节点)实时或准实时地获取链上发生的资产发行过程中以及交易过程中的数据,将资产证券化全生命周期的多个环节与区块链技术进行结合,通过规则引擎对风险点进行识别与告警,可在不影响业务的前提下实施监管科技(RegTech)。

从发起人的角度来看,平台一方面通过多方数据互联互通,可在降低发行成本的同时增加发行效率;另一方面可以通过区块链增加资产的透明度,进使得二级市场中的参与方可以获取更加准确的资产信

图 9.1 金融基础设施

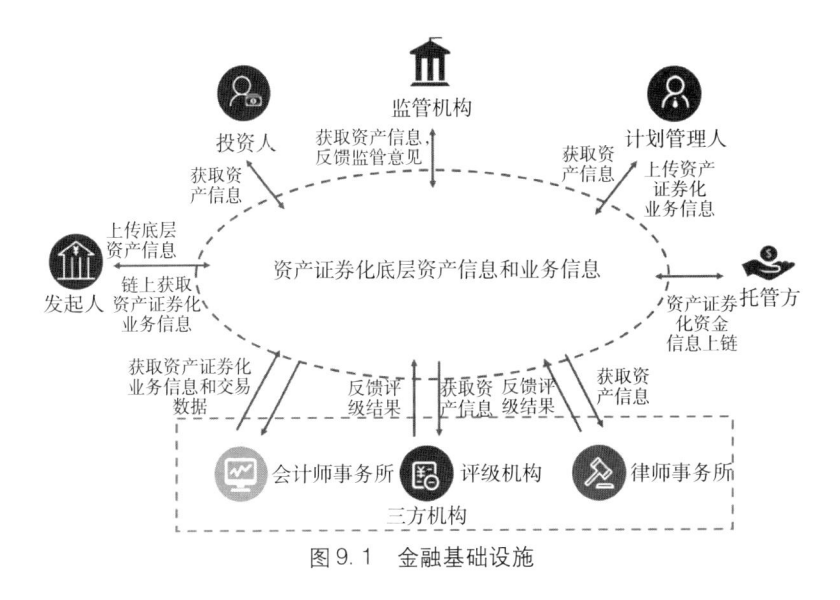

息，增加资产的流动性，进一步通过二级市场流动性的增加影响一级市场的售卖，通过区块链技术解决资产发行遇到的难题。

从投资人的角度来看，其可通过区块链上公开披露的数据对底层资产实施可穿透式观察，并可通过区块链上的数据进行有效数学建模分析，从单一依靠评级机构转变为更加科学地对资产情况进行判断，也可以推动更多投资者参与证券化交易当中，增加资产在存续期的流动性，进一步改善整个证券化从二级市场流动性到一级市场售卖的问题。

从三方机构的角度来看，其可实时或准实时地获取其被准许观察到的数据，进而通过大数据、人工智能等手段对资产进行更加精细的评估与评级，完善资产证券化行业的评估与定价体系。

二、资产证券化与区块链技术的结合

资产证券化与区块链技术的结合应当严格遵循以下准则。

1. 先进性原则

近年来，计算机技术飞速发展，技术人员在构建信息系统时有很大的选择余地，但同时会绞尽脑汁地在技术的先进性与成熟性之间寻价中的应用方式也不尽相同，如在信贷支撑的资产证券化场景中，由于一个资产包中可能存在上千万条不同的资产信息且资产包中的数据经常会发生变化，可以通过基于区块链的安全多方计算网络进行实时或准实时的抽样运算，从而更加准确与全面地掌握资产包的情况。基于区块链的数据交易平台如图9.2所示。

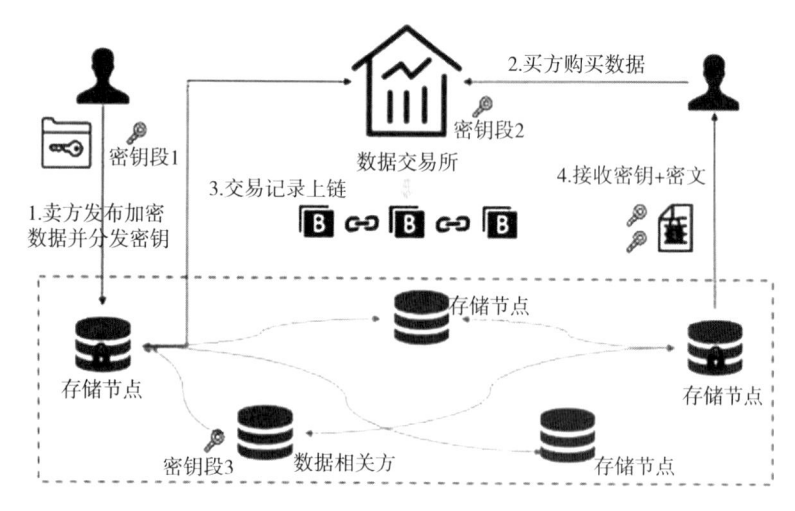

图9.2 基于区块链的数据交易平台

针对如证券交易所、大型商业银行等信息化能力较强且已经有资产证券化发行管理系统的机构，区块链系统应当提供通用的、标准的接口与原本系统进行对接，并通过区块链的特性改善目前的发行流程；针对如中型商业银行或互联网金融机构等目前没有管理系统且信息化较强的企业，可以根据参与方角色的不同，提供统一的私有化部署的系统，以满足这类机构对系统自主可控及数据私有化的需求；针对如律师事务所、评级机构等中小型机构，可以提供一套资产证券化发行管理系统，以满足其对灵活、轻便的需求。发行期物理架构示意图如图9.3所示。

发行期的管理系统可分为基础服务、中台服务、业务服务3个主要层级，在系统之上以应用接口或软件开发包的方式与参与机构系统进行对接。

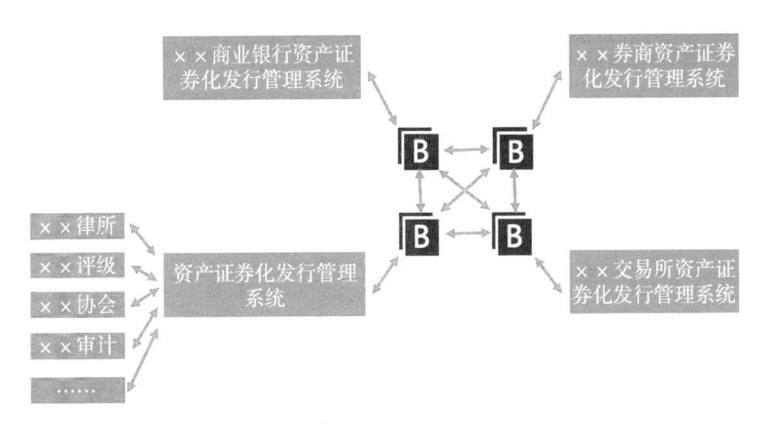

图 9.3　发行期物理架构示意图

基础服务包括区块链系统具备的节点服务、消息队列、缓存、数据库等基础信息服务，基础服务层为上层的中台服务提供了区块链底层技术及相关运算、存储资源，是整个系统的底座。中台服务层由区块链数据中台、智能合约中台、服务聚合中台构成，中台服务在系统中起承上启下的重要作用。业务服务包括通用服务、账户服务、项目管理、文件管理、信息上链，是发行管理系统的主要业务功能。发行期的管理系统分层架构图如图 9.4 所示。

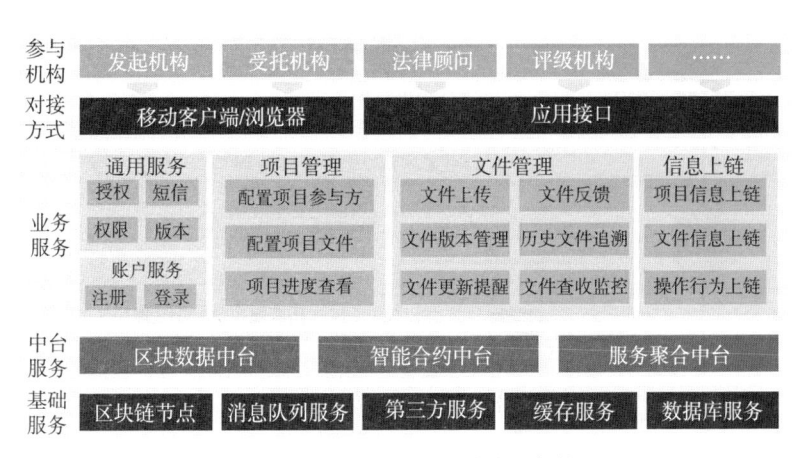

图 9.4　发行期的管理系统分层架构图

(二) 在后续管理阶段与区块链的结合

在存续期,基于区块链的资产证券化平台通过对资产信息的实时或准实时同步,可帮助投资者、评级机构、中介机构实现底层资产的可穿透式管理,这是区块链技术在存续期对现有资产证券模式的重大改变及优化。证券化业务的主要优势如下。

(1) 可控、灵活的资产评价体系。图9.5为资产证券化联合评价平台。从安全隐私角度来看,安全多方计算、联邦学习等区块链技术与大数据、人工智能技术的融合,兼顾了资产数据的隐私性与开放性。从数据获取维度来看,区块链技术把资产持有方、投资者、证券交易所等传统资产证券化体系内企业与政府部门、司法部门、工商部门等更广泛的参与者链接到一条链当中,实现数据的多维度获取,从而更加准确地进行资产价值的评估。从安全可控角度来看,区块链L1层中仅进行数据发布、数据源信息同步、共享技术上链操作,将全网对等共识的数据减少以保障资产评价体系的安全可控性。从灵活

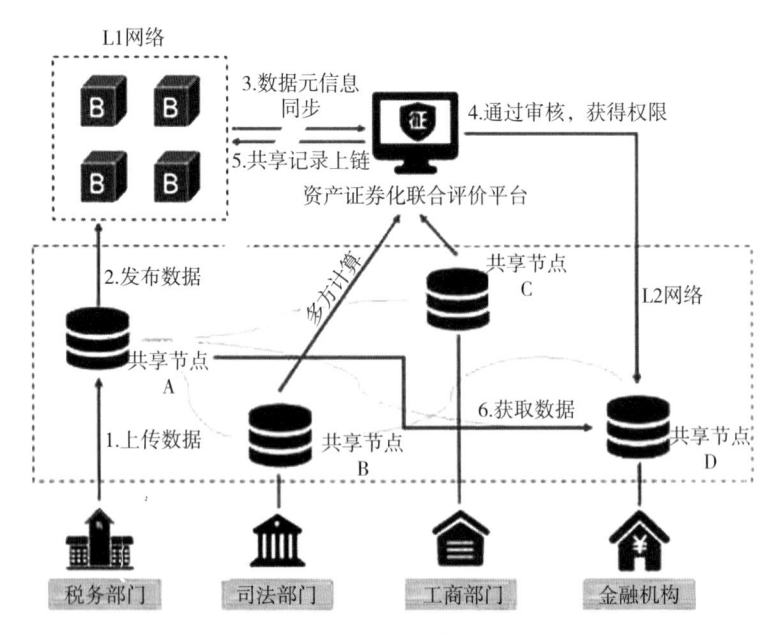

图9.5 资产证券化联合评价平台

配置的角度来看，L2 与 L1 层的协作，区块链上数据模型的协作及使用被授权的数据，可灵活构建部分或全部、实时或批量使用资产证券化业务中的数据。

（2）健全的监管体系。区块链技术常被认为是监管科技的重要组成部分，其多中心、不可篡改、可追溯的特性使其可在监管机构与金融从业机构间构建一个联盟链，从而将监管机构从传统的金融基础设施建设、运维、运营方真正上升为金融基础设施的监管方。2020年由金标委发布的《金融分布式账本技术安全规范》对金融分布式账本技术（区块链）提出了有关审计节点的明确规范与要求。基于区块链的资产证券化平台，首先可构建多维度的数据安全审计体系，允许审计方作为共识节点接入区块链，通过外接日志综合分析系统，支持审计方对全量数据展开精确有效的审计工作，实现审计范围全覆盖，保障系统运作的安全合规；其次可进行实时的风险预警，通过系统内置规则以及用户预设规则，对命中审计规则的异常行为管理员时普通告警，帮助用户快速监测风险行为并及时做出响应，保障数据资产的安全；最后可建设严格的账户权限管理体系，为了防止审计管理员滥用职权进行非法操作，平台详细记录了审计管理员的操作日志，而这部分数据的查询权限只向操作管理员开放，从而确保审计管理工作的安全稳定。

（3）资金流、信息流通过区块链技术进行有效叠加。在传统系统当中，资金流由商业银行提供支撑，一切账务信息以商业银行核心账为准进行核对，这样，一方面造成了资金流的管理及实时性难以保障，另一方面也造成了资产证券化过程中资金流与信息流的割裂管理，而"两张皮"的现状造成了业务效率的低下，间接影响了二级市场的流动性，不利于资产证券化业务的发展。

基于区块链的资产证券化平台中证券交易、资产包等信息均以区块链作为信息载体存储，保障了信息的安全存储与应用。现金流则可以以多种形式与代表资产的信息流进行同步。基于现有金融基础设施的现状最容易实现的一种方式为，以基于区块链的业务信息流为基准，银行的核心账以实时或准实时的方式与区块链上的账进行对账，实现信息流与资金流的二流合一；另一种更加有效的方式是将资金流以法定数字货币 DCEP/CBDC（数字货币电子支付/中央银行数字货币）的形式存放或锚定于区块链中，进而从根本上解决信息流与资金流的二流合一问题，当需要使用资金时可通过智能合约对资金进行提取并发挥可编程货币的优势。

（4）增加了二级市场的流动性。传统资产证券化业务的流动性较差，根据中债资信发布的《中国资产证券化白皮书（2016）》（以下简称《白皮书》）显示，2015年年底我国资产支持证券存量规模约为7 200亿元，但2014年年初至2015年年末，我国资产支持证券现券加回购的交易量仅为184.39亿元，而整个市场债券成交总额约为72万亿元，资产支持证券的占比仅为0.026%。究其根本，流动性问题是由多方面原因造成的，其中信息不对称与信息披露不及时尤为明显，一方面资产证券化业务不同于传统证券二级市场交易，底层资产的真实情况存在隐私问题，难以进行实时或准实时的披露；另一方面用于交易的资产包是由多数零散的底层资产组成的，给信息披露带来了技术上的困难。如前文所述，区块链技术可以在一定程度上保证隐私的前提下对资产情况进行实时或准实时的披露，同时通过抽样测试，构建以统计学模型为基础的评价体系，在一定程度上解决二级市场的流动性枯竭问题，为资产证券化业务带来活力。

（5）通过二级市场的流动性反向促进一级市场的流动性。区块链技术可以在一定程度上增加资产证券化业务中二级市场的流动性，进而使一级市场参与者通过二级市场获得更多提前退出的可能性，进而促进一级市场的流动性。基于区块链的代币首次发行活动在一定程度上对基于区块链的资产证券化提供了数据及应用支撑，资产证券化业务是以真实资产作为支撑发行证券，从性质上与代币首次发行完全不同，故近年来经济学家开始对STO（证券代币发行）进行大量的研究与讨论，旨在通过区块链技术加强二级市场的流动性，进而解决一级市场销售上的困难。

第二节 基于区块链的交易模式构建

一、参与方权限配置

资产证券化业务有多个参与方,参与各方在区块链中将会设置不同的权限,资产证券化业务的主要参与机构如下。

监管方:证监会(审批)、银保监会(审批)、中债登(信息披露)。

直接参与方:发起人/原始权益人、计划管理人/受托人、承销商/交易协调中介、托管人。

间接参与方:同直接参与方。

第三方:律所、会计师事务所、评级机构。

用户:投资人、投资机构。

监管方在基于区块链的资产证券化系统当中可以通过区块链底层技术对一些"超级权限"进行绝对限制,如根据《金融分布式账本技术安全规范》的要求,设置审计节点,审计节点一方面可以获取账本的全量数据并且要求参与方对符合审计要求的隐私保护数据(密文数据)进行解密与披露;另一方面可以通过规则引擎对审计规则进行配置,形成灵活的监管策略。

直接参与方,即发起人/原始权益人、计划管理人/受托人、承销商/交易协调中介、托管人可以以共识节点的方式加入联盟链。各方基于链上信息进行证券化资产的尽职调查工作。值得注意的是,由于IT(信息技术)维护成本与系统稳定性的关系,并不是所有直接参与方都需要以共识节点的形式加入区块链网络当中。从技术角度看,共识节点的数量应当控制在 $3f+1$ 个(拜占庭共识算法下),即4个、7个、10个……从业务角度看,共识节点应当控制在少数具有较强IT开发与维护能力的机构当中,以避免"木桶原理"造成的整体网络不可用。

基于区块链的资产证券化平台主要通过 CA 体系进行身份认证，根 CA（Root CA，即根证书签发机构）代表公开密钥基础设施（Public Key Infrastructure，简写为 PKI）体系中的信任锚。根 CA 是公开密钥基础设施层次结构中最上层的 CA，用于签发证书认证机构以及角色证书准入认证机构。ECA（Enrollment Certificate Authority，准入证书颁发机构）能够向下颁发 ECert（节点准入证书）。ECert 是一种长期证书，持有 ECert 的节点才能够同区块链服务交互，否则无法加入相应的名字空间。RCA（Role Certificate Authority，角色证书认证机构）有权限颁发 RCert（角色准入证书）。RCert 主要用于区分区块链节点中的验证节点和非验证节点，拥有 RCert 才被认为是区块链中的验证节点，参与区块链节点之间的共识。TCert 和 RCert 一样只能作为身份证明的证书存在，不能向下颁发证书。

关于 CA 中心的选择，可使用中国金融认证中心等具有权威的金融 CA 作为平台的身份认证中心，一方面这类具有权威性的 CA 具有完备的验证体系与安全保障，已经在金融行业应用了较长时间；另一方面可以避免独立建设 CA 造成额外的 IT 基础设施投资成本。

值得注意的是，近年来联盟链领域中越来越多的机构开始关注"去中心化 CA"的概念，这类讨论是建立在一个联盟链已经具有较为可信的初始参与者的基础上，通过类似投票的机制将可信范围逐步扩大，通过带有权重的投票方式对整个联盟链进行治理。其中比较有代表性的是对 Libra 网络的治理体系，其通过一套完善详尽的类似于法律条文的规则，对 Libra 协会的运作进行了约束并通过区块链进行投票与结果的记录。这类去中心化身份认证体系更多应用在跨境业务等本身难以形成单个权威 CA 的业务场景中，而基于区块链的资产证券化场景则应当只运用于我国境内，故中国金融认证中心在各方面仍然优于"去中心化 CA"。

间接参与方，一般为不愿意投入大量 IT 基础设施的发起人/原始权益人、计划管理人/受托人、承销商/交易协调中介、托管人，间接参与方以非共识节点的方式加入区块链网络当中。从技术角度看，间接参与方与直接参与方相同，持有区块链全部账本但不参与区块链交易验证、投票与出块工作，一般情况下依附于一个或多个共识节点存在。从业务角度看，非共识节点应当控制在联盟链核心参与方且IT开发与维护能力较弱的机构当中，一方面避免因未能持有全账本而导致信息不对称，另一方面则可有效提升整个网络的可用性与可靠性。

第三方机构包括律所、会计师事务所、评级机构等，该类机构仅会承担资产证券化的一部分工作，故这类机构将以轻节点的形式参与区块链网络当中。轻节点与共识/非共识节点不同的是，其不会持有区块链全账本，但可以通过软件开发包或接口直接与区块链进行通信并完成交易。从技术角度看，轻节点由于不需要持有账本，其需要的硬件及软件资源相对较少、易于维护且便于与现有信息化系统进行融合。从业务角度看，轻节点可以进行非常好的数据隔离，仅与其相关的账本数据通过共识/非共识节点进行同步与存储，解决了信息安全的问题。

用户主要包括投资人、投资机构等参与资产证券化的个人和机构，一般使用专用软件接入资产证券化系统当中，故其基本不会与区块链网络直接通信，一般通过证券交易所或券商参与证券化交易。上一节提出，通过底层资产的可穿透式管理可提升资产的透明度，将相对透明的信息传导给投资人、投资机构可有效提升其对资产价值的评估准确度，并且促进了资产证券化二级市场的流动性。所以，用户参与区块链网络的方式有如下两类。

可获取账本信息的投资者。这类投资者被准许以非共识节点的方式加入区块链网络当中，获取网络中第一手资产信息或资产信息目录，并可通过区块链网络将希望运算的数据模型传送给资产发行者，支付一定的信息费用后可获取模型运算结果，用于对资产的精细化评估。这类用户一般为较大的投资者或受投资者委托的第三方数据分析机构，对数据的运用与披露应当具备相应的责任与义务。

不可获取账本信息的投资者。这类投资者将以边缘节点的模式加入区块链网络当中，这类节点需要依附于其他类型的节点来与区块链进行通信，一般仅能获取与其相关的公开信息。

二、基于区块链的交易系统与传统系统的关系

从交易的角度看，一方面可构建基于区块链的证券交易系统，直接将资产通证化后，使用基于区块链的账户体系进行资产交易，另一方面则可依托现有交易中心构建的中心化系统进行资产交易，在日终时将交易结果反向上链进行存储，最终以区块链中的资产信息为准，从而在现有交易模式/系统与基于区块链的模式/系统之间达成平衡。

直接使用区块链技术进行证券化交易的优势如下。

（1）可将资产与交易进行实时匹配。证券化的资产可以直接通过发行管理系统记录到区块链当中，故交易的最终一致性由区块链所构建的分布式账本直接管理，免除了两个系统之间"二次提交"造成的脏写、脏读问题。

（2）可通过智能合约对交易进行管理。智能合约可以对资产进行任意维度的管理，如在交易后 x 小时内锁定、限定交易对象为 y，卖方可在未来 z 小时内以某个价格进行赎回等。智能合约为资产的交易提供了新的可能性。

（3）可与 DCEP 等法定数字货币直接配对交易。法定数字货币锚定至区块链当中，可直接使用法定货币与资产进行实时交易与结算，大大提高了资产的交易速度与结算速度。

（4）可通过区块链构建程序化交易系统。区块链中公开透明的实时交易数据，可在链外构建程序化交易系统，进而通过大数据、人工智能等方式进行程序化交易，提高资产的流动性。

（5）拥抱监管。区块链技术又被称为监管科技，可通过监管节点接入区块链网络，从而实现监管机构对资产交易的实时监管，进而通过"监管合约"对交易进行直接监管，从事后监管的传统模式转变为事前监管甚至于事中监管，提高监管能力。

直接使用区块链技术进行证券化交易的劣势如下。

（1）吞吐量问题。区块链技术的吞吐问题是最常被大众提起的问题，虽然联盟链对共识算法的优化可以使 TPS 达到几万，但区块链系统若要进行二级市场交易撮合，需要使用智能合约技术，这依然存在极大的挑战。

（2）时效性问题。由于区块链技术的数据最终一致性依赖于区块的共识，区块链系统中的出块速度过快则会造成分叉，故联盟链中的一般出块速度会控制在 50～300 毫秒，这对于传统交易型系统依然较慢。

（3）现有系统问题。上交所与深交所这样的成熟交易系统已构建了成熟、稳定、安全的交易系统，若需要通过区块链构建交易系统，则需要考虑与现有系统的关系及对接工作。

区块链技术在实际应用中为了避免出现劣势，可考虑依托现有交易系统，并在一定时间内将交易结果上链，进行存储与存证，形成更加容易落地的解决方案。

三、资产证券化业务的联盟治理

平台通过联盟自治机制和节点权限管理来进行区块链的治理。区块链以其去中心化、不可篡改等特性引起了广泛关注，被认为可以用于解决新一代互联网价值交换问题以及网络传输的信用问题。但在实践过程中，赋予区块链可信属性的多中心及不可篡改等特性往往带来诸多使用限制，比较突出的一点是智能合约的升级。众所周知，没有任何一个系统是没有漏洞的，也没有任何一个系统的需求是在设计之初就能全部确定，区块链的不可篡改性与工程上的迭代更新需求存在明显的矛盾和冲突，而解决冲突需要强有力的决策，但现有区块链系统缺乏很好的治理机制来做出合理民主的决策。

为了解决区块链多中心、不可篡改等特性与实践之间的矛盾，平台提出了一种有效的能促进链自我改进的治理机制。当初始协议无法满足现实需求，或区块链网络在运行过程中出现难以调和的特殊矛盾需要协议升级时，这些矛盾可以通过联盟自治的方式得以妥善解决。

联盟自治机制的作用体现在以下 3 个方面。

联盟成员变更。现有联盟链系统的成员变更往往与身份认证强绑定，而身份认证往往是由第三方 CA 授权认证，成为多中心区块链系统中的唯一强中心。这种方式一方面存在单点故障风险，另一方面会大大降低整体区块链系统的安全可信度。联盟自治机制利用智能合约充当变更案的协商平台，通过节点自派发的数据证书作为协商结果凭证（分布式 CA），使成员变更流程保有多中心化的特点，同时整个协商过程公开透明。

智能合约升级。秉持着初始信任源于线下治理，后续信任源于线上治理的设计理念，联盟自治机制提供了一套有效的合约升级治理方式：由联盟成员事先指定升级策略写入智能合约，需要升级时发起提案并由各联盟成员投票决策，智能合约收集投票后自动执行相应提案，借助权限受控的合约自升级指令，解决区块链合约的升级问题。

联盟链系统升级。系统升级共分为两种：公有链硬分叉式的非兼容性升级和联盟链线下手动兼容性升级。但联盟链升级往往需要漫长的线下商务协商，而且通常是运维人员手动完成升级，较原始与低效。平台提出了一种有效的线上协商系统，协同升级机制，能实现系统高效自动化同步升级。

四、资产证券化节点权限管理

为了满足更加丰富复杂的商业应用场景的需求，分级的权限管理机制可以进一步保障商业隐私和安全。

链级管理员：参与区块链级别的权限管理，包括节点管理、系统升级、合约升级的权限控制，往往是各联盟机构指定的内部超级管理员。节点管理、系统升级、合约升级这种链级别的操作权限需由联盟各机构投票决定，而不是由单一主体进行主导。具体的投票规则由各联盟机构线下协商，并写入 Genesis 区块，后续要更改，需按照之前约定的规则进行一轮投票才能进行。链级权限管理需要借助前面提到的联盟自治机制。

节点管理员：参与节点级别的权限管理，包括节点访问权限的控制，往往是各联盟机构指定的运维管理员。其给各用户颁发访问证书（SDKCert），控制用户访问软件开发包接口的权限，带有节点访问证书的请求才会被该节点受理。节点管理员可通过客户端颁发证书，配置用户权限表，分配用户访问软件开发包的权限，比如访问调用合约的权限、获取区块的权限等。链级管理员默认带有节点访问证书。

用户：参与链上业务场景的人或机构。用户可持有不同节点颁发的证书，向不同的节点发起交易。具体用户在对应业务场景中的权限，由上层业务系统定义。后续平台可抽象出一系列通用的权限管理接口，供业务层更好地进行权限管理。

在业务层面，平台设置了合约访问控制，合约编码者可以在合约中定制合约函数的访问权限。合约编码者可以在合约中为一些高权限的函数设置权限控制，使得该函数只能被有固定地址的调用者调用，从而实现访问权限的控制。

第三节　基于区块链的交易业务技术实现

总体上，基于区块链的资产证券化系统以区块链技术为技术底层，利用区块链技术的不可篡改性构建存证平台与交易平台两个平台，以支撑执行与管理的两个阶段。

一、账户注册和机构参与

金融机构通过提交机构信息或者接受节点邀请的方式成为资产证券化联盟链成员。

企业用户指入驻业务应用系统的企业，参与方包括发起人、计划管理人、承销商、托管人、律所、会计师事务所、评级机构。企业用户授权后的底层资产数据可进行分享查看。企业用户的私钥由融资业务应用系统生成，并将其公钥传入区块链技术平台，在智能合约中进行身份标识。

二、基于区块链的证券化资产发行流程

（一）在执行阶段与区块链的结合

（1）资产池筛选是指，资产提供部门额度需求，对存量资产、存量资产收益、风险资本信息进行存证。底层资产入池之前，将基于区块链通过特定模板进行资产信息存证。资产完成存证后，由业务人员进行筛选，筛选入池的资产同样会通过区块链进行存证。

（2）资产证券化系统区块链改造是指，入池资产信息链上存证，系统进行资产链下的筛选。系统链下从现有基础资产中筛选符合一定条件的资产，形成资产组合，并对资产组合进行分析，可按行业、预期收益率、剩余期限、地区分布等维度进行资产组合的结构分析；对资产组合的静态现金流进行测算，测算从封包日起，将资产组合中每笔资产产生的现金流按照回款日进行现金流归集。

（3）系统链下完成所有测算工作后，将现金流管理规则以智能合约的形式部署至链上，合约的具体内容为资产组合对应地的资产支持证券的各类结构要素，包括资产支持证券的发行日、兑付频率、兑付具体时间点、各档规模、优先档的发行利率区间、本金偿还方式（过手型或固定摊还型）、触发加速清偿事件的违约率、每档资产支持证券的到期日等。

出表工作是指，区块链通过接口同步出表信息，每笔资产链上存证，避免资产重复证券化。基础资产卖出交易是指，在证券化基础资产交割当日，选择某个资产组合，发起资产卖出交易流程，将资产证券化产品卖给受让方。基础资产的赎回交易是指，资产证券化产品满足清仓回购的条件或证券化基础资产出现不合格的情况时，可对资产证券化产品项下部分或全部基础资产发起赎回交易。伴随着资产交易

的生效，资产的状态会发生改变，若资产卖出交易生效，资产则成功出表，全交易过程由链下系统将交易记录同步至区块链进行链上存证。

（4）中介机构尽职调查是指，主承销商、会计师事务所、律师事务所和评级机构基于链上信息对资产池中资产进行尽职调查，内容包括资产池的质量、法律完备性、静态动态池数据等，通过链上共享各方尽职调查工作进度和分析结果。

（5）产品结构设计包括以下几个部分。

信用增级措施是指，系统链下模拟产品分层设计是在合理的早偿率、违约率、损失率、回收率下，通过智能合约进行现金流安排预设。

证券偿付方式是指，产品现金流偿付顺序根据智能合约的逻辑产品现金流偿付顺序的安排，由智能合约通过接口向链下结算系统发出指令进行链下结算。资产证券化系统，结合资产池加权平均期限、利差高低、增信措施多寡，对贷款服务机构费用、次级档兑付本息、利息回补本息等要素进行安排，系统动态调整结果与智能合约进行数据同步，并同步至各节点。

基于智能合约预设的信用事件触发机制，是在违约偿还条件触发时，智能合约链上发出清偿指令，申请同步至各节点，通过接口向链下结算系统发出清偿指令，链下自动进行清偿。

证券化资产发行需申请材料电子化，并做链上存证。监管部门作为节点，基于链上信息反馈审核意见。

（6）报价。

目前，市场信用风险溢价和流动性溢价风险较高，国内资产证券化产品缺少做市商报价制度，产品定价无有效参考。各机构基于区块链上的 SPV 中现金流瀑布进行现金流预测和定价，降低因对项目解读不同而产生的定价意见偏差。区块链在此环节的主要作用是，通过信息透明度的提升，即在链上信息透明的情况下提升报价公允度。

后期有另一种可能，即通过区块链形成链上交易撮合，再通过线下结算系统进行资金划转。构成交易文件的智能合约可以收集贷款的回款现金流状态,并根据 SPV 中现金流瀑布的设定向证券投资者进行本息的自动偿付和清算。现金流在初始承销时的一致性和不可篡改性确保了现金流分配的可靠性,并使得付款时间大大缩短,同时为监管提供了便利。

(7)路演工作应在得到监管部门的链上审批反馈后开始进行。

(二)在后续管理阶段与区块链的结合

1. 资金流基于区块链的管理

中介机构的费用支付根据前期商业协定,区块链技术进行资金流的实时监控,并针对资产池进行回首款转付,由贷款服务机构基于智能合约将回收款交给受托人,受托人基于链上交易请求将本息拨付给投资者,投资者在链下结算系统进行收款。

基于区块链的产品管理模块,可支持产品信息的维护和链上存证,并通过智能合约获取链上相关信息并执行相应操作。产品信息包含产品基本信息,如产品代码、产品名称、产品类型、产品状态、产品规模、成立日、到期日、封包日、用于接收基础资产现金流的回款账户等;同时包括产品项下证券的明细信息,如证券名称、证券代码、证券档次结构、发行日、到期日、计息方式、付息频率、发行价格、发行金额、发行时票面利率等。产品正式生效后,支持以产品为维度,查看产品项下基础资产的明细信息以及产品项下的交易明细信息。

2. 信息流基于区块链的管理

贷款服务机构需要根据链上的资产池信息编写月度服务报告,同步至各节点,并向投资者客户端同步。后续管理资产池若出现违约贷款,贷款服务机构进行链下催讨,并将催讨信息结果同步至区块链,此处可添加基于区块链的催收解决方案作为业务外延。

3. 资产证券化清偿

资产证券化全部完结后,根据链上的资金池结余信息进行发起人和 SPV 之间的最后分配工作，区块链将所有交易进行记录和存证。

三、现金流模型

回看过去几十年的金融发展史，资产证券化迅速崛起的一个重要条件是金融工程的发展。资产证券化首先需要有资产，同时需要金融工具对资产的风险和收益进行量化、增补、分割和重组，从而把资产转化为流通性高的证券。20 世纪 70 年代开始，随着数学和统计学在金融领域运用的不断深化和计算机技术的爆发式进步，金融的建模和结构创新也得以快速发展，从而使得资产证券化的发展成为可能。然而，也正是由于过度"相信"金融工具，大部分投资人迷失于证券化的复杂结构中，没有或者无法看清底层资产和现金流的风险，从而导致了以次贷问题为代表的金融危机。金融工具的复杂和不透明给资产证券化的"声誉"带了负面影响，限制了资产证券化的进一步发展和在一些急需资金的领域中的应用。

金融危机以来，如何解决资产证券化在资产现金流和证券结构的"复杂度"问题一直是资产证券化的痛点，很多交易都是以简化结构来迎合市场怕"风险"的需求，但同时牺牲了资产证券化的效率和结构优势。如今，区块链技术的应用将会为资产证券化解决"信任"和"复杂"的痛点问题，从而为资产证券化的发展打开一扇新的大门。

资产证券化是围绕着现金流来展开的，其核心技术是对现金流的隔离、增补、切割和分配。区块链在资产证券化的应用可以从资产和负债两端来看，而链上实现现金流切割和分配的智能合约是连接资产端和负债端的核心机制。结合链上真实、准确和全面的数据，智能合约在资产证券化区块链上的应用将极大地提高交易的效率，结构的透明度和结果的可见性，推动更复杂有效的交易结构来实现资本的精细优化和满足更广泛的投资人的不同需求。

本节我们通过对经济危机前一个比较复杂的住房抵押贷款证券化交易的现金流建模来展示区块链上智能合约需要完成的现金流切割和

分配规则。案例中我们所用的模型是通过 VBA（一种宏语言）来完成的，并通过 Excel 来进行输入和输出，目的是展示资产证券化的现金流瀑布规则。而在区块链上，我们可以用更有效的程序和语言来实现同样的或更强大的功能，而且会更快，更透明，更灵活。

鉴于本节的演示图表和 VBA 中大都采用英文，我们先把一些常用的和现金流相关的术语的中英文对照列出，见表 9.1。

表 9.1 现金流模型相关术语中英文对照

英文	中文	英文	中文
Loan	贷款	Initial Rate Adj Cap	初始利率重设限制
Loan Type	贷款类型	Periodic Rate Adj Cap	利率重设限制
Loan Amount	贷款额度	Reinvestment Rate	再投资回报率
Principal Balance	本金余额	Reinvestment Rate Index	再投资利率指数
Principal	本金	Reinvestment Margin	再投资利差
Maturity Term (month)	贷款期限	Amortization	摊销/分期付款
Remaining Term	剩余贷款期限	Prepayment	提前偿付/预付
Amortization Term (month)	摊销期	Prepayment Rate	提前偿付率
Remaining Amortization Term	剩余摊销期	Prepayment Penalty	提前偿付罚款
IO Term (month)	仅付利息期	Default	违约
Remaining IO Term	剩余仅付利息期	Probability of Default	违约可能性（概率）
Loan Rate	贷款利率	Foreclosure	止赎
Interest	利息	Foreclosure Rate	止赎率
Points Paid	贷款点数	Loss	损失
Origination Cost Paid	贷款成本/费用	Loss Given Default	违约的损失率
Rate Style	利息类型	Recovery	损失回收
Adjustable Rate	可变利息	Recovery Rate	损失回收率
Fixed Rate	固定利息	Group	资产群
Index	利息指数	Repline	资产组合
Index Number	利息指数号	Servicing	服务
Spreadover Index	利差	Servicing Fee	服务费

续表

英文	中文	英文	中文
Reset Period (month)	利率重设期	Servicing Cost	服务成本
Rate Cap	最高利率	Trust Fee/Expense	信托费
Rate Floor	最低利率	Administration Fee	管理费
Reset Frequency (month)	利率重设周期		

(一) 资产证券化现金流模型介绍

资产证券化现金流模型可以分成基础资产现金流模型（资产方模型）和证券现金流分配模型（负债方模型）。由于基础资产的现金流可以通过区块链技术进行实时记载、认证和追踪，我们在此不做介绍。而负债方（证券）的现金流分配模型则是需要通过在区块链上建立智能合约来完成。

证券现金流分配模型就是把基础资产现金流模型计算出来的现金流按照一定的次序分配给各个"债主"，即证券、股权和相关交易费用。和基础资产现金流模型相比，证券的现金流分配模型会因为不同的证券交易结构而变化，所以需要更多的弹性。

在资产证券化交易的负债方，每一个"债主"在一定日期都有按合同计划的现金流（"计划现金流"或"目标现金流"），如服务商的服务费、证券的利息和本金应付款。但是，一个债主的计划现金流是否可以得到偿付和如何得到偿付取决于基础资产的现金流数量和时间、交易的证券结构和其他高级债主的分配情况。所以，在证券的现金流分配的建模中需要计算两个不同的现金流项目：计划现金流和实际现金流。其中，计划现金流是目标，而实际现金流为现实。对特定的债主，在资产现金流充沛的情况下，实际现金流等于计划现金流；而在现金流短缺时，实际现金流就会小于计划现金流。

1. 现金流瀑布的结构

由于受到基础资产现金流的限制，证券现金流的分配在有些情况下不可能按"需"分配,而是必须按照实际的现金流存量按优先次序对各个证券进行分配,即优先满足高级别的需求,低级别的需求只有在高级别的需求得到满足后才可以得到满足。值得注意的是,这里所说的高级别需求不一定是高级别的证券需求,而是按照合同规定所排列的有优先权的现金流分配项目。总的来说,资产证券化的负债方现金流的瀑布结构有 3 种:"I"结构、"Y"结构和"H"结构。

"I"结构是"一条大瀑布"的结构,这条瀑布中的水流按阶梯依次流下,是最简单直接的现金流分配结构。在"I"结构中,现金流一般按照证券的优先级次序依次分配,优先级证券最先获得所需的现金流,然后是次优级证券、次级证券和股权证券。表 9.2 是一个"I"结构住房抵押贷款的证券化交易:一个资产池支持 10 个证券和净息差证券。所有证券的利息都是浮动利率。以利息现金流的分配为例,如果现金流足够,那么每个证券的利息都会得到偿付,但是,当现金流不足时,那么 A1 的利息将首先得到偿付,如果还有现金流剩余,A2 的利息才可以得到分配,依次类推。本金的偿付也是同样的道理。

表9.2 "I"结构住房抵押贷款的证券化交易

划分	级别	信贷评级	占比	利率
A1	高级	AAA	55%	1mL+30bps
A2	高级	AAA	15%	1mL+35bps
A3	高级	AAA	10%	1mL+38bps
M1	中间级	AA	7%	1mL+68bps
M2	中间级	A	5%	1mL+100bps
M3	中间级	A-	2%	1mL+288bps
B	次级	BBB+	1%	1mL+309bps
M1	净利差利益	BBB	5%	6%
信托剩余权益	信托剩余权益	BBB-	不适用	15%

"I"结构是最流行和易懂的结构,在汽车贷款和学生贷款等证券结构比较直接的证券化交易中普遍使用。

"Y"结构是"两条小瀑布汇成一条大瀑布"的结构,这两条小瀑布的流水在高处各自为政，按各自的次序往下流，但在瀑布中低部汇合，然后按阶梯依次流下。这两条小瀑布的"水"可能来自基础资产池中不同群组的资产，或按照一定的比例分配所得。在"Y"结构中，不同群组的现金流在高级证券的现金流分配中分开处理，在群组内按照证券的优先级次序依次分配或按比例分配，但是在一个群组的现金流不足时，其他群组多余的现金流可以用来支持该群组。而在低级证券的现金流分配中，不同群组的现金流汇合并在一起处理，没有群组之别。"Y"结构在多组住房贷款证券化中较常见。

表9.3是美国全国金融公司（Countrywide Financial）于2007年发行的一笔住房抵押贷款证券化交易（CWABS 2007-11，我们会在后面进行详细介绍）的结构。

表9.3　"Y"结构住房抵押贷款的证券化交易

划分	级别	信贷评级	利率
1A1	高级	AAA	1mL+17bps
1A2	高级	AAA	1mL+27bps
2A1	高级	AAA	1mL+6bps
2A2	高级	AAA	1mL+13bps
2A3	高级	AAA	1mL+18bps
2A4	高级	AAA	1mL+25bps
1M1	中间级	AA+	1mL+26bps
2M1	中间级	AA+	1mL+26bps
1M2	中间级	AA	1mL+27bps
2M2	中间级	AA	1mL+27bps
1M3	中间级	AA−	1mL+29bps
2M3	中间级	AA−	1mL+29bps
M4	中间级	A+	1mL+38bps
M5	中间级	A	1mL+50bps
M6	中间级	A−	1mL+80bps
M7	中间级	BB+	1mL+15bps
M8	中间级	BB	1mL+235bps
M9	中间级	BB−	1mL+235bps
B	次级	B+	70bps

"H"结构是"两条小瀑布"的结构，这两条小瀑布从上到下各自为政，按各自的次序往下流，但偶尔会在瀑布流的过程中相互补给。和"Y"结构类似，这两条小瀑布的"水"来自基础资产池中不

同群组的资产，或是资产池的一定比例。和"Y"结构不同的是，不同群组的现金流在分配中从高级到低级证券都保持独立，虽然不同群组的现金流在一定的条件下可以用来互相支持，但并没有在低级证券的现金流分配中合并处理。"H"结构在人住房抵押贷款证券化交易中使用过，也常出现在统合信托发行多系列证券的交易中，比如信用卡应收款的证券化交易。

2. 证券现金流分配模型的输入项

在证券现金流分配的建模中，我们一般把模型的输入项分为事实数据和假设条件，前者可以根据证券发行合同/协议条款得出（比如证券的面额、利息、分配次序），而后者需要对情形和条件做出判断和假设（比如未来的基准利率变化和贷款违约率）。在形式上，这些假设输入项可以是静态的数值，也可能是动态的曲线。

表9.4是一个住房抵押贷款证券化的负债方数据输入项。

表9.4 住房抵押贷款证券化负债端数据

序号	债券号	偿还方式	债券组别	发行额	利率	利差	天数计算方法	利率基准指数
1	A1	1	高级-G1	507 895 000	0.000%	0.550%	Act/360	1
2	A2	1	高级-G1	159 602 000	6.274%	0.750%	Act/360	1
3	A3	1	高级-G1	203 630 000	6.500%	0.000%	30/360	0
4	A4	1	高级-G1	56 607 000	6.500%	0.000%	30/360	0
5	A5	1	高级-G1	84 911 000	6.500%	0.000%	30/360	0
6	A6	非加速偿还债券	非加速偿还债券-G1	157 243 000	6.500%	0.000%	30/360	0
7	M-1	1	中间级	55 035 000	6.500%	0.000%	30/360	0
8	M-2	1	中间级	44 028 000	6.500%	0.000%	30/360	0
9	M-3	1	中间级	20 442 000	6.500%	0.000%	30/360	0
10	M-4	1	中间级	24 373 000	6.500%	0.000%	30/360	0
11	M-5	1	中间级	22 014 000	6.500%	0.000%	30/360	0
12	M-6	1	中间级	25 159 000	6.500%	0.000%	30/360	0
13	M-7	1	中间级	28 303 000	6.500%	0.000%	30/360	0
14	M-8	1	中间级	23 587 000	6.500%	0.000%	30/360	0
15	Bond	1	中间级	50 318 000	6.500%	0.000%	30/360	0
16	仅付利息	仅付利息	高级仅付利息	预估额	0.000%	0.000%	30/360	0

3. 目标和实际现金流的计算：费用、利息和本金

（1）目标现金支付和实际支付现金的关系。

目标和实际现金流的计算就是"理想"和"现实"的计算，其中目标现金流就是理想，即需求，而实际现金流就是在可控分配的现金流的限制下所能实现的分配。由于不是每个需求都会得到满足，现金流的计算中需要跟踪"应付而未付"的数额。我们可以用一个简单的公式来说明这个关系。

每个需求的实际现金流分配＝最小值（该需求的目标现金流，
实际可供该需求分配的现金流）

每个需求的应付未付的现金流＝该需求的目标现金流－
该需求的实际现金流分配

实际可供该需求分配的现金流＝基础资产的现金流－
更高级别的需求分配到的现金流

（2）利息的目标现金流计算。

在各类需求的目标现金流中，费用和利息的数量计算比较直观，和基础资产的合同预期现金流计算类似，主要按照合同规定的费率、利率计算，一般不受偿还次序的影响。

当期服务费/管理费/信托费＝费率×当期费率基准（或者定额）×
时间分子＋前期应付未付费用

当期证券利息＝利率×证券本金余额×时间分子＋
前期应付未付利息

在一些比较复杂的交易（比如CLO和CDO）中，资产管理人的管理费可能会有多个组成部分，包括按一定比例的利润提成。这类管理费的费率基准（如股权投资人的利润）需要建立在对整个交易现金流的计算之上。

（3）本金的目标现金流计算。

本金的目标现金流计算对证券的分析来说是最重要的，也是最复杂的，每期的本金偿还需求不是固定的，而是会随着基础资产的表现

和偿付次序的变化而变化。每个证券化交易都可能对本金的偿付目标提出不同的条件，计算中要考虑多个方面，比如基础资产的表现（损失和提前偿付率）、证券的信用支持率、交易的差额抵押额、剩余利差率、证券的组别和级别、储备账户的充足率等。我们会在本章的例子中进行相关的介绍。

当期本金 = 本期应付本金额 + 前期应付未付本金额

表9.5是一个住房抵押贷款证券化的证券利息分配的例子：3个高级证券（A1、A2、A3）各自都有目标利息现金流，但是实际利息现金流要根据可供分配的现金流和上一级证券的分配情况计算得出。

表9.5　住房抵押贷款证券化的证券利息分配

月数	可用额度	A1利息计提	A1利息偿付	A2利息计提	A2利息偿付	A3利息计提	A3利息偿付
1	25 920 487	3 412 772	3 412 772	834 452	834 452	1 102 996	1 102 996
2	29 970 424	2 411 780	2 411 780	834 452	834 452	1 102 996	1 102 996
3	33 980 057	2 378 295	2 378 295	834 452	834 452	1 102 996	1 102 996
4	37 909 716	2 171 493	2 171 493	834 452	834 452	1 102 996	1 102 996
5	41 735 766	2 088 441	2 088 441	834 452	834 452	1 102 996	1 102 996
6	45 418 249	1 913 146	1 913 146	834 452	834 452	1 102 996	1 102 996
7	48 924 865	1 551 969	1 551 969	834 452	834 452	1 102 996	1 102 996
8	50 689 175	1 503 707	1 503 707	834 452	834 452	1 102 996	1 102 996
9	49 198 978	1 238 664	1 238 664	834 452	834 452	1 102 996	1 102 996
10	47 737 751	1 065 753	1 065 753	834 452	834 452	1 102 996	1 102 996
11	46 319 178	839 594	839 594	834 452	834 452	1 102 996	1 102 996
12	44 934 137	675 283	675 283	834 452	834 452	1 102 996	1 102 996
13	43 590 300	488 729	488 729	834 452	834 452	1 102 996	1 102 996
14	42 286 446	297 821	297 821	834 452	834 452	1 102 996	1 102 996
15	41 021 391	132 175	132 175	834 452	834 452	1 102 996	1 102 996
16	39 793 983	–	–	795 191	795 191	1 102 996	1 102 996
17	38 603 108	–	–	625 149	625 149	1 102 996	1 102 996
18	37 447 681	–	–	460 190	460 190	1 102 996	1 102 996
19	36 326 652	–	–	300 162	300 162	1 102 996	1 102 996
20	35 239 001	–	–	144 920	144 920	1 102 996	1 102 996
21	34 183 738	–	–	–	–	1 097 111	1 097 111
22	33 159 903	–	–	–	–	945 754	945 754
23	32 166 563	–	–	–	–	798 924	798 924

4. 现金流计算和分配要点处理方式

（1）超额抵押和信用支持。

很多证券化交易在现金流的分配中都会使用超额抵押目标，以保证证券有足够的信用支持。如果交易的实际超额抵押没有达到目标超额抵押，那么可供分配的现金流将首先用于偿付证券的本金，直到该证券的超额抵押达到或超过目标之后，股权证券或次级证券才可以得到偿付。

一般情况下，交易的超额抵押目标在交易的起始阶段保持不变，但是随着高级证券的如期偿付，超额抵押目标会随着证券的年限而逐渐降低，这也被称作超额抵押的递减（OC Stepdown）。当然，交易中一般会规定只有在满足一定的表现条件下，超额抵押目标才可以递减。这种设计是为了保证交易中的高级别证券在交易的初期得到快速偿付。

在具体的计算中，我们一般会用到3种不同的超额抵押目标：初始超额抵押目标、递减超额抵押目标和最低超额抵押目标。

如果交易还没有发生过超额抵押的递减，那么超额抵押目标就是初始超额抵押目标，也被称为递减前超额抵押目标（Pre-Stepdown OC Target）：递减前超额抵押目标＝基础资产发行初始额×目标超额抵押比例。

如果已经发生过超额抵押的递减，那么超额抵押目标是初始超额抵押目标和新的超额抵押目标两者中的低者，即递减后超额抵押目标（Post-Stepdown OC Target）。新的超额抵押目标是根据当前的基础资产的余额来计算的：递减后超额抵押目标＝基础资产当期初始额×目标超额抵押比例×调整度（一般为2）。

但是，交易中也一般会规定，如果发生交易的触发机制被激活（比如交易的资产损失过高），那么超额抵押的目标就不可以递减。

交易的超额抵押最低额（OC Floor），一般是按照交易发行时基础资产的面额和一个固定的比例计算得出：最低超额抵押目标＝基础资产发行初始额×最低超额抵押比例。

表9.6是一个住房抵押贷款证券化交易的证券超额抵押计算的例子。该交易的前36个月的超额抵押目标（金额）保持不变，所有现金流都用来偿付高级证券；36个月之后，超额抵押目标（金额）开始递

减，由于实际的超额抵押超过目标所需，所以没有证券得到偿付；在 39 个月，交易达到新的超额抵押目标比例，高级证券和中间证券同时开始得到一定程度的偿付，总的超额抵押从此一直保持该比例。

表9.6 住房抵押贷款证券化交易的证券超额抵押计算举例

月	资产余额	证券余额	高级证券	中间证券	目标OC	实际OC	OC比例
0	1 572 430 507	1 463 147 000	1 169 888 000	293 259 000		109 283 507	6.95%
1	1 557 092 922	1 445 783 509	1 152 524 509	293 259 000	132 870 378	111 309 413	7.15%
2	1 537 601 463	1 423 369 087	1 130 110 087	293 259 000	132 870 378	114 232 376	7.43%
3	1 513 968 501	1 396 911 549	1 103 652 549	293 259 000	132 870 378	117 056 953	7.73%
4	1 486 246 161	1 366 317 549	1 073 058 549	293 259 000	132 870 378	119 928 613	8.07%
5	1 454 510 584	1 331 814 447	1 038 555 447	293 259 000	132 870 378	122 696 137	8.44%
6	1 418 878 387	1 293 453 568	1 000 194 568	293 259 000	132 870 378	125 424 819	8.84%
7	1 379 499 288	1 251 224 896	957 965 896	293 259 000	132 870 378	128 274 392	9.30%
8	1 338 090 463	1 207 183 651	913 924 651	293 259 000	132 870 378	130 906 813	9.78%
9	1 297 893 427	1 165 023 049	871 764 049	293 259 000	132 870 378	132 870 378	10.24%
10	1 258 887 360	1 126 016 982	832 757 982	293 259 000	132 870 378	132 870 378	10.55%
11	1 221 037 613	1 088 167 235	794 908 235	293 259 000	132 870 378	132 870 378	10.88%
33	622 763 450	489 893 072	196 634 072	293 259 000	132 870 378	132 870 378	21.34%
34	603 943 301	471 072 923	177 813 923	293 259 000	132 870 378	132 870 378	22.00%
35	585 687 407	452 817 030	159 558 030	293 259 000	132 870 378	132 870 378	22.69%
36	567 978 949	435 108 571	141 849 571	293 259 000	132 870 378	132 870 378	23.39%
37	550 801 606	435 108 571	141 849 571	293 259 000	93 085 471	115 693 035	21.00%
38	534 139 542	435 108 571	141 849 571	293 259 000	90 269 583	99 030 971	18.54%
39	517 977 393	430 439 213	141 849 571	288 589 642	87 538 179	87 538 179	16.90%
40	502 300 248	417 411 506	141 849 571	275 561 935	84 888 742	84 888 742	16.90%
41	487 093 642	404 774 816	141 849 571	262 925 245	82 318 825	82 318 825	16.90%
42	472 343 537	392 517 479	141 849 571	250 667 908	79 826 058	79 826 058	16.90%

（2）证券利息的计算。

证券的利息计算和基础资产的利息计算类似，也涉及固定利率、浮动利率、基准率曲线、调整限制等处理（见本节前面部分）。值得注意的是，有些证券化交易中的证券属于可回购的债券，在一定情况下会有针对可回购权的利率惩罚。也就是说，当交易的可回购权生效时，如果服务商、管理人或股权投资人不执行回购时，证券的利率会增加。对浮动利率证券来说，这个惩罚利差叫"可回购后利差递增"（Margin Stepup after Call），一般是正常利差的 2~15 倍。对固定利率证券来说，回购期后的利率惩罚一般为一个固定的值，如 50 个基点。在现金流建模中，我们需要考虑回购权的生效时间和可能的执行情况，并相应地调整利息的计算。

（3）储备账户的处理。

很多证券化交易中都有储备账户条款，以对证券进行信用支持，如储蓄账户、利差账户和现金抵押账户等。在现金流建模中，我们必须了解这些储备账户的资金来源和使用分配。在来源方面，除了交易初期的现金存入外，这些账户还会从基础资产的现金流中吸收现金，所以也是交易负债方的一部分。同时，这些账户里的资金在一定的情况下会被用于证券的偿付，所以又是证券现金流的补充。

证券化交易的发行文件一般会指定在一定资产表现情况下或一定时间点上的储备金要求。如果交易的实际储备金余额没有达到目标，那么可供分配的现金流将会首先存入储备账户，而不是用来偿付股权或支持证券的投资人，直到账户的余额达到目标。有些交易中的储备金目标还会根据情况而变化，在建模中必须考虑这种动态计算。

表9.7是一个信用卡应收款证券化交易中各个超额利差水平下利差账户的资金要求（按证券面额的比例）的例子。

表9.7　信用卡应收款证券化利差账户目标

利差率水平	利差账户目标
401%～450%	100%
351%～400%	150%
251%～350%	250%
151%～250%	400%
001%～150%	600%
000%或更低	700%

交易的发行文件也会指定储备金在何种情况下使用和如何使用，比如在储备账户高于目标或者所支持的证券出现现金流短缺的情况下要相应释放储备金。这些文件条款都会在现金流的计算中用到。

（4）衍生金融工具——利率通道和利率互换。

资产证券化交易中经常使用衍生金融工具来规避信用或利率风

险。在合成交易中，衍生金融工具（信用互换）还可以成为"基础资产"的现金流来源。但证券化中运用最广泛的是利率互换和利率通道，两者都是用来减少交易的利率风险。如果交易中涉及利率互换或利率通道合约，除了资产池本身产生的现金流之外，模型还必须计算这些合约产生或支出的现金流。

利率通道实质上是一系列不同期限的利率期权，每个期权都有指定的履约价格和一个名义合约额。如果市场利率大于履约价格，那么利率通道提供方就得偿付利差现金流。为了避免市场利率过度走高带来的风险，利率通道往往会设一个利率上限（Cap），其目的是确定利率通道提供方的偿付上限，即利率上限和履约价格之差。利率通道的费用在交易发行时一次付清，之后交易发行人只会收到现金流，不会有额外的现金流出。

以下是利率通道现金流在第 t 期的偿付额计算：

利率通道现金流 t = Max $\{0,$ [最小值（市场基准利率 t，

最高利率 t）- 履约价格基准利率 t]$\}$ ×名义合约额 t

利率互换一般是固定利率和浮动利率的互换，目的是平衡证券化交易中资产方和负债方在利率上的差异。利率互换合约会指定一个收入基准利率和一个付出基准利率，其中一般一个为浮动，另一个为固定。合约的名义额一般会尽量设为基础资产中相应的利率类型的资产余额，这个余额会随着交易的年限而逐渐降低。在交易发行时签订利率互换合约一般无须偿付任何费用，但在合约期内的合约产生的净现金流可能是正数，也可能为负数，而且会随时点的变化而变化。

利率互换现金流 t = （收入基准利率 t - 付出基准利率 t）×

名义合约额 t

（5）触发机制。

资产证券化交易中经常使用各种触发机制来改变现金流的分配次序，以保护证券投资人或特定交易方的权益。这些触发机制的测试有的是定性的，比如相关交易方做假、违规、违约或破产等情况；有的是定量的，比如基础资产的表现恶化（如损失率上升）或交易的风

险升高（如利差减少）。在现金流的建模中，我们主要针对的是定量的触发机制的计算。首先，我们需要在模型中建立交易的触发机制测试来判断触发机制是否和何时被激活，同时还要设计触发机制激活后的现金流的结构转换。

我们在这里对一些常用的定量触发机制进行介绍。

①违约率触发机制：当基础资产的违约率达到或超过一定的比例时，证券的现金流分配次序将会改变，如不允许超额抵押目标的递减（住房抵押贷款证券化交易）。

②累计损失率触发机制：当基础资产的累计损失率达到或超过一定的比例时，证券的现金流分配次序将会改变，如不允许超额抵押目标的递减（住房抵押贷款证券化交易）。

③利差率、月支付率、买方权益比例等触发机制：当证券化交易的超额利差率、基础资产的付款速度或买方权益的比例低于规定的最低水平，交易将进入提前分期偿还期，所有分摊到投资者权益证券的本金收入将会全部用于偿还证券投资者（信用卡或其他循环资产证券化交易）。

④超额抵押率（OC）触发机制：当证券化交易的超额抵押率低于规定的最低水平，交易将进入强制赎回或提前分期偿还期，即所有现金流将按级别高低来顺次偿付证券，直到超额抵押率水平达到最低要求（CLO交易）。

⑤利息覆盖率（IC）触发机制：当证券化交易的利息覆盖率低于规定的最低水平，交易将进入强制赎回或提前分期偿还期，即所有现金流将按级别高低来顺次偿付证券，直到利息覆盖率水平达到最低要求（CLO交易）。

在证券化交易的现金流建模中，我们一般会为每一个量化触发机制测试建立一条判断曲线，在Excel里以单独一列来表示："0"表示没有激活，"1"表示激活。现金流的分配公式会参考该曲线来决定是否需要改变分配次序。

（二）资产证券化现金流模型案例解析

我们在这里利用一个比较复杂的资产证券化交易（CWABS 2007-11）来展示整个建模的过程，了解资产端产生的现金流是如何分配到投资者手里的，这也是智能合约在区块链中需要执行的功能。

CWABS 2007-11 的发行时间为 2007 年 6 月底，由当时美国最大的住房贷款公司——美国全国金融公司旗下的全国住房贷款公司发起，美国全国金融公司旗下的全国住房贷款服务公司担任服务商。当时，美国的住房贷款问题已经开始逐渐显现，但是投资者还没有警觉，所以这次交易的证券销售还算成功，交易结构也没有太大变化，保持了住房抵押贷款最高峰时代的特点和复杂程度。虽然这种结构在金融危机后已基本不用，但是，这类结构在现金流建模上非常经典，值得分析和参考。

CWABS 2007-11 的总发行面额为 78 亿美元，含多档证券，其中优先为 1A1、1A2、2A1、2A2、2A3、2A4，中间级和次级证券包括 1M1、2M1、1M2、2M2、1M3、2M3、M4、M5、M6、M7、M8、M9 和 AR 凭证，见表 9.8。

表 9.8 CWABS 2007-11 交易发行的证券

划分	级别	信贷评级	利率
1A1	高级	AAA	1mL + 17 bps
1A2	高级	AAA	1mL + 27 bps
2A1	高级	AAA	1mL + 6 bps
2A2	高级	AAA	1mL + 13 bps
2A3	高级	AAA	1mL + 18 bps
2A4	高级	AAA	1mL + 25 bps
1M1	中间级	AA +	1mL + 26 bps
2M1	中间级	AA +	1mL + 26 bps
1M2	中间级	AA	1mL + 27 bps
2M2	中间级	AA	1mL + 27 bps
1M3	中间级	AA −	1mL + 29 bps
2M3	中间级	AA −	1mL + 2 bps
M4	中间级	A +	1mL + 38 bps
M5	中间级	A	1mL + 50 bps

续表

划分	级别	信贷评级	利率
M6	中间级	A -	1mL + 80 bps
M7	中间级	BBB +	1mL + 155 bps
M8	中间级	BBB	1mL + 235 bps
M9	中间级	BBB -	1mL + 235 bps
B	次级	BB +	700 bps

资料来源：CWABS2007 - 11 发行文件。

如前面所讲，资产证券化交易的结构可以用资产负债表来解释，其中资产方为交易的基础资产，负债方为交易发行的各档证券，股东权益则是超额抵押、超额利差和所有者凭证等。如图 9.6 所示，基础资产产生的现金流将用于分配负债方的各档证券和股东权益的所有人。

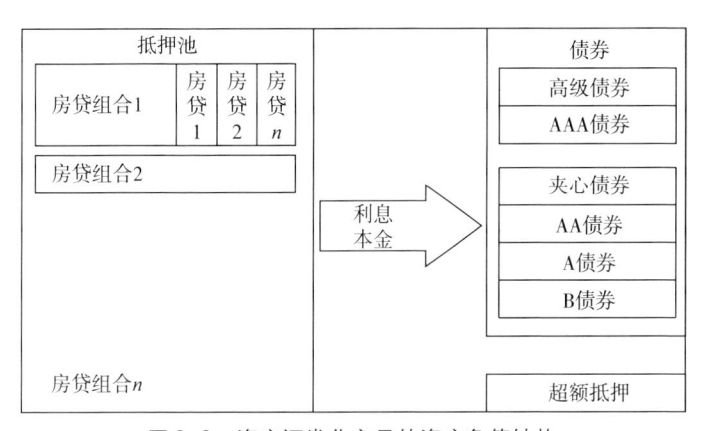

图 9.6 资产证券化交易的资产负债结构

1. 交易负债端的现金流结构

该交易的现金流瀑布结构为"Y"结构，在第一群组中，A1 和 A2 属平行次序，从 M1 到 M3 是优先次序；而在第二群组中，从 A1 到 M3 都是优先次序。该交易的现金流分配结构如图 9.7 所示。

该交易中的证券都属于浮动利率的可回购债券，在一定情况下会有利率惩罚。在证券的剩余面额降到发行额的 10% 时，各个证券的可回购后利差递增见表 9.9。

此外，该交易中证券的利率还受限于基础资产的利息现金流。在

CWABS 2007–11 交易在整个交易周期内超额抵押目标会变化，其中在交易的第 37 个月，超额抵押目标开始递减，并且在第 73 个月达到最低目标，之后保持恒定。当然，在交易的表现出现意外时，实际的超额抵押目标不一定遵循这个趋势。

（2）本金的偿还。

证券本金偿还的现金流来源包括两个部分：基础资产的本金现金流和为了达到超额抵押目标而用来加速证券本金偿还的现金流（如利差）。总的证券本金偿还现金流一旦决定后，就需要在高级证券和支持证券之间进行分配，然后在各级证券之间进行明细的分配。

$$总的本金偿还现金流\ t = 基础资产本金现金流\ t + 超额抵押目标现金流\ t$$

$$超额抵押目标现金流\ t = 最小值（超额利差\ t,\ 超额抵押目标 - 超额抵押值）$$

在超额抵押目标递减前，所有的证券本金偿还现金流都将用于偿付高级证券。在超额抵押目标递减后，高级证券的分配额将由证券的信用支持率来决定，支持证券将在高级证券的信用支持率得到满足后得以获得本金的偿付。

在高级证券组的内部，现金流的分配将根据组内的瀑布结构来进行，即按照各个证券的优先级别来进行。低级证券组的内部也是如此。以下我们对现金流的分配步骤做一个简单介绍，这些步骤会在后面的程序中用到。

（3）高级证券现金流分配步骤。

①计算高级证券的本金现金流总额。

$$高级证券信用支持目标\ t = 基础资产面值\ t \times 高级证券信用支持百分比$$

$$高级证券本金支付\ t = 高级证券本金面值\ t - 1 - 次级目标\ t$$

②计算群组间的现金流分配。

③计算群组内的现金流分配。

④如果现金流有短缺，计算群组间多余现金流的分享和额外的分配。

(4) 次级证券现金流分配步骤。

①计算支持证券的本金现金流总额。

次级证券本金支持 t = 总的本金支付 t – 优先级本金支付 t

②计算信用支持目标。

次级信用支持目标（t，优先级） = 信用支持目标百分比 优先级 × 基础资产面值 t

次级证券本金支付金额 t = 最小值（次级证券本金支付 t，证券本金金额 t）

③加总所有级别比目标证券高的证券的余额（设为 S）。

④加总所有级别比目标证券低的证券的余额（设为 J）。

⑤计算证券本金现金流的分配。

次级证券本金支付金额 t = 最小值（次级证券本金支付 t，证券本金金额 t）

(5) 触发机制。

该交易中设有多个触发机制，以在特殊情况下改变常规现金流的分配顺序（本书不会包括此机制的建模细节）。

①迟付率触发机制，那么超额抵押的目标就不可以递减。

迟付率触发机制 t = [（迟付率 t – 2 + 迟付率 t – 1 + 迟付率 t）/3] / 基础资产本金面值 t – 1 > 迟付率触发百分比

②累计损失触发机制。

如果累计损失率超过一定的比例，那么超额抵押的目标就不可以递减。

累计损失触发机制 t = 累计损失 t / 基础资产本金面值 t – 1 > 累计损失触发百分比

(6) 回购。

该交易也有回购条款，当交易的余额降到交易初始额的 10% 以下，服务商有权行使回购权，即以账面价值购买所有剩余的基础资产。在交易的建模中，一般会计算行使回购权和不行使回购权两种不同情景下的现金流。

(三) 资产证券化现金流模型的模块化

证券现金流分配是基于资产端的现金流和资产池的表现参数和合同的分配规则来进行的。资产证券化的负债方的现金流建模一般可以分成以下几个模块（在区块链应用中可以改变并优化模块组合）。

1. 债券结构师模块

该模块对交易中的证券进行分析运算并按照交易条款和结构来分配资产池模块计算所得的现金流、维护各种信贷增强机制、计算衍生工具现金流、计算债券现金分配等。

Public Sub waterfall 计算债券方的所有现金流

Public Sub Print Deal 在 Excel 上列出交易的现金流

Public Sub Print Bond 在 Excel 上列出债券的现金流

Private Function Calc More Senior Bal（period As Integer, Seniority As Integer）As Double 计算比目标等级债券高级的债券剩余面额

Private Function WTF_ Senior Principal（period As Integer, avail Fund As Double）As Doub－le 用剩余现金流偿付高级债券本金

Private Function Set Excess Spread（period As Integer, ex As Double）As Double 计算剩余利差额

Private Function Calc Senior Dist（period As Integer, group Num As Integer）As Double 计算群组的高级债券应还本金额

Private Function Calc Group Percent（period As Integer, group Num As Integer）As Double 按不同指定规则（房利美或房地美方法）计算目标群组本金百分比

Private Function Calc PDA（period As Integer）As Double 计算总债券应还本金额

Private Function Calc Senior PDA（period As Integer）As Double 计算高级债券应还本金额

Public Function Calc Sub PDA（period As Integer, Seniority As Integer）As Double 计算次级债券应还本金额

Private Function Calc Acceleration（period As Integer）As Double 计算超额抵押目标现金流

Private Function Calc OC Balance（period As Integer）As Double 计算超额抵押额

Private Function Calc OC Target（period As Integer）As Double 计算超额抵押目标

Private Function Calc Stepdown（period As Integer）As Boolean 计算目标月份是否进入超额抵押递减期

Private Function Calc Expense（period As Integer，By Refbond As Tranche）As Double 计算债券担保费

Private Function Pay Interest（period As Integer，By Refbond As Tranche，avail Fund As Double，status As String）As Double 计算所有债券的应付利息并用现有现金流付清

Private Function WTF_ Bond Carry Forward（period As Integer，avail CollatInt As Double）As Double 用现有现金流付清前期所欠利息

Private Function Get Sub Target（Seniority As Integer）As Double 计算次级债券本金目标余额

Public Function Calc Sub Balance（period As Integer，Seniority As Integer）As Double 计算目标月份、目标等级的次级债券面额

Private Function Calc SubDist（period As Integer，Seniority As Integer）As Double 计算目标月份目标等级的次级债券应付本金面额

Private Function WTF_ Sub Principal（period As Integer，avail Fund As Double）As Double 计算目标月份剩余现金流偿付次级债券本金

Private Function WTF_ Turbo（period As Integer，avail Fund As Double）As Double 计算目标月份剩余现金流加速偿付债券本金

Dim fund As Double 计算目标月份是否需要加速还款，并用剩余现金付加快还款额

Private Functionis Call（period As Integer）As Boolean 测试目标月份是否需要回购债券

Private Function Calc Turbo Trigger（period As Integer）As Boolean 计算目标月份是否需要加速还款

Public Function Calc Swap（period As Integer）As Double 计算目标月份互换衍生工具现金流

Public Function CollatBalance（period As Integer，group Num As Integer）As Double 计算目标月份群组内资产池面额

Public Function CollatLoss（period As Integer，group Num As Integer）As Double 计算目标月份群组内资产的损失额

Public Function Collat Prepay Penalty（period As Integer，group Num As Integer）As Double 计算目标月份群组内资产池内的提前偿付罚款额

Public Function Collat Interest（period As Integer，group Num As Integer）As Double 计算目标月份群组内资产池的利息额

Public Function Collat Principal（period As Integer，group Num As Integer）As Double 计算目标月份群组内资产池的本金额

Public Function Bond Principal（period As Integer，group Num As Integer）As Double 计算目标月份群组债券的本金额

Public Function Bond Interest（period As Integer，group Num As Integer）As Double 计算目标月份群组债券的利息

Public Function Bond Balance（period As Integer，group Num As Integer）As Double 计算目标月份群组的债券余额

Public Function Senior Balance（period As Integer，group Num As Integer）As Double 计算目标月份群组的高级债券余额

Public Function sub Balance（period As Integer，group Num As Integer）As Double 计算目标月份群组次级债券余额

Private Sub Load Pipes 按结构要求制作现金流管道

Public Sub Add Bonds 按结构要求把债券加入现金流管道

Private Function Calc Cum Loss（period As Integer）计算贷款的损失额

Private Function Calc Realized Loss（period As Integer）计算已发生的损失

2. 债券模块

接收现金流管道里提供的现金流并按期偿还本金和利息或减值。

Public Function Principal Writedown（period As Integer, total Writedown As Double）As Double 债券减值

Public Function PayInterest（period As Integer, raw Rate As Double, cap Rate As Double, avail Fund As Double, bond Coupon As Double, coupon Cap As Double, status As String）As Doub－le 偿付目标月份的利息

Public Function Pay Principal（period As Integer, payable As Double）As Double 偿付目标月份的债券本金

3. 现金流管道模块

该模块对现金流的分配进行计算。现金流管道分为横向和纵向两种。横向管道负责分割现金流并付款给同样信贷级别的债券，纵向管道则对现金流进行自上而下的分配。

Public Function Pay Pipe（period As Integer, avail Fund As Double, group Percents As Vari－ant）As Double 按横向或纵向以及比例向管道内注入现金流

Public Function Pay RemainLeg（By Valperiod As Integer, avail Fund As Double）As Double 如果横向管道内某一债券已完全付清，剩下的应付现金将用以支付管道内剩余的另一债券

Public Function Pipe Balance（By Valperiod As Integer）As Double 计算管道内所有债券的余额

Public Function Priority Balance（By Valperiod As Integer, By Val Priority As Integer）As Double 计算管道内某个目标等级的余额

Private Function Pay Priority Level（By Valperiod As Integer, By Val Priority As Integer, avail－Fund As Double）As Double 为管道内同一指定级别的债券注入现金流

Public Function Writedown Pipe（period As Integer，total Writedown As Double）As Double 为管道内债券进行减值

4. 衍生品模块

利率通道和利率互换的计算。

Private Sub Cal Deal Pay Leg（use Lessor As Boolean，Bond Bal As Double，period As Integer，Day Adj 30 As Double）计算付款（固定利率）的金额

Private Sub Cal Deal Rec Leg（use Lessor As Boolean，Bond Bal As Double，period As Integer，day Adj Act As Double）计算收款（浮动利率）的金额

Public Sub Cal Deal Cashflow（use Lessor As Boolean，Bond Bal As Double，period As Integer，Day Adj 30 As Double，day Adj Act As Double）计算净现金流

（四）现金流建模宏程序引用的计算函数

1. 债券结构师模块

（1）现金流瀑布：负责负债方所有债券的现金流计算和分配次序。

Public Sub waterfall（）

Dim ex As Double

Dim avail CollatInt As Double

Dim avail Fund As Double

Dim period As Integer

Dim group Num As Integer F

or period = 1 To Num Period

ex = 0 avail Colla

tInt = 0 avail Fun

d = 0

Call Calc Cum Loss（period）

availCollatInt = fCF_ CollatInterest（period，0）

If BondBalance（period－1，0）＞0 01 Then

For groupNum＝0 To myCollat Count

Call CalcGroupPercent（period，groupNum）

Next groupNum

availCollatInt＝WorksheetFunction Max（0，WTF_ BondExp（period，availCollatInt））availCollatInt＝WorksheetFunction Max（0，WTF_ SwapExp（period，availCollatInt））

Call CalcCaps（period）

availCollatInt＝WTF_ BondInterest（period，availCollatInt）

ex＝SetExcessSpread（period，availCollatInt）

availCollatInt＝WTF_ FinalMaturityDeposit（period，ex）avail

Fund＝availCollatInt＋fCF_ CollatPrincipal（period，0）avail

Fund＝WTF_ SeniorPrincipal（period，availFund）availFund

＝WTF_ SubPrincipal（period，availFund）availFund＝WTF_

Turbo（period，availFund）

Call WTF_ Writedown（period）

availFund＝WTF_ BondCarryForward（period，availFund）

Else

fDealCollapsed＝True

availFund＝availCollatInt＋fCF_ CollatPrincipal（period，0）e

x＝SetExcessSpread（period，availCollatInt）

End If

fResidual（period） ＝availFund

Next period

End Sub

（2）WTF_ BondCarryForward：支付所有债券以前拖欠的利息。

Private Function WTF _ BondCarryForward（period As Integer，availCollatInt As Double）As Doub－

Dim availFund As Double a

vailFund = availCollatInt For

i = 1 To mybonds Count

availFund = PayInterest（period, mybonds（i）, availFund, "carry-forward"）Next i

WTF_ BondCarryForward = availFund

End Function

（3）WTF_ BondExp：支付所有债券担保费用。

Private Function WTF_ BondExp（period As Integer, availFund As Double）As Double

Dim exp As Double

exp = 0

For i = 1 To mybonds Count

exp = exp + CalcExpense（period, mybonds（i））Next i

fCF_ WrapFee（period）= exp

WTF_ BondExp = availFund – exp

End Function

（4）WTF_ BondInterest：计算债券利息的支付。

Private Function WTF_ BondInterest（period As Integer, availCollatInt As Double）As Double

Dim paid As Double

Dim availFund As Doubl

e paid = 0

availFund = availCollatInt For

i = 1 To mybonds Count

availFund = PayInterest（period, mybonds（i）, availFund, "initial"）Next i

WTF_ BondInterest = availFund

End Function

（5）WTF_ SeniorPrincipal：计算高级债券本金的支付。

第九章
区块链技术的运用方式

Private Function WTF_ SeniorPrincipal (period As Integer, avail-Fund As Double) As Double Dimdist1 As Double, dist2 As Double, fund As Double, rem1 As Double, rem2 As Double fund = availFund

Dim SenBal As Double

SenBal = SeniorBalance (period, 0)

If fTurboTrigger (period) Then

If fCF_ CollatPrincipal (period, 0) = 0 Or SenBal < 0 01 Then WTF

_ SeniorPrincipal = availFund

Exit Function

Else

If fGroupPercent (period, 0) = 0 Then

dist1 = SeniorBalance (period, 1) /SenBal * fund dist2 = SeniorBalance (period, 2) /SenBal * fund

Else

dist1 = fGroupPercent (period, 1) * fund dist2 = fGroupPercent (period, 2) * fund

End If

End If

Call CalcSeniorDist (period, 1)

Call CalcSeniorDist (period, 2)

Else

dist1 = CalcSeniorDist (period, 1)

dist2 = CalcSeniorDist (period, 2)

End If

fund = fund − dist1 − dist2

rem1 = CashPipes ("G1") PayPipe (period, dist1, fGroupPercent

rem2 = CashPipes ("G2") PayPipe (period, dist2, fGroupPercent)

rem2 = CashPipes ("G1") PayPipe (period, rem2, fGroupPercent) rem1 = CashPipes（"G2"）PayPipe（period，rem1，fGroupPercent）

fund = fund + rem1 + rem2

  WTF_ SeniorPrincipal = fund

  End Function

  （6）WTF_ SubPrincipal：计算次级债券本金的支付。

  Private Function WTF_ SubPrincipal（period As Integer，availFund As Double）As Double DimisTurbo As Boolean

  Dim fund As Double

  Dim remain As Double

  Dim currentlevel As Integer

  Dim level Fund As Double

  Dim bond Name As String

  Dim Percent As Double

  Dim subDist As Double

  Dim SplitRemain As Double

  Dim splitname As String

  Dim Seniority As Integer

  isTurbo = fTurboTrigger（period）

  If isTurbo Then fund = availFund Else fund = WorksheetFunction Min（availFund，CalcSubPDA（period））

  remain = availFund – fun

d currentlevel = 0

  For i = 1 To CashPipes Count

  Seniority = CashPipes（i） Seniority If

  Seniority > = 2 Then

  If isTurbo Then

  levelFund = fund

  ElseIf fStepdown（period）Then

  subDist = CalcSubDist（period，Seniority）

```
levelFund = WorksheetFunction.Min（fund，subDist）
Else
levelFund = fund
End If
fund = fund – levelFund + CashPipes（i） PayPipe（period，level-Fund，fGroupPercent）
End If
Next i
WTF_SubPrincipal = fund + remain
End Function
```

（7）WTF_SwapExp：计算衍生品（互换）的费用支付。

```
Private Function WTF_SwapExp（period As Integer，availFund As Double）As Double Dimexp As Double
exp = – WorksheetFunction.Min（CalcSwap（period），0） WTF_SwapExp = availFund – exp
End Function
```

（8）WTF_Turbo：计算债券的加速偿付本金支付。

```
Private Function WTF_Turbo（period As Integer，availFund As Double）As Double
Dim fund As Double
Dim isTurbo As Boolean
isTurbo = CalcTurboTrigger（period） fund = availFund
fCF_TurboFund（period）= availFund
If isTurbo Then
fund = WTF_SeniorPrincipal（period，fund） fund = WTF_SubPrincipal（period，fund）
End If
WTF_Turbo = fund
```

End Function

（9）WTF_ Writedown：计算债券的减值（坏账注销）。

Private Sub WTF_ Writedown（period As Integer）

Dim totalWritedown As Double

Dim bondName As String

totalWritedown = CalcRealizedLoss（period）

Dim currentlevel As Integer

Dim levelWritedown As Double

Dim SplitRemain As Double

Dim splitname As String

Dim currentwritedown As Double

For i = CashPipes Count To 1 Step – 1 current

level = CashPipes（i）Seniority

If currentlevel > 1 Then

totalWritedown = CashPipes（i）WritedownPipe（period，totalWritedown）End

If

Next i

End Sub

（10）AddBonds：把所有债券从 Excel 输入 VBA 环境下。

Public Sub AddBonds（）She

ets（tranchePage）Select Dim

bonds As New Collection Dim

abond AsTranche

For i = 1 To fNumBonds

Set abond = New Tranche

Call abond initialize（Range（"CollatGroup"）（i + 1），Range（"Priority"）（i + 1），Range（"Seniority"）（i + 1），Range（"TrancheName"）（i + 1），Range（"TrancheBalance"）（i + 1）

, Range（"TrancheDescription"）（i + 1），Range（"Tranche-Type"）（i + 1），Range（"Margin – Stepup"）（i + 1），Range（"Day-Count"）（i + 1），Range（"AccrualDate"）（i + 1），Range（"Cap – Key"）（i + 1）_

, Range（"TrancheSize"）（i + 1），Range（"TrancheSubTarget"）（i + 1），Range（"Coupon"）（i + 1）

, Range（"Margin"）（i + 1），Range（"FPDays"）（i + 1），Range（"Index"）（i + 1）_

, Range（"Guarantee"）（i + 1），Range（"TargetPrice"）（i + 1），Range（"NAS"）Call（i + 1））

bonds Add（abond，abond TrancheName）

Next i

Set mybonds = bonds S

et bonds = Nothing

End Sub

（11）BondBalance：计算债券总余额。

Public Function BondBalance（period As Integer，groupNum As Integer）As Double BondBalance = SeniorBalance（period，groupNum）+ subBalance（period，groupNum）

fCF_ BondBalance（period，groupNum）= BondBalance

End Function

（12）BondInterest：计算债券的利息支付。

Public Function BondInterest（period As Integer，groupNum As Integer）As Double

Dim temp As Double

temp = 0

For i = 1 To mybonds Coun

tIf groupNum = 0 The

n

temp = temp + mybonds（i）intPaid（period）

Else

If groupNum = mybonds（i）CollatGroup Then temp = temp + mybonds（i） intPaid（period）

End If

End If

Next i

fCF_ BondInt（period, groupNum） = temp

BondInterest = temp

End Function

(13) BondPrincipal：计算债券的本金支付。

Public Function BondPrincipal（period As Integer, groupNumAs Integer）As Double Dim temp As Double

temp = 0

For i = 1 To mybonds Coun

tIf groupNum = 0 The

n

temp = temp + mybonds（i）Principal（period）

Else

If groupNum = mybonds（i）CollatGroup Then

temp = temp + mybonds（i）Principal（period）

End If

End If

Next

fCF_ BondPrinc（period, groupNum） = temp BondPri

ncipal = temp

End Function

(14) CalcAcceleration：计算加速偿还本金额。

Private Function Calc Acceleration（period As Integer）As Double

Dim OC Target As Double

Dim OC Balance As Doubl

e Dim OC Adjust As Doubl

e

OCTarget = CalcOCTarget（period） OC

Balance = CalcOCBalance（period） OC

Adjust = OCTarget – OCBalance

fCF_ Acceleration（period）= WorksheetFunction Min（OCAdjust, fCF_ ExcessSpread（period））CalcAcceleration = fCF_ Acceleration（period）

End Function

（15）CalcCumLoss：计算贷款损失金额。

Private Function Calc Cum Loss（period As Integer）

DimLoss As Double

Loss = 0

For i = 1 To my Collat Count

Loss = Loss + myCollat（i）Loss（period）Next i

fCF_ CollatLoss（period, 0）= Loss

fCF_ CumLoss（period）= fCF_ CumLoss（period – 1）+ Loss CalcCu

mLoss = fCF_ CumLoss（period）

End Function

（16）CalcExpense：计算债券的担保费。

Private Function CalcExpense（period As Integer, ByRef bond As Tranche）As Double

Dim dayCountAdj As Double

Dim exp As Double

If fWrapFeeDayCount = "act/360" Then

dayCountAdj = fAdjustAct（period）

```
Else
    dayCountAdj = 30/360
End If
exp = bond Balance（period – 1）* bond Guarantee * dayCountAdj bond
setBondExpense（period） = exp
CalcExpense = exp
End Function
```

（17）CalcGroupPercent：按指定规则（房利美或房地美方法）计算群组的本金百分比。

```
Private Function CalcGroupPercent（period As Integer, groupNum As Integer）As Double
    Dim FreddieNum As Double
    Dim FreddieDenom As Double
    ……
    Dim freddie As Double
    Dim result As Double
    If fAgencyConform = "Fannie" Then
    CollatGroupPrinc = fCF_ CollatPrincipal（period, groupNum）
    CollatPrinc = fCF_ CollatPrincipal（period, 0）
    If CollatPrinc = 0 Then fannie = 0 Else fannie = CollatGroupPrinc/CollatPrinc ElseIf fAgencyConform = "Freddie" Then
    If fAgencyConform = "Freddie" Then
    Dim gp As Integer
    fCF_ SeniorTargetAmount（period, 0） = 0
    For gp = 1 To HowManyGroups
    fCF_ SeniorTargetAmount（period, gp） = WorksheetFunction Max（0, SeniorBalance（period – 1, gp） – WorksheetFunction Min（fSeniorTarget * fCF_ CollatBalance（period, gp）, fCF_ CollatBal－ance
```

(period, gp) - fOCFloor * fCF_ CollatBalance (0, gp)))

fCF_ SeniorTargetAmount (period, 0) = fCF_ SeniorTargetAmount (period, 0) + fCF

_ SeniorTargetAmount (period, gp)

Next gp

If fCF_ SeniorTargetAmount (period, 0) >0 Then

freddie = fCF_ SeniorTargetAmount (period, groupNum) /fCF_ SeniorTargetAmount (period, 0)

Else

freddie = 0

End If

End If

If (NotCalcStepdown (period)) Then

result = fannie

ElseIf fAgencyConform = "Fannie" Then

result = fannie

Else

result = freddie

End If

fGroupPercent (period, groupNum) = result CalcGroupPercent = fGroupPercent (period, groupNum) End Function

(18) CalcMoreSeniorBal：计算比所指定等级债券高级的债券的剩余面额。

Private Function CalcMoreSeniorBal (period As Integer, Seniority As Integer) As Double

Dim bal As Double

bal = 0

For i = 1 To mybonds Count

If mybonds (i) Seniority < Seniority Then

bal = bal + mybonds（i） Balance（period）

End If

Next i CalcMoreSeniorBa

l = bal End Function

（19）CalcOCBalance：计算超额抵押额。

Private Function CalcOCBalance（period As Integer）As Double

fOCBalance（period）= fCF_ CollatBalance（period - 1，0）- fCF_ CollatLoss（period，0）- BondBalance（period - 1，0）

CalcOCBalance = fOCBalance（period）

End Function

（20）CalcOCTarget：计算超额抵押目标。

Private Function CalcOCTarget（period As Integer）As Double

Dim TriggerEvent As Boolean

Dim PreSDOCTarget As Double

……

Dim OC1 As Double

Dim Stepdown As Boolean

TriggerEvent = CalcDelinqTrigger（period - 1）OrCalcCumLossTrigger（period - 1）PreSDOCTarget = fCF_ CollatBalance（0，0）* fPreSDOCTarget

PostSDOCTarget = fCF _ CollatBalance（period，0）* fPostSDOCTarget OCF loor = fCF_ CollatBalance（0，0）* fOCFloor

StepUp =（period > fOCStepUp）And fStress Stepdown = CalcStepdown（period）

If period > fOCHoliday Then

If Stepdown Then

OC3 = WorksheetFunction Min（PreSDOCTarget，PostSDOCTarget）Else

If StepUp Then

OC3 = PreSDOCTarget + fLossStepUp * fCF_ CollatBalance（0，0）

Else

OC3 = PreSDOCTarget

End If

If TriggerEvent Then

OC2 = fOCTarget（period－1）

Else

OC2 = OC3

End If

OC1 = WorksheetFunction Min（fCF_CollatBalance（period－1,0）,OC2）

fOCTarget（period）= WorksheetFunctionMax（OCFloor,OC1）

Else

fOCTarget（period）= 0

End If

lastOCDummy = OC2

CalcOCTarget = fOCTarget（period）

End Function

（21）CalcPDA：计算债券应还本金额。

Private Function CalcPDA（period As Integer）As Double

fPDA（period）= WorksheetFunction Max（0,fCF_CollatPrincipal（period,0）+ CalcAcceler－ation（period））

CalcPDA = fPDA（period）

End Function

（22）CalcRealizedLoss：计算已发生的损失。

Private Function CalcRealizedLoss（period As Integer）

Dim BondBal As Double

Dim collatBal As Double

BondBal = BondBalance（period,0）collatBal = fCF_CollatBalance（period,0） fCF_ RealizedLoss（period） = WorksheetFunction Max（BondBal – collatBal，0）CalcRealizedLoss = fCF_ RealizedLoss（period）

End Function

（23）CalcSeniorDist：计算群组的高级债券应还本金额。

Private Function CalcSeniorDist（period As Integer，groupNum As Integer）As Double

Dim groupPercent As Double

Dim seniorPDA As Double

groupPercent = fGroupPercent（period，groupNum）senior

PDA = CalcSeniorPDA（period）

fGroupTargetPayment（period，groupNum） = seniorPDA * group-Percent CalcSenior

Dist = fGroupTargetPayment（period，groupNum）

End Function

（24）CalcSeniorPDA：计算高级债券的应还本金额。

Private Function CalcSeniorPDA（period As Integer）As Double

Dim SeniorOpt As Double

Dim SeniorTargetBal As Double

Dim subTarget As Double

Dim lastSenBal As Double

lastSenBal = SeniorBalance（period – 1，0）

If fStress Or（Not Calc Stepdown（period））Then

fSeniorPDA（period） = BondBalance（period – 1，0） – WorksheetFunction Max（0，fCF_ CollatBalance（period，0） – CalcOCTarget（period））

Else

subTarget = WorksheetFunction Min（fCF_ CollatBalance（period，0） – fCF_ CollatBalance（0，0） * fOCFloor，fCF_ CollatBalance（period，0） * fSeniorTarget） fSeniorPDA（period） = WorksheetFunction Max（0，SeniorBalance（period – 1，0） – sub – Target）

End If

fSeniorPDA（period） = WorksheetFunction Min（CalcPDA（period），fSeniorPDA（period），lastSenBal）

fSeniorPDA（period） = WorksheetFunction Max（0，fSeniorPDA（period））CalcSeniorPDA = fSeniorPDA（period）

End Function

（25）CalcStepdown：计算目标月份是否进入超额抵押递减期。

Private Function CalcStepdown（period As Integer）As Boolean

Dim Threshold As Boolean

Dim collatBal As Double

Dim LastBondBal As Double

Dim lastSenBal As Double

Dim BondTarget As Double

Dim OCTarget As Double

Dim SeniorEnhPer As Double

collatBal = WorksheetFunction Max（fCF_ CollatBalance（period，0），00001）lastSenBal = SeniorBalance（period – 1，0）

LastBondBal = BondBalance（period – 1，0）

OCTarget = fPreSDOCTarget * fCF_ CollatBalance（0，0）BondTarget = WorksheetFunction Max（0，collatBal – OCTarget）

Threshold =（period > fStepDownPeriod）Or（SeniorBalance（period – 1，0） < = 000001）SeniorEnhPer =（lastSenBal – WorksheetFunction Max（0，LastBondBal – BondTarget））/collatBal fStepdown（period） =（fStepDownOC And（Not fStress）And Threshold And（SeniorEnhPer < =

fSeniorTarget））Or fStepdown（period – 1）

CalcStepdown = fStepdown（period）

End Function

（26）CalcSubBalance：计算目标月份目标等级的次级债券面额。

Public Function CalcSubBalance（period As Integer，Seniority As Integer）As Double Dim Balance As Double

Balance = 0

For i = 1 To mybonds Count

If mybonds（i）Description = "Mezz" Then

If mybonds（i）Seniority = Seniority Then

Balance = Balance + mybonds（i）Balance（period）End If

End If

Next i

CalcSubBalance = Balance

End Function

（27）CalcSubDist：计算目标月份目标等级的次级债券偿付金额。

Private Function CalcSubDist（period As Integer，Seniority As Integer）As Double

Dim subTarget As Double，subBalance As Double，moreSeniorBal As Double

If fStepdown（period）Then

Dim StepUpAdj As Double

If CalcOCStepUpTrigger（period）Then StepUpAdj = fPostSDOCTarget − fLossStepUp

Else

StepUpAdj = 0

End If

subTarget = GetSubTarget（Seniority）

TargetBal = WorksheetFunction Min（（subTarget + StepUpAdj）∗ fCF_ CollatBalance（period，0），fCF_ CollatBalance（period，0）− fOCFloor ∗ fCF_ CollatBalance（0，0））subBalance

= CalcSubBalance（period - 1, Seniority）

moreSeniorBal = CalcMoreSeniorBal（period, Seniority）s

ubDist = subBalance + moreSeniorBal - TargetBal

Else

subDist = fSubPDA（period）

End If

CalcSubDist = WorksheetFunction Max（0, WorksheetFunction Min（fSubPDA（period）, subBa - lance, subDist））

End Function

（28）CalcSubPDA：计算次级债券应还本金额。

Private Function CalcSubPDA（period As Integer）As DoublefSubPDA（period）= CalcPDA（period）- CalcSeniorPDA（period）CalcSubPDA = fSubPDA（period）

End Function

（29）CalcSwap：计算目标月份衍生工具的现金流。

Public Function CalcSwap（period As Integer）As Double

Call mySwap CalDealCashflow（fSwapLessorBond, FloatingBondBal（period - 1, 0）, period, fAd - just30（period）, fAdjustAct（period））

fCF_ Swap（period）= mySwap DealCashflow（period）

CalcSwap = fCF_ Swap（period）

End Function

（30）CalcTurboTrigger：计算目标月份是否需要加速还款。

Private Function CalcTurboTrigger（period As Integer）AsBoolean

Dim OCBal As Double

Dim MatBal As Double

OCBal = fCF_ CollatBalance（period, 0）- BondBalance（period, 0）MatBal = MatFundBalance（period）

Dim FortyBal As Double

FortyBal = collat40 Balance（period）

185

If period < fFinalMatOCTriggerPeriodThen fTurboTrigger
（period） = False
Else
If MatBal + OCBal < Forty Bal Then
fTurboTrigger（period） = True
Else
fTurboTrigger（period） = False
End If
End If
CalcTurboTrigger = fTurboTrigger（period）
End Function

（31）Collatbalance：计算目标月份群组内资产池的面额。

Public Function CollatBalance（period As Integer，groupNum As Integer）As Double Dim temp As Double

temp = 0
For i = 1 To myCollat Count
If groupNum = 0 Then
temp = temp + myCollat（i）Balance（period）
Else
If groupNum = myCollat（i）group Then
temp = temp + myCollat（i）Balance（period）End If
End If
Next i
fCF_ CollatBalance（period，groupNum） = temp CollatBalance = temp
End Function

（32）CollatInterest：计算目标月份群组的资产利息金额。

Public Function CollatInterest（period As Integer，groupNum As Integer）As Double Dimtemp As Double

```
temp = 0
For i = 1 To myCollatCount
If groupNum = 0 Then
temp = temp + myCollat（i）Interest（period）
Else
If groupNum = myCollat（i）group Then
temp = temp + myCollat（i）Interest（period）End If
End If
Next i
fCF_ CollatInterest（period, groupNum） = temp CollatInterest
 = temp
End Function
```

（33）CollatLoss：计算目标月份群组资产池的损失金额。

```
Public Function CollatLoss（period As Integer, groupNum As Integer）As Double Dim temp As Double
temp = 0
For i = 1 To myCollat Count
If groupNum = 0 Then
temp = temp + myCollat（i）Loss（period）
Else
If groupNum = myCollat（i）group Then
temp = temp + myCollat（i）Loss（period）End
End If
Next i
fCF_ CollatLoss（period, groupNum） = temp CollatLoss = temp
End Function
```

（34）CollatPrepayPenalty：计算目标月份群组资产池的提前偿付罚款金额。

Public Function CollatPrepayPenalty（period As Integer, groupNum

As Integer) As Double

  Dim temp As Double

  temp = 0

  For i = 1 To myCollat Count

  If groupNum = 0 Then

  temp = temp + myCollat（i）PrepayPenalty（period）

  Else

  If groupNum = myCollat（i）group Then

  temp = temp + myCollat（i）PrepayPenalty（period）End If

  End If

  Next i

  fCF_ CollatPenalty（period, groupNum）= temp CollatPrepayPenalty = temp

  End Function

  (35) CollatPrincipal：计算目标月份群组资产池的本金额。

  Public Function CollatPrincipal（period As Integer, groupNumAs Integer）As Double DimtempAs Double

  temp = 0

  For i = 1 To myCollatCount

  If groupNum = 0 Then

  temp = temp + myCollat（i）Principal（period）

  Else

  If groupNum = myCollat（i）group Then

  temp = temp + myCollat（i）Principal（period）End If

  End If

  Next i

  fCF_ CollatPrincipal（period, groupNum）= temp CollatPrincipal = temp

  End Function

(36) GetSubTarget：计算次级债券的目标余额。

Private Function GetSubTarget（Seniority As Integer）As DoubleFori = 1 To mybonds Count

If mybonds（i）Description = "Mezz" Then

If mybonds（i）Seniority = Seniority Then

GetSubTarget = mybonds（i）subTarget

Exit For

End If

End If

Next i

End Function

(37) IsCall：测试本月是否需要回购债券。

Private Functionis Call（period As Integer）As Boolean If fCallBase = "Collateral" Then

isCall =（fCF _ CollatBalance（period，0）/fcollatBalance < = fCallPercent）

Else

isCall =（BondBalance（period，0）/fBondBalance < = fCallPercent）

End If

fisCall（period） = isCall

If period > 1 Then

If Not fisCall（period - 1）And fisCall（period）Then Range（"CallPeriod"） = period End If

If（fisCall（period）And fRunToCall）Or fExerciseCall Then

fExerciseCall = True

Else

fExerciseCall = False

End If

End Function

（38）PayInterest：计算债券的应付利息，并用现有现金流偿付。

Private Function PayInterest（period As Integer, ByRef bond As Tranche, availFund As Double, status As String）As Double

Dim callSpread As Double

Dim callAdj As Double

……

Dim dayCountAdj As Double

Dim rate As Double

If status = "initial" Then

callSpread = bondMarginStepup

If isCall（period – 1）Then callAdj = callSpread Else callAdj = 0

rate = myInterestCurves（bondIndex）Item（period）

If bond TrancheType = "Float" Then bondCoupon = rate + bond Margin + callAdj Else bond – Coupon = bond TrancheCoupon + callAdj

If bond DayCount = "act/360" Then

dayCountAdj = fAdjustAct（period）

Else

If period = 1 Then

dayCountAdj = bond FPDays/360

Else

dayCountAdj = fAdjust30（period）

End If

End If

rawRate = bondCoupon * dayCountAdjkey

= bond capkey

couponCap = myCaps（key）capRate（period）

capRate = couponCap * dayCountAdj

End If

PayInterest = bond PayInterest（period，rawRate，capRate，availFund，bondCoupon，couponCap，status）

End Function

（39）SeniorBalance：计算目标月份群组的高级债券余额。

Public FunctionSeniorBalance（period As Integer，groupNum As Integer）As Double Dim temp As Double

temp = 0

For i = 1 To mybonds Count

If groupNum = 0 Then

If mybonds（i）Description = "Senior" Thentemp = temp + mybonds（i）Balance（period）

Else

If groupNum = mybonds（i）CollatGroup Then

If mybonds（i）Description = "Senior" Then temp = temp + mybonds（i）

Balance（period）

End If

End If

Next i

fCF_ SeniorBondBalance（period，groupNum）= temp SeniorBalance

= temp

End Function

（40）SubBalance：计算目标月份群组的次级债券余额。

Public Function subBalance（period As Integer，groupNum As Integer）As Double Dim temp As Double

temp = 0

For i = 1 To mybonds Count

If groupNum = 0 Then

If Not（mybonds（i）Description ="Senior"）Then temp = temp + mybonds（i）Balance（period）

Else

If groupNum = mybonds（i）CollatGroup Then

If Not（mybonds（i）Description ="Senior"）Then temp = temp + mybonds（i）Balance（period）

End If

End If

Next i

fCF_ SubBondBalance（period, groupNum）= temp

subBalance = temp

End Function

2. 债券模块

（1）PayInterest：偿还目标月份的利息。

Public Function PayInterest（period As Integer, rawRate As Double, capRate As Double, availFund As Double, bondCoupon As Double, couponCap As Double, status As String）As Double

Dim OwedInt As Double

……

If fBalance（period – 1）= 0 And fIntShortfall（period）= 0 And fCapShortfall（period）= 0 Then

PaidInt = 0

ElseIf status = "initial" Then

fIntShortfall（period）= fIntShortfall（period – 1）* rawRate

fCapShortfall（period）=（fCapShortfall（period – 1）– fCapShortfallPayback（period – 1））*（1 + rawRate）

fIntAccrued（period）= fBalance（period – 1）* rawRate

If capRate < rawRate Then CappedInt = fBalance（period – 1）*（rawRate – capRate）Else CappedInt = 0 intOwed = WorksheetFunction Max（0，fIntAccrued（period） - CappedInt - fIntPaid（peri - od））

fIntPaid（period） = WorksheetFunction Min（intOwed，availFund）+ fIntPaid（period） fIntShortfall（period） = fIntShortfall（period） + WorksheetFunction Max（0，intOwed - fIntPaid（period））

fCapShortfall（period） = CappedInt + fCapShortfall（period） fCoupon（period） = bondCoupon * 100

fCouponCap（period） = couponCap * 100

PaidInt = WorksheetFunction Min（intOwed，availFund）Else

If status = "shortfall" Then

fIntShortfall（period） = fIntShortfall（period） - WorksheetFunction Min（fIntShortfall（pe - riod），availFund）

PaidInt = WorksheetFunction Min（fIntShortfall（period），avail-Fund）

ElseIf status = "carryforward" Then

fCapShortfallPayback（period） = WorksheetFunction Min（fCap-Shortfall（period），avail - Fund）

fIntPaid（period） = fIntPaid（period） + fCapShortfallPayback（period） PaidInt

= fCapShortfallPayback（period）

Else

End If

PayInterest = availFund - PaidInt

End Function

（2）PayPrincipal：偿还目标月份的债券本金。

Public Function PayPrincipal（period As Integer，payable As Double）As Double Dim PaidPrinc As Double

If period > fPaidDownPeriod Then

PayPrincipal = payable

Else

PaidPrinc = WorksheetFunction Min（fBalance（period – 1）– fPrincipal（period），paya – ble）

fPrincipal（period）= fPrincipal（period）+ PaidPrinc

fBalance（period）= fBalance（period – 1）– fPrincipal（period） If

fBalance（period）<001ThenfPaidDownPeriod = period PayPrincipal = payable – PaidPrinc

End If

End Function

（3）PrincipalWritedown：计算债券的减值。

Public Function PrincipalWritedown（period As Integer，totalWritedown As Double）As Double Dim thisWritedown As Double

thisWritedown = WorksheetFunction Min（totalWritedown，fBalance（period））fWriteDown（period）= fWriteDown（period）+ thisWritedown

fBalance（period）= fBalance（period）– thisWritedown PrincipalWritedown = totalWritedown – thisWritedown

End Function

3. 现金流管道模块

（1）PayPipe：按横向或纵向以及比例向管道内注入现金流。

Public Function PayPipe（period As Integer，availFund As Double，groupPercents As Variant）As Double

Dim fund As Double，Percent As Double

fund = availFund

If myPipeCount > 0 Then

If fVertical Then

For p = 1 To fMaxPriority

fund = PayPriorityLevel（period，p，fund）

Next p
Else
Dim pipeBal As Double
Dim share As Double
pipeBal = PipeBalance（period－1）
If pipeBal＞0 Then
For i = 1 To myPipe Count
If fSplitMethod = "ProRata" Then
Percent = myPipe（i）Balance（period－1）/pipeBal Else If fSplitMethod = "GroupPercent" Then
Percent = groupPercents（period，myPipe（i）CollatGroup）
Else
Percent = 1
End If
share = availFund * Percent
fund = fund－share + myPipe（i）PayPrincipal（period，share）
Next i
fund = PayRemainLeg（period，fund）
End If
End If
End If
PayPipe = fund
End Function

（2）PayRemainLeg：支付管道内剩余的另一债券。

Public Function PayRemainLeg（By Valperiod As Integer，availFund As Double）As Double Dim fund As Double，PercentAs Double，share As Double，pipeBal As Double

fund = availFund

If fSplitMethod = "GroupPercent" Then

```
        For i = 1 To myPipe Count
        pipeBal = PipeBalance（period）
        If pipeBal > 0 Then
        Percent = myPipe（i）Balance（period）/PipeBalance（period）share
         = availFund * Percent
        fund = fund - share + myPipe（i）PayPrincipal（period，share）End
        If
        Next i
End If
PayRemainLeg = fund
End Function
```

（3）PayPriorityLevel：为管道内同一级别的债券注入现金流。

```
    Private Function PayPriorityLevel（By Valperiod As Integer，ByVal Priority As Integer，availFund As Double）As Double
    Dim fund As Double，amount As Double，levelFund As Double，priorityBal As Double，pipeBal As Double
    fund = availFund
    For i = 1 To myPipe Count
    If myPipe（i）Priority = Priority Then
    priorityBal = Priority Balance（period - 1，Priority）pipeBal
     = PipeBalance（period - 1）
    If myPipe（i）IsNAS And pipeBal > 0 01 And priority Bal > 0 Then
    amount = WorksheetFunction Min（availFund * myPipe（i）NASSchedule
    （period）* priority Bal/pipeBal，availFund）* myPipe（i）Balance（period - 1）/priority Bal
    ElseIf priority Bal > 0 01 Then
    amount = availFund * myPipe（i）Balance（period - 1）/priority Bal
```

Else

amount = 0

End If

fund = fund – amount + myPipe（i）PayPrincipal（period，amount）

End If

Next i PayPriorityLevel = fund

End Function

（4）PipeBalance：计算管道内所有债券的余额。

Public Function PipeBalance（ByValperiod As Integer）As Double Dim Balance As Double

Balance = 0

For i = 1 To myPipe Count

Balance = Balance + myPipe（i）Balance（period）

Next i

PipeBalance = Balance

End Function

（5）Priority Balance：计算管道内目标等级的余额。

Public Function Priority Balance（ByVal period As Integer，ByVal Priority As Integer）As Double Dim Balance As Double

Balance = 0

For i = 1 To myPipe Count

If myPipe（i）Priority = Priority Then

Balance = Balance + myPipe（i）Balance（period）

End If

Next i

Priority Balance = Balance

End Function

（6）WritedownPipe：计算管道内债券的减值。

Public Function WritedownPipe（period As Integer，totalWritedown

As Double) As Double Dim totalWD As Double

totalWD = totalWritedown

If myPipe Count >0 Then

If fVertical Then

For i = myPipe Count To 1 Step – 1

totalWD = myPipe (i) PrincipalWritedown (period, totalWD)

Next i

Else

Dim pipeBal As Double

Dim share As Double

pipeBal = PipeBalance (period)

If pipeBal >0 00001 Then

For i = myPipe Count To 1 Step – 1

share = totalWD * myPipe (i) Balance (period) /pipeBal totalWD = totalWD – share

totalWD = totalWD + myPipe (i) PrincipalWritedown (period, share)

Next i

End If

End If

End If

WritedownPipe = totalWD

End Function

4. 衍生品模块

（1）CalDealPayLeg：计算衍生品（互换）的付款（固定利率）金额。

Private Sub CalDealPayLeg (useLessor As Boolean, BondBal As Double, period As Integer, Day – Adj30 As Double)

Dim Balance As Double If useLessor Then

Balance = WorksheetFunctionMin（BondBal，fDealPay Balance（period－1））

　　Else

Balance = fDealPay Balance（period－1）

　　End If

　　fDealPay（period） = Balance * fDealPayRate（period） * DayAdj30

End Sub

　　（2）CalDealRecLeg：计算衍生品（互换）的收款（浮动利率）金额。

　　Private Sub CalDealRecLeg（useLessor As Boolean，BondBal As Double，period As Integer，dayAd－jAct As Double）

　　Dim Balance As Double If useLessor Then

　　Balance = WorksheetFunctionMin（BondBal，fDealRecBalance（period－1））

Else

　　Balance = fDealRecBalance（period－1）

　　End If

　　fDealRec（period） = Balance * fDealRecRate（period） × dayAdjAct End Sub

　　（3）CalDealCashflow：计算净现金流。

　　Public Sub CalDealCashflow（useLessor As Boolean，BondBal As Double，period As Integer，Day－Adj30 As Double，dayAdjAct As Double）

　　Call CalDealPayLeg（useLessor，BondBal，period，DayAdj30）CallCalDea

lRecLeg（useLessor，BondBal，period，dayAdjAct）

　　fDealCashflow（period） = fDealRec（period）－fDealPay（period） EndSub

本章我们所演示的现金流建模案例和具体的程序是基于 Excel 的 VBA，功能不够强大，目前行业内其他的资产证券化软件也类似，虽然都能实现目的，但是在效率、较稳性、透明度和灵活度上都不够。区块链技术和智能合约的结合将为现金流建模打开新的局面。在搭建链上现金流整合分割规则和执行智能合约的过程中，最重要的是对资产证券化交易的理解和诠释，这是一切金融建模的根本。资产证券化交易一旦通过区块链和智能合约打通从资产端到负债端的现金流追踪和建模，将会自动、无缝、实时地执行交易规则，实现证券化的升级换代。

四、证券代币发行

（一）综述

从 2018 年随着 ICO 被越来越多的国家禁止或加强监管，STO 逐步受到大家的关注，关注监管的合规以及证券这一概念与区块链技术的融合发展。在 STO 兴起的过程中，开源社区、区块链自组织及金融公司起到了比较重要的作用，主要成果包括通证的标准化、如何使基于区块链的证券获得监管机构的许可、去中心化的区块链网络如何实现 KYC 与 AML 的要求、如何解决使用性通证面临的失责与诈骗问题等。

从 STO 的资产情况来看，其传统资产，如股权、债权等作为担保物进行通证化，上链后变成证券化通证，而且必须符合证券法的规定。从性质上来说，证券通证化的对象为股权、债权、权证等。从最终标的物形式来看，证券通证化的对象为房产所有权、房地产投资基金、黄金、碳信用额、石油、美术作品、音乐版权等，所以 STO 的过程实际上是一种资产证券化的过程。

但在 2019 年下半年开始，STO 又逐步退出了人们的视野，根本原因是 STO 机构既想拥抱监管来解决 ICO 乱象造成的欺诈等问题，又想在不受监管当局约束的共有区块链网络中发行，形成了中心化与去中心化的冲突。本节并不会对 STO 的业务本质做讨论，更多的是从技术角度阐述脱胎于 STO 的技术内容与其运用方法。

(二) 标准化通证协议

从技术角度来看，STO 最重要的成果是对证券型通证的标准化工作，其中比较著名的有 Polymath 公司提出的 ST-20 协议、Swarm 组织提出的 SRC-20 协议、以太坊提出的 ERC-1400（ERC-1411）协议。这些协议努力从不同角度将原本去中心化的区块链网络，向中心化可监管的方向转变。

(三) ERC-20 协议

ERC-20 协议是至今为止受认可程度最高、使用最为广泛的一种通证协议，其旨在为以太坊上的通证合约提供一个特征与接口的共同标准。但是其完全没有考虑到监管方面对通证的需求与要求，或者说其是为了避免对生成在公有区块链中的代币进行监管而诞生的一种通用的、足够简单的标准化协议。虽然它并非强制要求，但遵循这个标准，所创建的通证可以与众多交易所、钱包等进行交互，目前几乎所有以太坊钱包及加密货币交易所都支持符合 ERC-20 标准的代币。

ERC-20 协议最早被 Fabian Vogelsteller 和维塔利克·巴特林（Vitalik Buterin）提出并发布于 https://github.com/ethereum/EIPs/issues/20 上，目前我们可以在 https://eips.ethereum.org/EIPS/eip-20 上找到对 ERC-20 协议的准确、标准的描述。

ERC-20 协议的主要方法包括：

name

返回通证的名字，如 MyToken

function name () public view returns (string)

symbol

返回通证的符号，如 HIX

functionsymbol () publicviewreturns (string)

decimals

返回通证的小数点位数，如 100 000 000，则该通证精确到小数点以后 8 位，利用这个方法可以提高通证的精度。

functiondecimals（）publicviewreturns（uint8）

totalsupply

返回通证的总供给量，实际我们认为的通证的数量则是 totalsupply/decimals 的值，如 decimals 为 100 000 000，而 totalsupply 为 1 000 000 000 000，那么通证总数为 10 000 个，每个通证可精确到小数点以后 8 位，即实际总供给量可表述为 10 000.000 000 00。

functiontotalSupply（）publicviewreturns（uint256）

banlanceOf

返回_owner 账号所持有的代币数量

functionbalanceOf（address_owner）publicviewreturns（uint256balance）

transfer（转账）

将_value 数量的通证转移到地址_to 所对应的地址中，并且必须触发 transfer 事件。

function transfer（address_to, uint256_value）public returns（bool success）

transferFrom

将_value 数量的通证从地址_from 转移到地址_to。该 transferFrom 方法用于从合约中提取通证。

functiontransferFrom（address_from, address_to, uint256_value）public returns（bool success）

approve

允许_spender 账户合约中提款的最高限额为_value 个通证，多次提款的值是累加的，若重复多次对同一个_spender 调用 approve，则以最后一次为准。

function approve（address_spender, uint256_value）public returns（bool success） allowance

返回_ spender，仍允许从_ owner 中提取的金额。

function allowance（address _ owner，address _ spender）public view returns（uint256 remaining）

以下是 ConsenSys 公司对 ERC-20 协议的实现（见 https://github.com/ConsenSys/Tokens/blob/fdf687c69d998266a95f15216b1955a4965a0a6d/contracts/eip20/EIP20.sol）：

contract EIP 20 is EIP20 Interface
{
uint256 constant private MAX_ UINT256 = 2 * *256 - 1；
mapping（address = > uint256）public balances；
mapping（address = > mapping（address = > uint256））public allowed；
/ *
NOTE：
The following variables are OPTIONAL vanities. One does not have to include them.
They allow one to customise the token contract & in no way influences the core functionality.
Some wallets/interfaces might not even bother to look at this information.
* /
string public name；   //fancy name：eg Simon Bucks
uint8 public decimals；   //How many decimals to show.
string public symbol；   //An identifier：eg SBX

function EIP20（
uint256_ initialAmount，
string_ tokenName，
uint8_ decimalUnits，

```
        string _ tokenSymbol
    ) public {
    balances[msg.sender] = _initialAmount;      //Give the creator all initial tokens
    totalSupply = _initialAmount;                //Update total supply
    name = _tokenName;                           //Set the name for display purposes
    decimals = _decimalUnits;                    //Amount of decimals for display purposes
    symbol = _tokenSymbol;                       //Set the symbol for display purposes
    }
    function transfer(address _to, uint256 _value) public returns (bool success) {
    require(balances[msg.sender] >= _value);
    balances[msg.sender] -= _value;
    balances[_to] += _value;
    emit Transfer(msg.sender, _to, _value); //solhint-disable-line indent, no-unused-vars
    return true;
    }
    function transferFrom(address _from, address _to, uint256 _value) public returns (bool success) {
    uint256 allowance = allowed[_from][msg.sender];
    require(balances[_from] >= _value && allowance >= _value);
    balances[_to] += _value;
    balances[_from] -= _value;
    if (allowance < MAX_UINT256) {
    allowed[_from][msg.sender] -= _value;
    }
    emit Transfer(_from, _to, _value); //solhint-disable-line indent, no-unused-vars
```

```
        return true;
    }

    function balance Of (address_ owner) public view returns
(uint256 balance) {
        return balances [_ owner];
    }

    function approve (address_ spender, uint256_ value)
    public returns (boolsuccess) {
        allowed [msg. sender] [_ spender] = _ value;
        emit Approval (msg. sender, _ spender, _ value); //
solhint – disable – line indent, no – unused – vars
        return true;
    }
    function allowance (address _ owner, address _ spender)
    public view returns (uint256 remaining) {
        return allowed [_ owner] [_ spender];
    }
}
```

ERC–20 是目前为止最通用的协议，多数其他通证协议是从 ERC–20 协议上衍生或修改而成的。通过对 ERC–20 的分析，我们可以了解其实际无法适应 STO 活动，同时也无法直接应用于资产证券化场景当中。

（四）ERC–1400（ERC–1411）协议

ERC–1400（同 ERC–1411，以下统称为 ERC–1400）协议是一个拥抱监管的通证标准化协议，2018 年 9 月由 Gosselin，Adam Dossa，Pablo Ruiz 和 Fabian Vogelsteller 在以太坊社区提出，发布于 https://github.com/ethereum/EIPs/issues/1400 上，后被移至 https://github.com/ethereum/EIPs/issues/1411 上进行讨论。截至 2020 年 6 月，该协

议依然处于草案状态，且最后一次修改时间为 2018 年 12 月 11 日。

总体而言，ERC-1400 协议提供了一套用于发行/赎回证券型通证的标准接口，该协议可管理通证的所有权，对转账/交易行为进行限制，区块链的多中心化使通证的权利和义务更加透明化。

ERC-1400 协议是对 ERC-1410 协议的继承与改进，增加了证券相关业务会使用到的函数：证券增发、相关法律文件存储等。协议的制定主要遵守以下要求和特点。

- 必须具有标准接口，以查询传输是否成功和返回失败的原因。
- 必须能够执行强制转移以采取法律行动或收回资金。
- 必须可以发出使用标准事件，以进行通证的发行和赎回。
- 必须能够将元数据附加到通证持有者余额的某个子集（持有通证的一部分）中，如可以将特殊股东权利或用于转移限制的数据以元数据的形式附加至部分通证上。
- 在传输时，必须能够基于链外数据、链上数据和传输参数修改元数据。
- 必须能够查询和订阅有关通证所描述的证券的任何相关文档的更新记录及各个版本的文档。
- 可能要求将签名的数据传递到转账交易中，以便在区块链中进行相关验证。
- 不应限制通证可以描述的资产类别范围。
- 必须与 ERC-20 兼容。
- 可以与 ERC-777 兼容。

标准中"必须"表示强制要求满足相关描述的内容，"可能"表示希望要求满足相关描述的内容，"不应限制"表示强制要求不能够满足相关描述的内容，"可以"表示准许但不强制要求满足相关描述的内容。

要求中提到的 ERC-777 标准，是 ERC-20 的加强版，旨在加强用户的控制权限，相较于 ERC-20 协议，有如下区别。

- 随交易发送可以附带描述数据,以供某些业务场景使用。
- 设置一些转账限制,如黑名单。
- 支持一些高级交易。

ERC-1400 协议最大的特点是制定了通证的分片(partition)功能,使用分片发行的证券将使具有不同期限、投资风险或高或低的分片组合成一个整体,以达到降低投资者风险、提供长期投资的目的。分片功能创造了一种名为"非同质化通证"的新型通证,可以很好地对证券化场景进行支持。

ERC-1400 协议规定的接口如下:

```
interface IERC1400 is IERC20 {

    //Document Management
    function getDocument (bytes32 _ name) external view returns (string, bytes32);
    function setDocument (bytes32_ name, string_ uri, bytes32_ documentHash) external;

    //Token Information
    function balanceOfByPartition (bytes32_ partition, address_ tokenHolder) external view returns (uint256);
    function partitionsOf (address_ tokenHolder) external view returns (bytes32 []);

    //Transfers
    function transferWithData (address_ to, uint256_ value, bytes_ data) external;
    function transferFromWithData (address _ from, address _ to,
```

uint256_ value, bytes_ data) external;

//Partition Token Transfers
function transferByPartition (bytes32_ partition, address_ to, uint256_ value, bytes_ data) external returns (bytes32);
function operatorTransferByPartition (bytes32_ partition, address_ from, address_ to, uint256_ value, bytes_ data, bytes_ operatorData) external returns (bytes32);

//Controller Operation
function isControllable () external view returns (bool);
function controllerTransfer (address_ from, address_ to, uint256_ value, bytes_ data, bytes_ operatorData) external;
function controllerRedeem (address_ tokenHolder, uint256_ value, bytes_ data, bytes_ operatorData) external;

//Operator Management
function authorizeOperator (address_ operator) external;
function revokeOperator (address_ operator) external;
function authorizeOperatorByPartition (bytes32_ partition, address_ operator) external;
function revokeOperatorByPartition (bytes32_ partition, address_ operator) external;

//Operator Information
function isOperator (address_ operator, address_ tokenHolder) external view returns (bool);
function isOperatorForPartition (bytes32_ partition, address_ operator, address_ tokenHolder) external view returns (bool);

//Token Issuance
function isIssuable ( ) external view returns (bool);
function issue (address_ tokenHolder, uint256_ value, bytes_ data) external;
function issueByPartition (bytes32_ partition, address_ tokenHolder, uint256_ value, bytes_ data) external;

//Token Redemption
function redeem (uint256_ value, bytes_ data) external;
function redeemFrom (address_ tokenHolder, uint256_ value, bytes_ data) external;
function redeemByPartition (bytes32_ partition, uint256_ value, bytes_ data) external;
function operatorRedeemByPartition (bytes32_ partition, address_ tokenHolder, uint256_ value, bytes_ operatorData) external;

//Transfer Validity
function canTransfer (address_ to, uint256_ value, bytes_ data) external view returns (byte, bytes32);
function canTransferFrom (address_ from, address_ to, uint256_ value, bytes_ data) external view returns (byte, bytes32);
function canTransferByPartition (address_ from, address_ to, bytes32_ partition, uint256_ value, bytes_ data) external view returns (byte, bytes32, bytes32);

//Controller Events
event ControllerTransfer (
address_ controller,

```
        address indexed_ from,
        address indexed_ to,
        uint256_ value,
        bytes_ data,
        bytes _ operatorData
        );

        event ControllerRedemption (
        address_ controller,
        address indexed_ tokenHolder,
        uint256_ value,
        bytes_ data,
        bytes _ operatorData
        );

        //Document Events
        event Document (bytes32 indexed_ name, string_ uri, bytes32_ documentHash);

        //Transfer Events
        event TransferByPartition (
        bytes32 indexed_ fromPartition,
        address_ operator,
        address indexed_ from,
        address indexed_ to,
        uint256_ value,
        bytes_ data,
        bytes _ operatorData
        );
```

```
event ChangedPartition (
bytes32 indexed_ fromPartition,
bytes32 indexed_ toPartition,
uint256 _ value
);

//Operator Events
event AuthorizedOperator (address indexed_ operator, address indexed_ tokenHolder);
event RevokedOperator (address indexed_ operator, address indexed_ tokenHolder);
event AuthorizedOperatorByPartition (bytes32 indexed_ partition, address indexed_ operator, address indexed_ tokenHolder);
event RevokedOperatorByPartition (bytes32 indexed_ partition, address indexed_ operator, address indexed_ tokenHolder);

//Issuance /Redemption Events
event Issued (address indexed _ operator, address indexed _ to, uint256_ value, bytes_ data);
event Redeemed (address indexed _ operator, address indexed _ from, uint256_ value, bytes_ data);
event IssuedByPartition (bytes32 indexed _ partition, address indexed_ operator, address indexed _ to, uint256_ value, bytes_ data, bytes_ operatorData);
event RedeemedByPartition (bytes32 indexed_ partition, address indexed_ operator, address indexed_ from, uint256_ value, bytes_ operatorData);

}
```

ConsenSys 公司实现了 ERC-1400 协议,并创建了 Codefi 资产平台,该平台建立在以太坊上,是用于发行和管理通证化金融资产的平台,旨在解决资产发行过程中烦琐且昂贵、投资门槛高、二级市场流动性差等问题。我们可以在 https://github.com/ConsenSys/ERC1400/blob/master/contracts/ERC1400.sol 中查看其对 ERC-1400 协议的实现。

(五) ST-20 协议

ST-20 协议是在 ERC-20 协议的基础上实现的基于以太坊的通证协议,它增加了通证根据特定规则控制转账的功能。ST-20 协议依赖于"传输管理器"来确定通证应采用的转账规则,以判断通证发行方与投资者的转让是否合规。

ST-20 协议必须实现 verifyTransfer 方法,该方法将在执行 transfer 或 transferFrom 方法时被调用。verifyTransfer 方法将确定对应的转账交易事务是否被准许执行。但 ST-20 协议并没有规定 verifyTransfer 实现的方法,仅提供了一种简单的默认实现,即由 GeneralTransferManager 方法来控制转账的白名单,在实际使用中,可以根据监管方的要求,对 verifyTransfer 方法进行实现。

ST-20 协议的接口,相较于 ERC-1400 所制定的分区规则可谓十分简单,具体如下:

contract IST20 {

//off-chain hash
bytes32 public tokenDetails;

//transfer, transferFrom must respect the result of verifyTransfer
functionverifyTransfer (address _ from, address _ to, uint256 _ amount) view public returns (bool success);

```
//used to create tokens
function mint ( address _ investor, uint256 _ amount) public returns ( bool success);
}
```

Polymath 成立于 2017 年，其构建了一个帮助资产实现证券化通证的平台。ST-20 协议是 Polymath 公司提出并运行的协议，其运营的平台允许个人和机构投资者完成合格投资者认证，允许合法投资者在符合规定的前提下参与 STO。Polymath 的平台汇集了 KYC 服务商、法律顾问、技术开发者以及投资者。Polymath 协议助力完全合规的证券类通证的发行，将金融监管的需求嵌入通证的设计中，实现了区块链上发行和交易证券类交易的无缝体验。

我们可以在 https：//github.com/PolymathNetwork/polymath-core 中查看 Polymath 的相关源代码，但可惜的是，截至 2020 年 6 月，其最后一次代码更新的时间是 2019 年 12 月 31 日，并且交易并不频繁。

五、总结

STO 的出现更多是为了解决 ICO 所造成的问题，但其在拥抱监管的同时并没有受到主流金融机构的支持与关注，已经慢慢退出大家的关注范围。但从技术角度来看，STO 运动的兴起为我们积累了一些技术标准、实现了一些代码，相关标准可以为基于区块链的资产证券化平台提供非常好的参考。从安全性角度来看，相关代码实现已经在以太坊公有链上经过数年时间管理了大量的资产，其安全性得到了时间的验证。从可用性来看，ERC-1400 协议更加充分地讨论了证券化过程基于区块链数字资产的分类及要求，但其过于复杂且难以被理解，而 ST-20 协议则过于简单且缺乏应用的标准化，我们应当取长补短，根据具体业务场景进行协议选择与代码实现。从非功能角度来看，无论是何种协议，目前的运行速度及交易撮合能力均无法达到资产证券化场景所要求的，我们需要根据实际情况选择不同的智能合约执行引擎以及编码方式，通过链上链下的方式对文件、许可、规则等资料进行管理与分析。

本书主要讨论的是基于联盟链的资产证券化平台，而STO运动多发生在公有区块链当中，虽然其具有一定的参考价值，但并不能直接对资产证券化进行指导。

第四节　基于区块链的资产证券化业务价值体现

一、总体价值

资产证券化系统在资产证券化产品全流程各个环节基于区块链进行处理，总体上实现了前期资产筛选的效率提升，进一步降低了证券化资产的发行成本。区块链技术在初期环节的加入，保证了资产信息在发行前期的不可篡改，同时保证了各参与方高效获取信息。在资产存续期间，系统对资金流基于区块链进行透明化管理，保证资金的安全。信息管理方面，系统通过区块链与监管机构实时同步，有利于资产证券化产品的合规性和规范运营。

二、区块链在资产证券化场景各环节的价值体现

（一）利用区块链进行资产筛选使资产资质增强（资产端角度）

区块链基于自身的技术特性，对企业资产证券化类资产的原始权益人资质进行技术层面背书，并通过透明化、去中心化发行方式对资产质量和安全性进行保障，增加了资产投资吸引力和监管审核过程中相关内容的说服力。对于来自中小企业的资产，区块链技术将对资产包装流程和资产本身进一步规范，从而让中小企业有更大概率进行各类资产的证券化发行，进而增强中小企业财务方面的流动性管理。

（二）利用区块链丰富主承揽人工具箱，降低资产发行成本（银行和券商角度）

基于区块链进行资产端信息的实时共享，改变了传统资产发行前期资产证券化会计师事务所、律师事务所和评级机构线性处理资产的业务方式，主承揽人可直接将信息基于区块链进行共享，并通过不同类型节点的权限设置，让各方都能进行高效参与，实现资产发行前期的高效协同，减少前期机构间沟通和获取业务资料不便带来的低效率和交流信息偏差的问题，在保证信息准确的前提下，进一步加快了资产发行前的准备速度，为原始权益人和主承揽人降低了发行成本。

区块链技术进一步促进了资产证券化实务中合同和协议的电子化，无论是内部、外部机构，还是投资者，通过电子签名进行电子合同签约，有利于提升机构合同管理能力，保证相关文件的不可篡改。

（三）提升解决资金混同问题的能力，进一步提升资金结算效率（管理人和投资者角度）

资金转账和交易记录信息在区块链上进行存证备份，同时借助智能合约，通过接入链下结算系统的方式对结算环节进行自动化处理，有效避免资金池管理过程出现的资金混同问题，并通过自动化提升结算效率，降低操作或系统数据录入和输出不准确导致的结算失误的可能性，保证投资者即时获得每期收益。

（四）提升存续期证券化资产的运营效率，保证资产质量

存续期的信贷类资产的替换或企业类资产端的变更动态能够及时和准确地同步至参与区块链节点的各个机构，从而及时对资产信息进行及时更新和评级，同时及时上报监管部门。对于信贷类资产，存续期中基于智能合约的资产替换和违约处理，能够保证证券化产品更高效的运营，避免非合格资产的混入。另外，资产的高效替换，以及对违约资产的及时处理，一定程度上提升了存续期的风控水平。

（五）提升资产证券化行业的监管水平和证券化产品的规范化

区块链搭建时，会对监管节点接口进行预留，在必要时让监管机构快速接入，实时获取链上资产信息和交易信息，保证证券化全过程的操作合规性，进而提升资产证券化产品的规范化。除此以外，监管能力的提升也将有利于中小企业有更大概率获得资产证券化发行的许可。

（六）交易现金流管理能力的提升

参与节点的机构成员统一直接使用区块链的智能合约进行交易处理，确保了基础资产数据和瀑布逻辑的一致性，避免了中间产生的过程处理或解读误差。同时，加密技术提高了数据安全性，区块链的不可篡改及数据历史可在保护数据隐私权的规定下，提升数据透明度，准确地审计及监控基础资产与资产证券的表现。

（七）资产证券化外围场景区块链应用价值：贷款发起、承销、服务

区块链和智能合约可以在各种证券化功能之间实现无缝接轨。如果相关机构在贷款发放和服务阶段有效地部署了这项技术进而降低成本，可以实现资产证券化整个生命周期结构性收益的最大化。

对于信贷类资产，当借款人和贷款人达成协议后，还款计划、信用评分、收入证明和缴税记录可以放置链上存证。银行通过区块链将借贷资产信息同步给节点成员，并将借款方身份信息基于区块链进行加密处理。三方机构介入评级和审计时，将反馈意见，给出后添加的时间戳，保证审计和评级结构的不可篡改，以及信息丢失的可溯源。

当资产端出现信用违约风险时，智能合约会自动对风控部门和征信部门发起通知。存在不良欠款时，智能合约可基于链上信息启动催收程序，将违约人信息与银行现有的催收数据库打通，进行基于链上信息的催收和回款工作。

（八）二级市场流动性提升

区块链对底层资产透明度的提升，使得投资者可以通过跟踪底层资产动态实现价值评估，提升安全定价的客观性和准确性，降低利差风险。区块链数据实时同步的能力还可以实现分析自动化和开发更复杂的投资策略，进而使风险管理技术变得更加有效，进一步提升投资者的投资安全性和积极性，提升市场流动性。

第十章　区块链技术发展及其在资产证券化领域应用的展望

第一节　区块链技术发展和应用展望

一、整体发展趋势

总体来看，金融行业是最早关注区块链技术和将区块链技术进行实际应用的行业。从最初银行在贸易融资、跨境转账，到之后收到整个市场关注的央行数字货币，区块链技术正在逐渐从金融基础设施层面和金融机构间业务协同层面对传统金融行业产生越来越大的影响。下一阶段，区块链技术在中国金融市场的应用将主要体现在构建国产自主可控金融基础设施平台的工作上。

短期到中期，区块链技术在金融领域的发展和完善主要体现在以下几个方面。

1. **区块链底层性能提升**

目前，区块链底层性能已经可以满足金融行业大部分场景的要求，包括存证、数据交换、溯源、交易、转账等。但在涉及高频次和高存储要求的场景下，当下区块链底层技术依然存在局限，更高效的共识机制和更高性能的区块链底层技术有待开发。

2. **智能合约能力的拓展**

现阶段很多智能合约的逻辑较为简单，在实际业务流程中实现自动化处理范围有限。作为区块链技术在业务中实现的重要承载，随着区块链底层性能的提升，智能合约的设计和逻辑设定将会更加复杂。

3. 跨链技术的完善

现阶段市场除少数区块链厂商拥有相对成熟的跨链机制，多数企业级区块链和区块链厂商自身不具备实现区块链间数据和信息传输的解决方案。行业对跨链技术的探索多停留在试验和理论阶段，仅有少数厂商实现了区块链跨链技术的落地实施和应用。跨链技术作为打通不同区块链数据的有效解决方案，将在行业对区块链进行深度应用后，显现出更多市场需求。

4. 与各类金融科技的融合

金融科技领域"ABCD"的深度应用和不同技术间的融合，会成为区块链技术应用的重要趋势。A 为人工智能（Artificial Intelligence），B 为区块链（Blockchain），C 为云计算（Cloud Computing），D 为大数据（Big Data）。区块链与各类金融科技的融合将有效促进金融业务的自动化，并能够进一步发挥数据的优势，同时提升数据的可信度也将得到有效保障。

5. 更具深度的金融基础设施改造

现阶段区块链在金融基础设施的改造方面主要体现为跨境支付、贸易金融、供应链金融、金融机构同业数据交换和各类业务的存证溯源，下阶段区块链将会给现有金融基础设施进行更深度改造。具体业务场景可能出现在场外交易、场内交易、清结算系统、非标资产或另类投资品的交易平台（如知识产权、不良资产等）中。除此之外，结合央行数字货币，区块链技术将在各类金融场景中进一步深入发展。

二、区块链在资产证券化业务中的应用和发展趋势

随着国家对促进企业流动性提供越来越多的政策扶持，并积极引导金融行业对促进企业流动性提供更多业务层面的赋能工作，资产证券化作为提高企业和银行自身资产的重要金融工具，未来将会更大概率与区块链等金融科技进行结合，以持续提升现有业务模式的效率和成本。

1. 区块链技术对业务场景的渗透程度进一步提升

初期区块链集中应用于资产尽职调查环节，后期资产实现了更大程度的透明化，包括对结算系统的对接。区块链的应用将逐渐向资产证券化业务的各个环节进行渗透，从而实现全部业务流程基于区块链处理，使基于区块链的资产证券化平台实现有频率的多次发行，使发行流程标准化和规范化，从而形成规模效应，显著降低发行成本和管理成本。

另外，现阶段区块链技术的应用尚未直接关联至金融业务系统的清结算层面。当区块链技术进一步成熟，安全性和区块链结合流程更加深入时，区块链尤其是基于智能合约的清结算自动化，将在更大程度上给资产证券化业务带来更深层次的改变。

2. 区块链跨链技术的应用推广

越来越多的金融机构将会基于区块链发展自身各类业务，由于各家金融机构采用的底层不同，短期到中期金融机构区块链对实现区块链间信息和数据的互通需求会集中体现。在推广资产证券化应用过程中，区块链厂商为金融机构提供高效的跨链机制将会集中体现出来。

3. 资产数字化的趋势

随着围绕区块链底层的存证、溯源业务的成熟，以及预言机、安全多方计算等 L2 技术的自身完善和不断被推广，基于区块链将有可能实现资产的数字化和链上的流通。基于区块链的数字资产将在更大程度上体现出区块链在业务中技术特性的价值。数字资产具备的便捷性、可追溯等实用性价值将进一步凸显。

4. 现有区块链场景对资产证券化业务的延伸

目前一些金融业务场景，如供应链金融等，本身的业务已经实现了技术层面和业务层面基于区块链的处理。基于区块链底层的供应链金融业务将应收账款底层资产和企业贸易关系信息，以及票据信息实现链上存证。对资产证券化业务参与金融机构来说，可直接基于供应链场景的链上信息进行更加高效的资产证券化工作。从资产端角度来看，区块链已将资产的真实性进行了技术层面的保障。两个业务场景如果都能够通过区块链进行处理，则能够实现更大程度上的效率提升和风控保障。

5. 承揽人和投资者工具的丰富化

对资产证券化业务的承揽人来说，区块链为其开展更多类型资产的资产证券化业务提供了技术赋能工具。对投资者来说，资产证券化业务通过区块链进行去中心化后，将有更多可能直接获取底层资产数据并基于区块链进行资产分析。

三、区块链对底层资产真实性的积极影响

1. 区块链有利于保证底层资产信息真实性

资产证券化业务一直存在底层资产不透明的问题。从企业方角度看，企业自身财务可能存在信息化不足的问题，同时企业没有将财务状况透明化的充分意愿。从银行角度看，出于对潜在风险触发对自身信用和声誉影响的考量，不会直接公开所有底层资产信息。底层资产不透明的问题会影响投资者的决策，也不利于资产证券化业务的正向发展。

区块链技术的使用为解决底层资产透明度问题提供了新的思路，但需要指出的是，基于区块链的资产证券化协同是一个循序渐进的过程。资产证券化业务中的资产种类繁多，每类资产对应的业务场景、行业信息化水平和资产评估方式都存在差异。区块链对底层资产透明化的作用，将在部分类型资产中开始体现，并在资产证券化监管制度完善和业务模式成熟的过程中逐渐体现出其真正价值。

现阶段适合使用透明化的资产类型主要具备以下特点。

企业财务系统具备良好的信息化程度，理想情况是实现与资产证券化业务系统的连接。

底层资产所涉及的业务场景与区块链具有较好的结合，在资产进行证券化前，业务已经能够基于区块链进行处理。

业务所涉及的相关行业对金融科技接受程度和金融科技普及率较高，对利用新技术提升业务处理能力有较高的接受度和认可度。

2. 区块链技术在应收账款和票据资产证券化业务中的应用

新的经济形势对企业在供应链管理以及资金流动性方面提出了更高的要求。近年来，越来越多的企业通过物联网、人工智能和区块链等技术的结合在供应链管理上进行效率提升。与此同时，核心企业为了保证其在相关产业链中的地位，加强对供应链的管理，也开始利用金融科技进行供应链金融平台的搭建，将产业链上各级供应商汇集至供应链金融线上平台，围绕核心企业信用展开面向上下游各级供应商的更灵活的供应链金融业务。其中，区块链在平台搭建过程中所体现出的技术价值正在受到越来越多的金融机构和企业的认可。

基于区块链搭建的供应链金融平台未改变行业原有的业务协同方式，整个供应链金融场景，仍然以核心企业的应收账款为抵押资产。

在应收账款融资场景下，上下游供应商可以凭借供应商与核心企业或各级供应商之间的真实贸易信息、合同将应收账款基于区块链转换为链上可信数字凭证，通过以合法和合规为保障前提的数字凭证的拆分、转让，将核心企业的优良信用传递给产业中的各级供应商。在票据融资模式下，各级供应商同样可以通过真实票据上链，基于平台与保理商和银行协同，进行高效融资。

基于区块链的供应链金融平台，无论是应收账款融资场景中体现的真实贸易数据和贸易关系，还是基于区块链将票据进行转让和融资，都实现了贸易相关文件和票据信息的链上存证，历史融资和授信业务的链上可查，票据各手转让关系可追溯的效果。若有关企业有进一步盘活其左侧资产的需求，可选择将原有供应链金融业务的链上信息与基于区块链的资产证券化平台进行打通，从而直接保证资产证券化过程中底层资产的透明化和资产信息的真实性。

3. 总结

除了供应链金融场景外，我们也看到目前金融行业里的信贷资产（如房地产信贷、消费信贷）、不良资产、融资租赁、各类保险等业务与区块链有较高的结合可能性，后期上述资产有望在业务处理、资产证券化全流程中由区块链平台进行管理。

第二节　区块链在资产证券化应用中的挑战

总体而言，不可否认的是，区块链在金融行业的应用依然处于初期阶段，行业已经探索出的成熟技术的落地场景不多。基于区块链的业务场景商业模式和盈利模式尚未明晰，区块链厂商、金融机构，针对各类场景探索出成熟的商业模式并积累相应的运营经验将会成为下一阶段需要持续发力的方向。

1. **技术层面成熟性有待提升**

目前区块链自身产品体系依然在不断完善中，对于跨链、智能合约、安全多方计算等技术，只有少数厂商拥有相对完善的解决方案，同时金融机构对区块链技术的认知有待进一步提升。对区块链安全性和隐私性的担忧以及缺乏足够可行性研究和实际测试依然是阻碍金融机构在更大范围内应用区块链技术的重要原因。

正如前文所提到的，智能合约承载更加复杂的逻辑以实现更高程度的业务自动化和流程化处理，底层技术拥有足够能力承载复杂交易场景及高频高存储消耗的场景，是区块链现阶段需要解决的主要技术难题。

2. **金融行业业务层面对区块链技术缺少认知**

区块链技术对很多场景已经有较为完整的业务梳理，但是具体到业务层面和项目实施，则需要借助丰富的行业经验对各类金融机构进行工作协调和利益协调。在涉及多方参与的区块链场景中，各方利益错综复杂，有时区块链技术落地的更大挑战来自实际执行业务的金融机构本身。

金融机构业务人员对区块链了解少，通过短期交流沟通仍无法很好理解区块链真正的价值。金融领域对安全性的高要求和对风险的厌恶，让作为新技术的区块链无法得到快速的资源支持。

3. **资产证券化业务发展自身的不成熟**

相对于欧美市场，我国资产证券化市场在行业经验积累、法律法规完善程度以及证券化资产类型的丰富程度方面，都有很大的发展潜力。

区块链技术的发展离不开业务本身的完善。只有当资产证券化业务的法律法规更加完善，监管机制更加有效灵活时，区块链才能有效发挥价值。当然，不可否认的是，区块链技术同样可以反过来保障监管和业务操作的合规性，以及通过和司法层面的对接，改善部分法律法规缺失带来的潜在风险。

参考文献

［1］郭英群．区块链的进阶论及在资产证券化中的应用分析［EB/OL］．［2019-02-02］．http：//guojiequn.blog.caixin.com/archives/197940.

［2］区块链蓝皮书：中国区块链发展报告［M］．北京：社会科学文献出版社，2019.

［3］林华．中国资产证券化操作手册［M］．北京：中信出版社，2015.

［4］蔡亮，李启雷，梁秀波．区块链技术进阶与实战［M］.2018.

［5］交通银行．交行推出业内首个区块链资产证券化平台"聚财链"［EB/OL］．［2018-10-29］．http：//www.bankcomm.com/BankCommSite/shtml/jyjr/cn/7158/7162/2605511.shtml.

［6］广发证券．广发证券携广发资管推出基于区块链的自主研发 ABS 云平台［EB/OL］．［2018-09-18］．http：//www.gf.com.cn/article/detail/5bd6b727e553e5c53e000fdf.

［7］申万宏源证券有限公司课题组．区块链技术在资产证券化的应用及价值研究［R］.2019.

［8］Delloite. Applying blockchain in securitization：oportunities for reinvention［EB/OL］.2017.

［9］天风证券股份有限公司，上海寰擎信息科技有限公司．区块链技术在金融领域的作用浅析——金融科技在资本市场的应用发展研究［M］.2017.

［10］Moody's. New Developments in US ABS［EB/OL］．［2017-12］．http：//www.moodys.com.

第四部分

STO：基本框架、法律挑战及监管展望

第十一章　STO 的基本概念与生态模型

一、STO 衍生的理论条件与时代背景

STO 是一种以通证为载体的证券发行，对应着现实中的某种金融资产或权益，如公司股权、债权、黄金、房地产、区块链系统的分红权等，也就是以通证的形式来进行证券的发行、记账、交易和流通。作为通证经济的重要组成，STO 在金融市场实现了全新的生产关系，通证激励机制、底层资产的溯源机制和区块链大规模协作机制组成了证券发行的崭新生态模型。

STO 衍生的背景与金融市场自身的发展逻辑、区块链技术的应用实践密切相关。可以看出，STO 在市场逻辑上与 IPO（首次公开募股）有类似之处，在通用技术上与 ICO 有类似之处。一方面，传统资本市场固有的一个缺陷是，IPO 过程的环节众多，上市辅导和材料准备的周期长，融资成本相对较高，最终能够上市融资的企业数量有限，使大量股权资产、债权资产、房产等无法通过资本市场有效流通；另一方面，传统资本市场的投资门槛过高，不能满足投资者的投资需求，同时投资门槛高导致市场的流动性不足，反过来制约了 IPO。

在 2017 年前后，大量 ICO 项目涌现，ICO 借鉴了 IPO 的概念，是区块链项目首次发行通证，用以募集比特币、以太币等加密数字货币的融资行为。ICO 很快成为区块链初创项目的融资工具，仅凭借说明项目信息、团队和募资用途的白皮书就可向公众募集资金，发行的标的物从 IPO 的证券变成了虚拟货币（通证），从而使融资的效率大

为提升。但由于监管的缺失，ICO 融资良莠不齐，出现了一系列的诈骗性项目，扰乱了市场秩序，严重打击了市场热情。此后，随着众多 ICO 价格持续破发，各国监管机构从保护投资者利益角度出发，或将 ICO 视为非法融资行为而禁止，或将 ICO 视同证券发行行为纳入监管，ICO 的热潮遂进一步冷却。

在这样的背景下，通证市场需要更为合法合规的融资方式，STO 应运而生。STO 以真实的资产或者收益作为价值支撑，以实际资产为基础，将 KYC/AML 机制自动化，并实现了清结算效率的提升。同时，目前对 STO 的共识是需要符合相应的标准，并经过所在国家证券监督管理机构的审批才能够开展，这种主动拥抱政府监管的姿态，一定程度上改变了通证市场的混乱局面。

STO 被美国证交会认定为证券发行，同时，对 STO 的监管可以实现部分监管性能，过滤 IPO 中冗杂的流程，缩短募资时间。因而总体来看，在监管、风险、投资难度、发行周期等方面，STO 的过程借鉴了 IPO 的某些特点。

二、STO 的特征

第一，与传统的代币发行有显著的区别，STO 有实体资产或者现金流作为支撑，实现了对底层资产的溯源，以及多方参与的线上、线下的数据治理。在权益和监管的双重保障下，STO 修正了此前 ICO 中的合规性缺陷。由于有实际的资产或现金流作为支撑，STO 具有了更为公允的估值基础。

第二，通证化减少了交易中介，降低了证券托管、交易、清结算的成本。基于区块链技术的通证，其实是在解决"无中心机构信用背书条件下如何完成金融的核心价值，即在不确定条件下资源的跨时配置问题"。通证化具有"上链即托管""交易即清算"的特性，大幅降低了证券交易佣金、经手费用、过户交收费用，以及在清算、结算环节的成本，提升了证券市场的效率。更进一步，某些在传统证券交易制度下的高频交易，由于交易成本和冲击成本过高而无法实现的交易策略，在通证化的低成本交易环境中，也将变得有效和有利可图。

第三，通证的可拆分性，降低了投资标的的投资门槛。目前 A 股股票的最小买入量是 1 手（100 股），这样的交易制度使得部分个人投资者难以买入高价股票。例如，目前买入 1 手贵州茅台（600519）股票需要 13 万元，这样的价格使得证券市场上 80% 左右的个人投资者无法投资贵州茅台股票。如果将茅台股票进行通证化，并拆细通证至很小的份额来交易，大多数个人投资者都可以进行投资。而且，通证交易单位可以拆细至小数点后 18 位，这个优势有利于大型机构投资者在管理指数产品时，实现对指数更精确的复制；在多空策略中，对多空头寸的对冲更匹配；在量化策略中，可以实现更精准的持仓比例配置。

第四，通证的可编程性有利于资产管理机构实现动态的组合管理。尤其是在实现智能交易、自动平仓、动态调整持仓比例以满足合规要求，以及在组合流动性的管理方面，其对众多资产管理机构具有一定的实用价值。

第五，在区块链这个基础设施上，交易的便利性、流动性获得较大提升，24×7 全时交易及交易的全球性，极大突破了证券市场在空间和时间上的限制，解决了传统证券市场无法进行跨境和跨平台交易的难题，在很大程度上提升了市场的开放性，使得证券市场的价格发现功能更加有效。

三、STO 的态势分析法

（一）优势

（1）STO 具有内在价值。STO 的内在价值如公司股份、债权、地产等，由于有底层资产的支持，显著区别于部分代币发行的虚拟项目和欺诈项目。

（2）STO 具有交易的灵活性和市场深度。STO 利用区块链技术，拓展了筹集资金的方式，具有成本更低、流动性更强的优势。一方面，资产的标准化协议将促使不同质资产、不同法币间的互通更为顺畅，投资者可以通过STO投资于流动性较差的资产，而不必担心赎回问题。另一方面，资产所有权可以被切割为更小单位，灵活的交易单位降低了投资品的进入门槛，比如基础设施、房地产和高端艺术品。并且，交易不受时间限制，实现7×24全时交易。

（3）STO有望降低资产的交易流通成本。区块链技术支持的交易生态，减少了第三方信用中介，降低了交易过程中的摩擦，提高了交易效率。比如利用智能合约实现自动合规和资金归集、将合同和会计报告的数据上链、增加资产可分性、实现T+0的清结算等。

（4）STO自动合规和清算，能够更好地符合监管，降低风险。传统的资本市场运转需要投资主体、证券公司、交易所、银行、中央银行、中央登记机构等多个关键点，中心化的清算交割不仅需要多方协调、烦琐程序，还存在内部人交易、违规操作的潜在风险。STO的交易即结算"带来了流动性的极大改善，减少了证券经纪人、资产托管人、中央银行、中央登记机构等多种交易成本，并且无法篡改的、可追溯的交易记录也会使违规行为显著降低"（郭艳，王立荣和韩燕，2017）。同时，STO的发行需获得监管机构的批准和许可，适用于监管要约豁免，将各国针对KYC和AML的规定写入智能合约，有望实现协议层面自动化管理，以及自动可编程的合规，更好地跟踪和监控通证的执行和流向，减少信息不对称带来的违规违法和政策套利行为。

（二）劣势

虽然STO有诸多好处，被认为是一种优异的融资选择，同时，也有人认为，区块链行业严重高估了STO的价值和意义，STO只是用通证去代替纸质的或者电子化的证券，甚至是用通证的形式去包装传统的代币发行，并没有实质性的变化，这些不同的认识其实在一定程度上反映出STO在现实融资实践中存在的问题和困境。

（1）STO是一种还处于发展早期的融资方式。没有多少先例可循，一系列标准和限制还有待于制定和完善，市场时机还未成熟，发展相对较慢，各国的监管政策亦不明朗。相比较证券领域业已非常成熟的登记托管制度，在 STO 底层资产的确权过程中，STO 持有人对于资产的所有权、收益权、处置权等权利尚不能在现行法律框架下予以明确界定，此外，对安全通证的严格审查会使合规更加烦琐。STO 线下的数据治理规则尚未成熟，尚无法保证资产的真实性，以及对资产的变化准确性。监管机构可以在任何时候进行权衡，通过合规裁决影响市场，甚至整个行业生态的未来。因而就目前的情况来看，STO 的普及存在不少问题和挑战。

（2）合规的 STO 交易平台依然稀缺，跨平台的证券通证（ST）流通存在极大的监管障碍。从投资者的角度来看，监管是有利和必需的，但对代币发行人来说，合规过程相对复杂，这也从另一方面解释了为什么 STO 市场的启动速度要比 ICO 当时慢得多。

（3）网络安全是 STO 必须要逾越的挑战。通证不能免受黑客的威胁，怎样获得正确的网络安全技能和技术是未来亟须解决的问题，也是成功的关键一环。

（4）全球性的合作面临挑战。STO 的交易是全球性的，但投资者缺乏全球统一的合法数字身份。各国监管当局之间对 KYC、AML、税收政策等尚缺乏监管协调；资产将在不同法律管辖区的投资者之间发行和转让，而目前资产数据的通用化、标准化程度还很低。

（三）机会

（1）2008 年以来，区块链以其去中心、去信任、集体维护的分布式公开账本技术带来了不同于以往的崭新信任生态，并开始对众多学科和行业产生深刻影响，在金融市场与金融机构当中，技术革新已经不可避免。

（2）STO 击中了金融市场诸多痛点，在如何降低信息不对称、如何降低交易成本、如何投资民主化等传统论题上提供了全新的思路和解答，诸多落地项目的平稳发展和监管的融合正在探索一条平衡科技创新与金融稳定的道路。

（四）威胁

STO 发展面临的威胁来自监管和传统金融两大方面。

（1）各国监管当局对 STO 的立场、态度和政策取向差异仍旧很大，这取决于对 STO 的属性界定、适用法律条例和监管科技发展水平。作为一种基于区块链技术的全新金融工具，其合法化、合规化仍面临不确定性。STO 的态势分析见表 11.1。

表 11.1　STO 的态势分析

优势	弱点
• 具有内在价值	• 不成熟的科技、模式和监管
• 交易的灵活性和市场深度	• STO 交易平台稀缺
• 有望降低资产的交易流通成本	• 网络安全还存在重大不确定性
• 自动合规和清算	• 全球性的合作面临挑战
机遇	风险
• 新技术革命趋势不可回避	• 监管不确定性和潜在的禁令
• 解决了传统金融市场诸多痛点	• 与传统金融的竞争

（2）STO 将与传统金融竞争，这表现在以下几个方面。首先，是与传统金融产品的竞争。从投资者的角度来说，虽然信息公开度更高，证券通证未必比应用通证更安全，在综合审视标的质量、发展前景、财务健康度、支付功能等方面，证券通证的发展速度与空间目前还比较有限。其次，要与传统金融资金竞争。现有证券资本市场能接触到的优质资产的资金体量、投资者数量远超 STO，吸引传统金融资金需要思想理念和实践操作的双重进步。最后，要与传统金融机构竞争。与 STO 类似逻辑的接受合格投资者的证券融资平台其实已经存在多年，比如美国的 Fundrise、Sharepost 等平台，涉及股权众筹、地

产投资、众筹等，只不过没有采用通证的方式。所以，在与传统机构及金融机构的竞争中，做到更有效率、更节约交易成本、更安全是STO发展必须要解决的问题。

四、证券通证化、通证证券化和资产证券化的比较研究

证券通证化、通证证券化和资产证券化这3个概念之间在理论逻辑和技术背景方面互有联系，亦有区别。

证券通证化，是将有价证券（股票、债券）所代表的所有权或收益权数字化地存储在区块链或分布式分类账上，并通过区块链协议转移所有权或者收益权。证券通证化的过程类似于GDR（全球存托凭证），GDR是将上市公司股票托管于境内存托机构，并通知国外的存托银行发行存托凭证，投资者的来源遍及全球。凭证的持有人具有与原股票投资人相同的权利，而在出让时，可用存托凭证转为原股在该股票上市地卖出。证券通证化与GDR的差别在于，除了将国内外证券市场进行联通，还将传统的证券由账户范式过渡到了通证范式，从而使得传统的证券在流动性、可编程、交易成本等方面获得极大提升。

通证证券化，是指在近年来通证市场的热潮中，随着大量融资项目破发造成一定范围的市场秩序混乱，为配合强监管，通证发行更多参考证券IPO的发行规则来调整通证发行程序，将通证和证券的某些特点相结合，所形成的通证证券化模式。在拥抱监管的同时，STO还在另一个饱受诟病的领域进行修正，即发行过程中缺乏实际资产作为价值支撑。通证发行领域尝试参考资产证券化的特征，发行中加入更多底层资产，资产注入SPV进行破产隔离，并将资产收益权映射于区块链通证，尽管在目前的技术条件和法律环境下，很难确定区块链通证对底层资产的真实所有权或收益权，但是仅就这类通证证券化项目的交易结构设计而言，已经展现了比传统的代币发行更为积极的信号，呈现出一些类似资产证券化等成熟金融工具的设计思路。总的来看，通证证券化并非是市场自发演进的结果，更像是传统的代币发行

向现有法律环境和监管做出的妥协产物。如图 11.1 所示，通证证券化与一般意义上的金融工具演进方向是不同的，甚至是反向的。

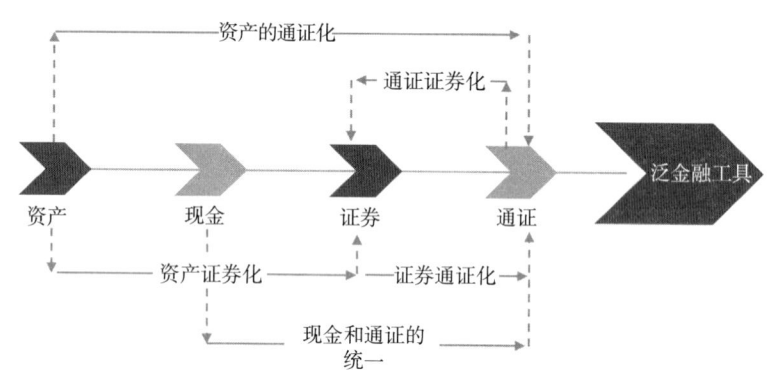

图 11.1 金融工具的演进路径

3 个概念中，最为大众熟悉的应当是资产证券化，它是指资产所有者将缺乏流动性但具有可预期收入的资产集中在一个池子里，然后将其转让给法律实体，避免发起人方面的交易对手风险或破产风险。SPV 通过在资本市场上发行证券，以获取融资，最大化提高资产的流动性。

如果从金融工具的演进过程来看这 3 个概念，人类社会早期的资产交易多以"物物交换"的方式交易，货币出现后，充当资产交易的媒介。之后，现代资本市场的建立，为资产进行份额化的融资提供了专门的融资工具和交易场所，融资效率和资产流动性进一步提高。进入通证经济时代，各种固有的金融工具有了更多相互借鉴和融合发展的机会。

证券化和通证化都属于结构性融资，有很多共同特征。证券化是将资产映射在资产支持证券上，而通证化则是将资产或者证券映射在分布式账本的数字通证上。证券化的过程只是将资产实现了份额化和可交易，通证化比证券化更进一步，将资产在份额化的基础上进一步碎片化，更利于降低投资门槛，更便于分拆交易和构建复杂的投资组合，并且经由智能合约和通证的可编程特性，专业的资产管理机构可实现自动交易、动态组合管理等扩展功能。最为重要的是，通证化实现了资产所有权或者收益权从账户范式到通证范式的跃迁，提升了交易的便利性，并大幅降低了交易成本。

我们也应该看到，通证证券化过程并没有显著提升通证作为新型金融工具的效用，而只是出于拥抱监管规则的需要，向证券的特征靠拢。因此通证证券化的路径并不符合金融工具的演进逻辑，而体现为一种暂时性或者妥协性的融资方式。我们甚至认为，即使证券本身，作为一种成熟的金融工具，也仅仅是在技术条件约束下，在交易信用欠缺环境中，产生的一种所有权或者收益权的凭证。随着技术条件的改善，资产的自金融逐渐成为可能，资产本身也可能成为支付手段，那么作为所有权和收益权凭证的证券，将不再是不可或缺的，而仅仅是一个有阶段性定义、内涵并不固定、处于过渡形态的金融工具，即"证券是盖在资产上的一层面纱"（姚前，2020），未来伴随着技术的演进，这层面纱将可能有诸多内涵的改变、外延的扩张，以及作为金融工具形态的演变。而通证兼具资产自金融的功能，并呈现同现金的融合倾向、实现资产的自我支付的趋势，可能成为未来市场上的泛金融工具。

第十二章　STO 的发展：国际现状

STO 的国际现状基本与金融科技、区块链技术发展的区域差异、地方特点相吻合，往往监管当局的立场与法律法规的兼容性决定了 STO 的落地与发展。图 12.1 中不同国家与地区适用于 STO 的法律与监管规则的数量，显示出监管理念和法律响应的地区差异。

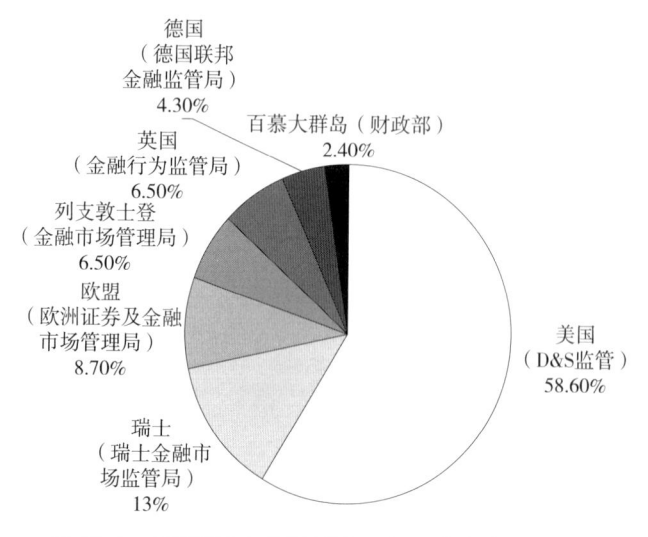

图 12.1　不同国家与地区适用于 STO 的法律数量比例

- 德国（德国联邦金融监管局）4.30%
- 百慕大群岛（财政部）2.40%
- 英国（金融行为监管局）6.50%
- 列支敦士登（金融市场管理局）6.50%
- 欧盟（欧洲证券及金融市场管理局）8.70%
- 瑞士（瑞士金融市场监管局）13%
- 美国（D&S监管）58.60%

在监管与法治发展的基本前提下，STO 的国际发展呈现不均衡态势。图 12.2、图 12.3、图 12.4 分别显示了 2019 年通证发行数量的国家与地区分布、通证发行行业分布和通证发行中接受代币的情况。

以下我们将通过有代表性的国家与地区 STO 实践现状、法律约束和监管导向来审视目前 STO 的发展。

第十二章
STO的发展：国际现状

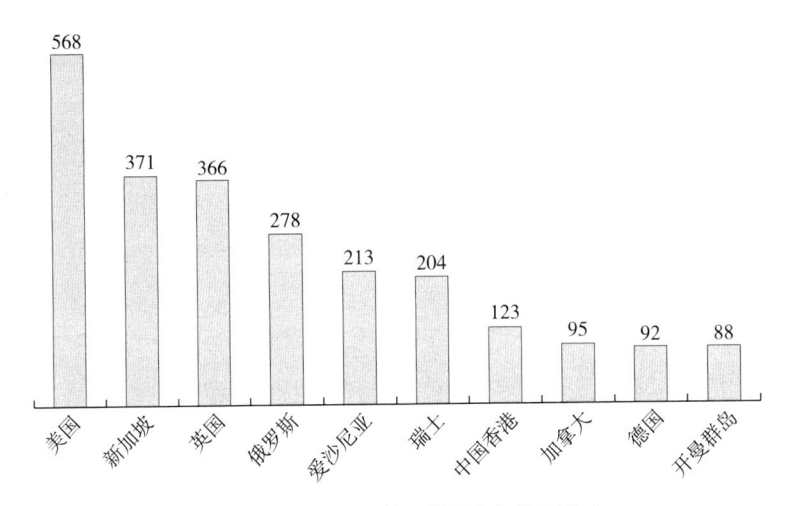

图 12.2 通证发行数量的国家与地区分布

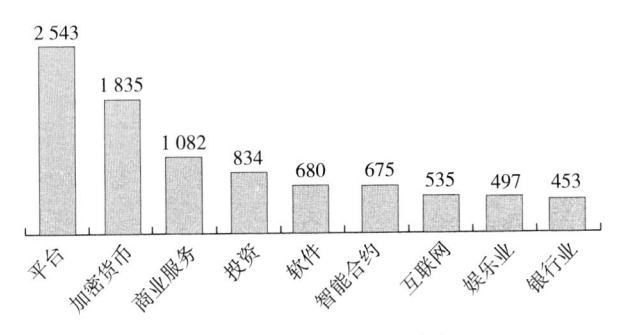

图 12.3 通证发行行业分布

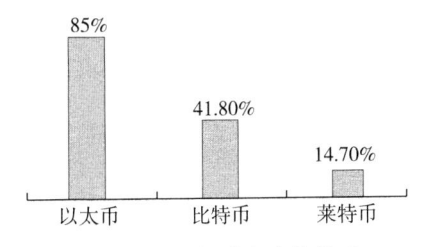

图 12.4 通证发行中的代币

一、美国

回溯 STO 在美国的发展，首先要回到对证券的概念界定这个历史问题上。根据《美国1933年证券法》，证券包括所有票据、股票、库存股票、债券、公司信用债券、债务凭证、盈利分享协议下的权益证书或参与证书、以证券作抵押的信用证书、组建证书或认购书、可转让股票、投资契约、股权信托证、证券存款单，石油、煤气或其他矿产小额利息滚存权，一般来说，是被普遍认为的"证券"的任何权益和票据，或上述任一种证券的权益或参与证书、暂时或临时证书、收据、担保证书、认股证书、订购权或购买权。

在《美国1933年证券法》颁布之后，美国联邦最高法院在1946年判决佛罗里达一桩农场土地回购案件时采用了具有里程碑意义的豪威测试，以判断特定交易是否构成证券发行的标准。该标准包含4项条件：一是金钱的投资，二是该投资期待利益的产生，三是该投资是针对特定的事业，四是该利益的产生源自发行人或第三方的努力。

同时，根据《美国1933年证券法》，发行证券时必须在美国证交会注册或取得相关法规的豁免资格。美国证交会制定了D条例、A+条例、S条例和《众筹条例》（Regulation Crowdfunding）以及《创业企业融资法案》（Jumpstart Our Business Startups Act），对联邦证券法规定的证券公开发行注册制度增设了豁免条款。由此看来，在美国的监管标准下，通过区块链技术发行的各种通证确实有可能属于美国法律意义上的证券。

首先，我们来看《众筹条例》。通常，股权众筹主要根据该条例获得注册豁免。其规定发行人必须：所有交易需通过在美国证券交易委员会注册的证券经纪商或互联网众筹门户进行在线交易；允许公司在12个月内通过众筹产品筹集最高总额1 070 000美元；依据个人投资者的收入情况限制其在12个月内投资所有众筹产品的总金额；要求在向委员会提交的文件中披露信息，并要求投资者和中间人提供便利。《众筹条例》为美国企业提供了一种通过互联网进行小额股权众筹模式，但规定众筹出售的证券在一年内禁止转让。然而，通过STO所发行的通证通过区块链系统直接点对点交易，具有极高的流动性，可以较为容易地进入交易平台进行二级市场交易，与《众筹条例》

的禁售期天然冲突。因此，目前美国的STO实践主要依据D条例、A+条例和S条例获得注册豁免。

S条例监管美国企业向美国以外的海外投资者发行股票及债券，不需要在美国证交会注册而且对投资者的财富无任何限制条件，仅需要在发行后的15日内在美国证交会备案，但一年内禁止向美国境内的投资者转让，同时还需要符合投资人所在国的投资者适当性和发行前置条件等监管规定。

目前，美国大部分STO其实和早期股权融资一样，使用的是D条例注册。D条例属于私募融资法规，没有融资上限，不需要美国证交会批准，但是有2 000位投资者的上限。后续修订的Rule 504规定，发行人可在12个月内筹集最高额为5 000 000美元的资金，对合格或非合格投资者数量没有限制，不允许公开宣传。Rule 506（b）允许发行人从不限数量的合格投资者和至多35位非获许投资者[①]筹集无限量资金。Rule 506（c）规定，如投资者都是经过认证的，并且公司经过合理步骤来验证投资者是经过认证的投资者，则允许公司可以广泛宣传该产品，并被视为符合豁免的要求。上述这些条款对STO提供了宽松的发展条件，但也仅适用于其"私募"阶段，还无法向普通投资者公开宣传，与《众筹条例》相同的是，有一年禁售期的限制。

除了D条例，A+条例也有其豁免的优势。A+条例被称作mini-IPO，证券不被视作是受限制证券，可以自由交易，并且存在两种级别的豁免：一级筹资上限为2 000万美元，对投资者没有限制，需美国证交会和州级审查及提前认可，但没有持续的报告要求，发行的证券第一年在二级市场交易额不得超过发行量的30%；二级只需美国证交会审查，筹资上限为5 000万美元，单个投资者至多投资10万美元，有2年财务审查期，融资后需履行财务公开和年审的义务。

---

① 非获许投资者是"必须在金融和商业方面具备足够的知识和经验，并且能够评估预期投资的优势和风险"。

综上，D条例、A+条例、S条例和《众筹条例》成为当下各类STO项目合规的主要依据。融资者往往采取组合的融资方式。首先，基于D条例完成私募阶段，然后将通证锁仓，从技术上符合禁售期的合规要求。接下来，可以基于A+条例，向美国证交会申请miniIPO，或基于S条例，向美国之外的境外投资者募集资金。

而现实情况是，STO与ICO一样，在发行过程中无法筛选出"合格投资者"，这就不可避免地会"收割"普通个人投资者。由于投资门槛较低，缺少专业基础和风险意识的普通投资者进入后，一旦项目或者公司出现问题，将会给投资者带来重大的损失。

总的来说，在美国，STO主要参照D条例、A+条例和S条例，而上述几个条例在KYC及AML、锁定期限、信息披露等方面各有局限性，比如S条例规定仅能向美国以外的投资者募资；A+条例需经过美国证交所认可，且一年之内交易额不超过募集规模的30%；D条例实际上是规制化的私募，且有一年的禁售期要求；这些仍不能完全满足STO发行中的现实需求。

二、瑞士

一直以来，瑞士监管当局展现了对区块链技术发展的支持，瑞士的区块链初创企业和金融企业发展迅速。2017年瑞士的ICO发行数量约占全球ICO总数的15%（Coindesk，2019），以Crypto Valley为代表的区块链企业集中发展地带聚集了Cardano、Dfinity、比特大陆（Bitmain）和以太坊等4家估值超过10亿美元的独角兽。2018年，瑞士联邦委员会（Swiss Federal Council）专门通过了区块链和分布式账本技术法律框架的报告，认为有必要在民法中，对《金融市场法》、《银行法》和《反洗钱法》进行相应的法律调整。

瑞士金融市场监管局（FINMA）也于2018年公布了ICO监管架构的指引，并将其区分为"支付通证"（用作支付手段）、"应用通证"（授予应用程序或服务的数字访问权）和"资产通证"（授予收益权）3种类型，如图12.5所示。不同类型通证之间还可以组成混合型通证,并列明了若干规定,某种通证是否属于证券要由具体的性质而定。

资产型通证	·与现实中的资产相对应 ·向投资者承诺权利 ·接受监管 ·证券代币发行
应用型通证	·为产品或服务提供数字访问 ·不受监管 ·ICO
支付型通证	·交易使用加密货币 ·不受监管 ·ICO

图 12.5 瑞士金融市场监管局对通证的分类

根据瑞士联邦《金融市场基础设施和证券及衍生品交易市场行为法》对证券的定义,标准化的有证书或无证书证券、衍生品以及中介证券,适合于大规模标准化交易,即它们以相同的结构和面额公开发售,或以同样的方式发行给 20 个以上的客户,但这些客户并不是专门为单个交易对手设立的。STO 被归类为具有传统证券的部分特征,并在至少一个司法管辖区内得到充分监管和被接受的代币销售。与支付通证不同的是,资产通证链接到真实的资产,将使投资者有权对支持证券通证的真实资产提出索赔要求。资产通证由于可以代表股票、债券或衍生金融工具,也适用于《联邦金融服务法》和《金融市场基础设施法》等其他法律。

三、新加坡

对于金融创新和区块链技术,新加坡一直持技术中立的原则,审慎对待新的金融产品,并及时调整、修正现有法律法规,使金融创新有规可循,既不压抑创新,又防止了过度创新,其立足点是新的金融产品要能够给实体经济和普惠金融带来正向效益,同时在金融风险和金融危机方面做到积极的防范。

新加坡交易所(SGX)规定所有上市公司发行的通证须满足合规

要求，不论该通证是否在新交所交易，均须向交易所报备并提供法律和审计意见。新加坡金融管理局（MAS）还于2018年11月发布《数字通证发行指导意见（修订版）》，进一步明确了证券型通证的发行与交易要同时遵循《证券及期货法》、《金融顾问法》以及《支付服务条例》。按照《证券及期货法》，发行人可免除根据下列豁免发出招股章程的要求：小型非公开募集，在任何连续12个月内，非公开筹集的总金额不超过500万新币或新加坡金融管理局可能规定的其他金额；在任何连续12个月内不得超过50个自然人；向机构投资者非公开募集；向特定投资者非公开募集，包括合格投资者。

新加坡当局对待STO一贯持有审慎而开放的态度，是出于其对系统性风险的敏感，以及对STO将传统证券化产品进一步碎片化、复杂化的关注和防范。如何在STO持续发展，交易频率不断提高、交易数量增长、盘活资产的同时，又能够在法律和监管技术上把控STO的未来，是新加坡监管当局的重点考量。

四、欧盟

欧盟的监管当局是欧洲证券和市场监管机构（ESMA）、欧洲银行（ECB），其对区块链和STO的基本态度是中性的，要求STO符合相应的证券监管规定。

根据招股章程指令第3（2）条，发行人有责任发布有关证券发售的招股章程，除非发行：仅针对合格（专业）投资者；除合格投资者外，单一欧盟国家的投资者少于150人；针对获得这些证券的投资者，单一投资者总投资金额至少为100 000欧元；涵盖证券（股票或债券），每单位面额至少10万欧元。在欧盟的总发行量低于500万欧元的情况下，证券的发行完全不属于立法范围。自2019年7月21日起生效的新招股说明书规定，保留大部分豁免，但豁免门槛较低，仅为100万欧元。市场监管机构还要求STO要在合规的交易所上市，有合规的持牌券商来发行，券商对所承销的金融资产负责，对招股说明书里公布的数据真实性和持续性负责。

在具体实践中，欧盟成员立陶宛于 2018 年 11 月率先推出首个合规 STO 产品 DESICO，该平台符合欧盟相关法律的合规要求，满足 KYC 和 AML 要求，STO 的投资者有权获得平台的收入。2020 年 3 月德国联邦金融监管局（BaFin）批准了欧盟首个跨境 STO 项目 ParkinGO，允许欧盟 27 个成员国中的 21 个国家参加，考虑到 ParkinGObama 这家欧洲出行和停车巨头企业的市场地位，这次 STO 的发行具有重要意义。通过 STO，ParkinGO 创造了更为高效和安全的筹资方式，同时满足了机构投资者和散户投资者的需求，投资者将获得与其持有的通证数量相当的该公司年收入份额。

第十三章 STO 在我国：现实意义与发展空间

从上一章的讨论可以看出，STO 在各国面临不同的发展空间和政策环境，对区块链技术和金融科技积极扶持的国家与对金融创新、金融安全一直较为谨慎的国家呈现不同的态度，并产生了不同的引导法案、制度。在我国，学界和业界对 STO 的发展也展开了深度的探讨。

一、STO 对我国金融市场与金融机构发展的现实意义

在对 STO 为我国金融市场带来的正面效用方面，已经形成以下一些共识。

（一）在众多金融科技的创新和探索中，STO 是目前最易于纳入监管的金融科技创新之一

STO 的出现，晚于 P2P（互联网金融点对点借贷平台）、现金贷、ICO，是互联网金融领域发展到较高阶段，出现的更透明、更合规的金融创新方向，其主动拥抱监管的特性，在现阶段对部分非法的互联网金融项目和金融产品，具有很强的替代效应和挤出效应，一定程度上减少了劣币驱除良币情况的发生，让金融项目更有利于合规和监管。STO 项目需经过 KYC/AML 等合规审查，看项目涉及的行业是否符合当地法律法规；发行的通证需要有实物资产及公司利润等背书；STO 的项目代码受到监督，以防出现严重漏洞造成投资者重大损失；项目团队成员需经过背景调查，避免出现虚假的团队。因而 STO 项目经过筛查后，能够过滤剔除掉一部分劣质区块链项目，有效降低市场投资者风险，同时也净化了市场环境，减少了互联网金融的乱象。

对监管者而言，发展 STO，有利于金融监管实现升级和监管科技的扩大应用。

（二）有助于解决中小企业"融资难"问题

STO 拓宽了传统的融资渠道，丰富了社会融资结构。中国的管理层一直在努力建设多层次的资本市场，目前国内已有主板、创业板、中小板、科创板、股转系统（新三板）、地方性股权交易所、Q 板等全国性或区域性的融资交易平台。此外，传统的风险投资（VC）、私募股权投资（PE）也是融资的途径之一。尽管我们的多层次资本市场的架构初步搭建完成，但在现有的资本市场结构下，对初创型企业、小微企业融资难的问题一直解决不好。证券通证发行，可以用来标记众多类别的资产、商品和金融工具，意味着规模较小的公司也将有机会迅速从全球投资者中募集资金，还规避了承担巨额成本，较适合"双创企业"、高科技企业和中小企业，修复了在长期"信贷配给"（Stiglitz 和 Weiss，1981）情况下中国式的"麦克米伦缺口"。

（三）降低融资成本，提高融资效率

STO 是 IPO 在区块链时代的升级版本，其融资效率、融资时间、融资成本、信息对称等各方面都优于 IPO。传统 IPO 过程会涉及投行、会计师、律师等多个主体参与改制与设立股份公司、尽职调查与辅导、财务审计、法律意见书准备、定价与发行等，过程冗长，融资成本高昂。随着区块链技术和智能合约的发展，存在对传统 IPO 环节进行智能化改造的可能，在分布式账本下，可以实现多主体之间的协同，以及在各个节点之间实现系统机制和共同的数据治理，协作的加强以及信息更加对称简化了融资各个环节的准备工作，从而降低 IPO 成本，如一些财务审计的流程在 STO 模式下可以通过智能合约部署到区块链上，只要在链下收集好数据传到智能合约中，报表就能自动生成，从而让投资者可以实时公开透明地查询到企业的财务状况。法律意见书的制作，其实是律师在 Excel 表格里对一些选项进行勾选，这个部分也可以智能合约化，从而让律师的意见可以清晰直观地呈现给相关方，对于拟上市企业而言，也提升了数据治理的效率。另一方面，传统的证券在交易达成后，还需要通过清算中心操作，可能需要一天至数天。STO 在区块链交易环境下，一旦交易达成，通证同步提现到自己的钱包后，STO 就已经完成交割，相对于传统证券交易后进行清结算和交收，STO 交易后的流程成本也有很大程度的节约。

（四）STO 是以资产为背书的，更能落地于实体

STO 有实体资产作为底层资产，是面向实体经济直接融资，减少了资金在金融系统空转和不同类别金融机构之间层层嵌套，符合国家所倡导的区块链技术服务于实体经济的政策导向，在加大服务实体经济力度的同时，也减少了由于金融产品相互嵌套带来的金融风险的隐藏。

（五）STO 拓宽了可融资的资产范围

STO 使传统的非流动性资产可以流动起来。区块链技术实现了真实资产的溯源，并借由资产的标准化协议，提升了资产之间的互通性、跨国的流通性，优质资产可以以通证的形式，在全球范围内像液体一样流通，任何投资者都可以在任何时间和任何地域以任何规模的资金，投资其认为具有价值的证券型通证产品，资产的全球流动性的提升是空前的。此外，分布式记账可以对其他非流动性的资产进行标记化，允许发行者拥有部分所有权和使用权，即使是昂贵的房产，只要它被标记为证券型通证，就可以被拆分为任何人都可以支付得起的一部分。此外，STO 也适用于一些尾部资产的融资，而这些资产往往在传统资本市场难以融到资金，比如艺术品和文化产品。

（六）STO 将促进市场自主配置资源、降低金融腐败和市场操纵

STO 的融资方式加速了风险资本的民主化，消除了对中间商的需求，因此简化了手续、节省了时间、提高了速度、降低了费用，使得

交易中买方和卖方主导作用更为突出，市场供需的信号更为清晰，有助于发挥市场自主配置资源的作用。更重要的是，由于金融中介大幅减少，交易中的责任也转移到买方或卖方，使得金融机构腐败和市场操纵的可能性大幅下降。

（七）发展 STO，是参与国际竞争的需要

近年来，区块链技术发展迅猛，各国 Bigtech 企业在稳定币领域展开竞争，各国央行在数字法币上的布局也日趋激烈，同时，如第十二章所述，各国资本市场也已经在 STO 领域进行探索。对于股票和债券市场的容量都居于世界第二的中国，在这场竞争中是不能缺席的。同时，中国在数字货币以及中国央行在 DC/EP（Digital Currency/Electronic Payment）项目上多年积累的技术优势，也将助力中国在 STO 领域上取得竞争优势。

二、STO 目前在我国发展的法律限制与扩展空间

我国《证券法》对证券的定义采用了列举的方式，依据该法第二条的规定，证券包括股票、公司债券、政府债券、证券投资基金份额、证券衍生品种等。不管是 ICO、IMO（首次矿机发行）、IFO（首次分叉发行）、STO，本质上来说，都是以通证为载体进行的证券融资行为，必然会触碰现有的法律红线。

第一类法律限制是非法集资类犯罪，一般指集资诈骗罪和非法吸收公众存款罪，这两个罪名其实在"94 公告"里都有提到，区别在于是否以非法占有为目的。在国内，面向公众公开募集资金，涉及向公众募资，许以利诱或承诺回报，就有可能涉嫌这两个罪名。在量刑方面，擅自发行股票处 5 年以下有期徒刑。非法吸收公众存款罪处 3 年以下有期徒刑或者拘役，并处或者单处 2 万元以上 20 万元以下罚金；数额巨大或者有其他严重情节的，处 3 年以上 10 年以下有期徒刑，并处 5 万元以上 50 万元以下罚金。

第二类法律限制是非法经营罪，依据是《刑法》第二百二十五

条，未经国家有关部门批准，非法经营证券、期货或保险业务。在我国，面向社会公众的公开融资活动，实质上都属于金融机构的持牌业务，应当受到央行、银保监会、证监会等部门的严格监管。我国《证券法》规定，在我国任何公开发行证券的行为都需要得到证券监管部门的核准或备案。面向不特定对象发行证券或向200人以上的特定对象发行证券的，均属公开发行。STO的发行也必须获得国家有权机关的批准，这将是STO合法性的前提。同时，区块链的开放性使得STO的投资者是不特定的对象，所以STO应属于公开发行，应与IPO的审核程序相同或类似。

因而，在目前的监管框架下，STO可能会被认为是ICO的变种，相比较ICO，将境内的权益性资产进行证券化，映射上链后进行通证发行，整个闭环在国内完成，这与现存法律与监管要求并不符合。

面对上述困境，许多国内的项目方尝试搭建境外架构，需要按照发行所在国的规则，进行法律合规和会计合规，发行通证进行募资，这种模式存在部分合法化的空间，当然，也要考虑银行开户、基础设施的安全性，以及KYC、AML等后续的要求。此外，境外STO模式不能忽视司法管辖权的边界问题，做到既满足发行地的募集合规要求，又不触犯国内法律红线。发行地在美国，而当地投资者保护制度是全球较完善的，如果发行人在发行中存在欺诈或隐瞒，或者操纵市场等行为，投资者可以要求返还投资款，有要求赔偿的权利，即使发行人主体在美国国外，交易所和发行人也要持续接受监管，除了要接受美国证交会的监管，还有可能面临所在州的监管。

第十四章　STO 产品的分类设计

在本章中我们将 STO 产品分为 3 类进行详细分析：基于传统证券的 STO、资产支持的 STO 和数字法币衍生的 STO。

一、基于传统证券的 STO

基于传统证券的 STO，在结构上更接近于存托凭证（Depository Receipts，简写为 DR），又称存券收据或存股证，是指在一国证券市场流通的代表外国公司有价证券的可转让凭证，属公司融资业务范畴的金融衍生工具。

存托凭证是基于一般信托制度演变而成的国际资本市场投资工具，最初是由摩根公司为了方便美国人能够投资英国的股票而创设的，通常这类凭证代表股票，但有时也会代表债券。信托是委托人将财产权转移给受托人，受托人依据信托文件为受益人管理信托财产的法律行为。信托的基本设计是，由委托人通过提供信托财产设立或因法院推定设立，受托人执行即管理信托财产与处理信托事务，受益人获得信托利益即在信托过程中产生的收益。因此，从本质上说，存托凭证是一种由存托银行和保管机构作为共同受托人，外国发行公司作为委托人，存托银行取得基础证券的所有权后发行的证券化的受益凭证。

基于传统证券的 STO 与存托凭证有着类似的产品结构和逻辑，上市公司为提高股票的流动性、增加股票交易的便利性并使其在全球流通，将一定数额的已经上市的公司股票委托给某一存托机构保管，由存托机构通知发行人在链上发行相应数量的 STO，之后 STO 以数字资产形式进入二级市场交易，或进入全球范围内的证券交易所或柜台市场交易。从投资者的角度来说，STO 是由存托机构发行的可转让股票凭证，证明一定数额的已上市公司股票已寄存在保管机构。

STO 的持有人实际上是寄存股票的所有人，理论上其所有的权力与原股票持有人相同，但很难明确此类 STO 像股票一样代表了资产的所有权，更像是为了实现股票的交易便利性，降低交易成本，简化交易后的清算结算而派生的一种股票的收益凭证，所以，从法律角度上说，此类 STO 投资者是拥有所有权还是收益权，仍需做进一步的探讨。

二、资产支持的 STO：资产证券化 + STO

（一）资产支持的 STO 的关键要素

（1）基础资产池。基础资产池的现金流是偿付 STO 收益的基础，而资产池是一个资产组合，可以通过蒙特卡罗（Monte Carlo）模拟测度资产相关性，分析资产池的特征，进行现金流压力测试。

（2）交易结构和现金流归集机制。交易结构安排包含现金流偿付机制、信用增级措施、交易结构风险等方面，现金流归集机制则保证账户设置的合理性，防止资金混同风险。

（3）法律合规与会计处理。这包括破产隔离和文件合规，保证不同主体间交易清结算的账务统一。

（二）STO 对资产证券化的拓展

资产支持的 STO 对传统的资产证券化进行了多方位的拓展。

在应用环节，区块链技术使证券能够实现线上的自动合规，以及将 KYC/AML 机制自动化，利于获得监管机构的批准和许可；所有权可以不断分割，降低高风险投资品的进入门槛，比如房地产和高端艺术品。区块链技术使得这些份额化的产品进入渠道进行销售，并使得一些多源异构的资产信息能够交换和利用。

在底层资产形成环节，由于资产证券化业务流程较为复杂，投资者通过传统方式穿透到底层资产时，底层资产的真实性和信息的及时有效传递较为困难。区块链技术使每笔资产的账本对所有主体开放，管理人对资产尽调的翔实性有了技术支持，评级机构对资产质量进行分析更加全面透明，便捷地掌握资产的还款和违约状况，使投资者能穿透底层资产，增加信任度。"证券是盖在资产上的一层面纱"（姚前，2020），区块链在资产证券化领域的应用价值，首先是溯源，即从底层技术上提升对资产的溯源，使得上层的证券真正承载底层资产的信息，使得证券未来可以成为数字化的资产，这一点的实现，突破了一直以来困扰证券化的一个难题，即如何脱离主体信用，实现以资产本身来融资的模式。这个难题的突破，使得传统上以主体信用为基础，以间接融资为主的社会融资方式，更多朝向直接融资方向发展，为主体信用评级欠佳但又普遍拥有一定资产数量的中小企业提供新的解决融资难问题的思路。

在交易后的存续期管理方面，以及在循环购买结构环节，区块链上的多重签名可极大地提高存续期管理效率以及循环购买的安全性。设置多重签名，可约定至少获得两方参与主体（如资产服务机构和管理人）的一致签名同意后才能决定资金流向，实现共同决策，增加信任机制，从技术底层突破多主体之间的协同难题，实现各个节点之间的数据治理和协同机制，这一点可能比资产单纯的数据上链更具意义。

在二级市场流动环节，流动性不足一直是资产证券化发展中的一大症结，区块链技术提供了一个更为透明、安全的交易平台，使得资产支持的 STO 各参与主体对资产池的同时监控成为可能，投资者可共享 STO 的底层资产状况；资产的每一次转让都完整真实地记录在区块链上，方便追踪资产所有权；区块链上的交易内置智能合约，通过脚本实现，减少人为干预，提高资产转让的效率和便利性。同时，通证提高了证券的清结算效率，增加了证券的流动性和市场的深度，也拓宽了资产证券化筹集资金的范围。

（三）以 STO 实现资产证券化可能导致的风险

技术并不能解决所有问题，全球贸易和资本的自由流通不仅取决于技术因素，还受国际政治、金融政策和制度安排等的影响，STO 对证券化的影响也有可能是负面的。

（1）金融产品更加复杂化、碎片化。本身已经经过结构化和复杂衍生的资产证券化产品，在 STO 下将把其高杠杆、高风险、错综复杂的特性进一步叠加和放大，对系统性风险来说具有潜在的蔓延性和散播性。

（2）资产流动性过高带来剧烈价格波动。STO 加速了初创公司上市融资的步伐，可能让一个初创企业直接成为公众上市公司，拥有许多 ST 持有者。由于初创公司面临的不确定因素众多，这些不确定信号都可能使通证的价格产生剧烈波动。

（3）金融创新的风险可能导致投资者亏损。金融市场核心功能除了融资之外，就是为投资者提供更多的投资渠道，过去一段时间，区块链领域的各种投资，使一部分投资者亏损严重，而 STO 同样会面临难以甄别合格投资者的问题。

（4）STO 是在互联网环境下实现的资产证券化，不可避免地要受到网络黑客的威胁，在 STO 持续健康发展的道路上，技术安全是一个有待突破的关键因素。

综合以上，STO 对资产证券化带来的机遇和挑战是并存的，证券化对金融来说并不是一个全新的命题，而对金融创新来说，大多数的情况下，把控风险的考量要优先于提升效率的目标。

（四）资产支持的 STO 的发行与交易

资产支持的 STO 的发行，首先做好设计交易结构、进行资产池现金流的预测、撰写评级报告与交易文件、填写申报文件等各项准备工作。其次，完成线上系统的准备，如系统测试报告、智能合约审计报告。最后，组建项目融资专门公司 SPV，成为一个独立的法律实体，由 SPV 作为创新主体向监管者提出申请；在获得批准后，开始路演推荐，确定目标投资者，了解投资者的要求，充分发掘市场需求；采用簿记建档或招标发行来定价，完成信息披露和备案的各项监管要求[①]；资产支持证券最终以 STO 模式向资产支持证券认购人发行，认购人依据缴付的认购资金或央行数字货币获取资产支持证券，享有该专项计划利益。

根据《证券公司及基金管理子公司资产证券化业务管理规定》，资产支持证券可以按照规定在证券交易所、全国中小企业股份转让系统、机构间私募报价与服务系统、证券公司柜台市场及中国证监会认可的其他证券交易场所进行转让，转让范围仍然仅限于合格投资者，并且转让后持有证券的合格投资者合计不得超过 200 人，超过 200 人的转让不予确认。

以上海证券交易所《上海证券交易所资产证券化业务指南》中资产支持证券挂牌转让流程为例，管理人应在申请前先行与上交所就创新、疑难项目的特定原始权益人基本情况、基础资产情况、交易结构设计、风险控制和需确认的问题进行初步沟通，上交所审议会将以信息披露为核心对申请文件进行审核，通过的项目以及有条件通过的项目在相关事项落实完毕后，即可获得上交所出具的挂牌转让无异议函。

与上交所相比，在深圳证券交易所完成资产支持证券挂牌转让的流程更为便捷，根据《深圳证券交易所资产证券化业务问答》，管理人提交项目申请材料，确认是否符合挂牌条件，深交所根据证监会的要求对项目材料进行确认，符合挂牌转让条件要求的，将出具无异议函。

通常在获得交易所出具的无异议函后，资产支持证券进入正式发

[①] 可以分为准入性披露和持续性信息披露，准入性披露即在发行前向合格投资者以及交易所披露的关于资产支持证券和基础资产的相关信息；持续性披露是以定期报告和临时报告为主要表现形式的后续监管保障。

行阶段，进行合格投资者的确定、定价、认购。发行的资产支持证券如需要进行交易，则需在交易所进行挂牌登记。资产支持证券采用全价转让的方式，转让价格由买卖双方自行协议确定，可以当日回转。交易所在交易时间内通过交易系统、网站即时公布资产支持证券转让的报价信息和成交信息。

三、数字法币衍生的 STO

第三种类型的 STO 是由数字法币衍生的 STO，这是区块链技术发展到成熟阶段，随着数字法币的功能日益扩展，将可能出现的通证发行与数字法币的支付手段相融合的产物。其实，绝大多数的经济金融活动都是基于法币的支付来组织和进行的，某种意义上，法币的支付就是金融活动的本质。

人类支付的历史可以追溯到公元前 3000 年美索不达米亚的楔形文字和黏土筹码，后续发展经历了从金属主义、名目主义、货币国定、私人货币到"补充性货币"（贝多广和罗煜，2013）、替代性货币。在 20 世纪 70 年代，奥地利学派经济学家弗里德里希·哈耶克（Friedrich Hayek）甚至提出了一种通货制度的可能，即用竞争性私人货币来取代国家发行的法币，类似于自由市场可以提供资源有效配置，竞争性货币也会提供健全稳定的货币环境。货币与其他商品并没有不同，依靠私人竞争来供应会产生比政府垄断更好的结果，这种更好的结果"一方面是使政府权力失去了随意膨胀货币的机会，另一方面也会减少由于政府供应货币而带来的商业周期的波动，这将更好地保护个人自由和市场自由"（弗里德里希·哈耶克，1970）。"从 20 世纪后半叶开始，货币职能、货币形态和支付手段的阶段性进展很大程度趋附于自然科学领域的进步，伴随着密码学、数学、信息学等学科的发展，以及计算机、互联网的普及，人类社会各方面生活发生剧烈变化，货币领域中电子货币、虚拟货币、数字加密货币陆续开始出现"（郭艳、王立荣和张琴，2018）。21 世纪初，比特币、以太币、瑞波币等私人数字货币掀起了剧烈的资本追逐狂潮和学术反思潮，越来越多的央行也开始探索如何把数字加密技术运用到法定货币的发行与流通之中。可以说，法定数字货币，一方面是重商主义、货币名目主义、货币主义、奥地利学派、BFH 体系、新古典综合学派、补充性货币和替代性货币等的货币理论演绎的逻辑成果；另一方面，也是数学、密码学、信息学、计算机、互联网等自然科学技术实施运用的实践成果，"两条发展路径上成果的耦合有着技术条件改善、学术更迭、时代场景、社会变迁的必然性，或将成为人类社会货币历史的新阶段"（郭艳、王立荣和张琴，2020）。

让我们从我国支付领域的晚近历史来审视数字技术带来的这一次支付演进。回溯到 20 世纪 80 年代末、90 年代初，互联网时代还没有出现，也不知道货币、股票、债券是什么样的状态。图 14.1 中展现的这 3 样东西，分别是现金（旧版的人民币）、实物国库券和股票。经过 20 年的电子化和互联网技术的快速发展，现实生活中大部分实物凭证逐渐消失，如今这 3 张纸质票券中，实物国库券变为记账式国债，股票实物凭证电子化，只有现金还在流通使用，当然随着微信支付、支付宝支付成为主流支付方式，现金支付的场景也在大幅萎缩。

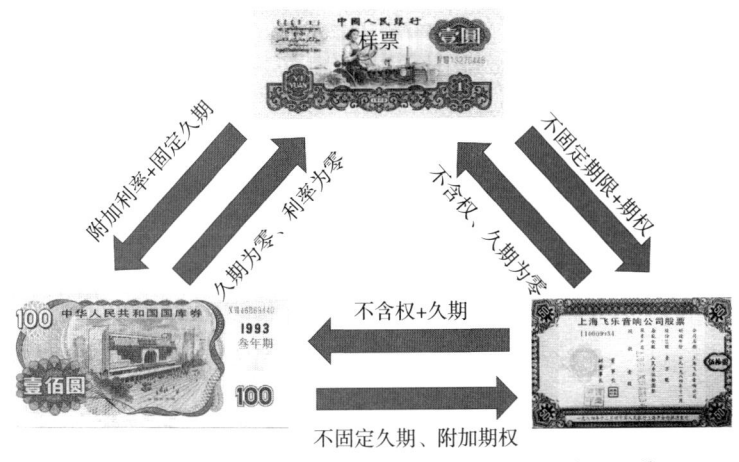

图 14.1 货币的重新定义：现金、债券、股票的角色互换

如果一切金融活动的本质是支付，循着 STO 的逻辑和路径，接下来会产生什么样的演变呢？人民币纸钞是一张纸，无法在上面附加

任何权利和义务，也不能背书，甚至不能在上面签名，在人民币上涂写是违法行为。但数字法币发行以后，将很大范围地取代流通中的现金，纸币变成一串代码，在区块链的环境中可编程，以实现功能的衍生和扩展，也可以理解为，具备了能够在加密货币上添加内容的功能。

如果在数字法币的智能合约中写入固定的兑付期限，并约定从支付到兑付期间的固定收益，到期自动返还本金和剩余利息，在这个场景中，数字法币本身可以视为一张久期为0、票面利率也为0的债券。如果支付对象是企业，就成为企业债；如果支付对象是地方政府，就成为市政债；如果支付对象是财政部，数字法币将衍生为实质上的国债。那么，从这样的逻辑反向去定义债券，债券其实成为有固定久期和固定利率的数字法币。

如果在数字法币的智能合约中写入不固定的兑付期限，挂钩不固定的收益期权，那么这串代码就成为股票。在每个财务年度结束的时候，从线下的公开财报中准确读取企业的盈利数据，如果满足区块链线上智能合约的触发条件，则企业向支付方自动派发股息。在这个场景中，数字法币经由支付变身为股票，同样，从这样的逻辑反向去定义股票，股票实质上成为一种期限不固定、内嵌期权的数字法币，或者是一种不固定利息的永续债。

更进一步，如果存在两个支付方A和B，其他条件不变，只是将兑付顺序设置为"A的利息—A的本金—B的本金—剩余收益分配"，通过兑付顺序的特别安排，数字法币在支付的基础上，实现了股票在风险收益上的优先和劣后的分层机制，劣后层不保证刚性兑付本金，依靠承接优先层所承担的风险，来博取较高收益，支付方A和B则分别成为优先股和普通股的持有人。当然，还有更为丰富的拓展性，如果在智能合约中没有约定兑付的期限，但挂钩了收益权行权条件，此时，货币的形态经由支付成为期权。

当然，一方面，实现以上这些过程，还需要经历漫长的发展历程，需要智能合约的支持，需要预言机技术的发展和成熟，也需要央行数字法币发展到用户可编程的阶段,以及法律法规做出相应调整后才能实现。另一方面,未来具备一定支付功能的 STO 的出现,其影响将类似于即将诞生的央行数字货币,会对传统货币政策和传统货币工具形成冲击,造成基础货币量、货币乘数、货币流通速度、货币需求函数的显著改变,以及在传统的统计指标当中,对 M0、M1、M2 的划分愈发困难。当然,数字法币的发展初期,并不能实现货币、债券和股票的角色切换。但这不妨碍在当下这个时候,我们开始研究数字法币可能的衍生方向,承前启后,重新思考货币的本源和本质,预见未来金融工具的演进路径,以及货币可能的形态变化。

第十五章　STO 的监管：基本框架与初步探索

一、STO 的金融市场条件与金融监管环境

（一）危机后的金融监管收紧

2008 年金融危机过后，各国政府收紧了金融监管。2009 年，美国政府公布《金融监管改革框架》，强调加强系统性金融风险预警和监测。2010 年，《多德－弗兰克法案》（Dodd－Frank Act）出台，美国政府开启强监管模式。同年，英国公布《金融监管改革方案》，在央行下设立金融政策委员会和审慎监管局，维护金融稳定，强化审慎监管。

到目前为止，各国监管当局并没有放松金融监管的倾向，这意味着强金融监管环境将长期存在。在这种背景下，金融科技企业需要耗费大量成本来满足各种监管要求，此外，当不满足监管要求时，还将面临严厉的处罚。对于某些跨国企业而言，需要满足多国的监管要求，合规成本更高。

（二）金融控股企业混业经营倾向下，监管套利增多

各类金融业务的混合导致金融风险升高。目前，美国、英国、德国等国家的金融业均实行混业经营模式，金融控股公司或金融集团的业务涉及银行、证券、保险等各个领域。我国虽然是分业经营，但当下的金融行业之间的界限越来越模糊，平安、中信、光大等集团拥有全部金融牌照，集团下属子公司从事各类金融业务，多种金融业务的

交叉导致金融产品的属性难以判断，金融风险更容易在各个主体之间扩散，需要新的数据分析手段对金融风险加以识别和区分。

（三）金融创新导致监管形势更加复杂

金融科技发展迅速，为金融业注入新的活力的同时，使得金融风险更加隐蔽和复杂，金融和科技的融合使得监管部门很难再用传统方式进行监管。一个金融产品背后可能嵌套多个金融主体，出现问题之后的责任也很难进行划分。在这样的形势下，监管部门尤其需要变革监管方式，更多地依靠数据收集和分析，来加强对市场操纵、内幕交易、AML 和 ATF 的监测。前期的一些金融创新热潮，比如 P2P、ICO 和现金贷，都造成了一定的金融秩序混乱。但是以长期视角看，应当坚持宜疏不宜堵的长效监管思路，避免运动式的监管，善用科技监管手段改进监管方式，提升监管效能，更好地平衡"防范金融风险"和"抑制金融创新"的关系。

（四）监管科技亟待发展

随着人工智能、区块链、云技术和大数据等技术在金融领域的落地及应用，未来金融与科技的融合会进一步加深，亟须发展监管科技，用科技的手段提升对金融机构和金融市场的监测水平。监管科技从广义上看，主体可以是任何监管部门和任何被监管的企业，但大部分国家主要关注金融监管部门和被监管的金融机构，以及提供金融服务的金融科技公司。金融机构传统上使用人工查阅监管条例、搜集数据、制作报表等方式无法应对越来越多的监管要求，希望可以使用数字化手段进行合规管理，帮助人工完成部分工作，既可以降低合规方面的成本，也有助于减少人工参与导致的操作错误。在企业和监管者双重需求下，新兴的监管科技的发展也演化为两条路径：一类是 Comptech（Compliance Technology，合规科技），即金融科技企业利用新技术使自己更好地符合监管部门规定；另一类是 Suptech（Supervisory Technology，监管科技，如图 15.1），即监管部门使用新技术来提高监管效率。在实际监管中，Comptech 和 Suptech 两者相互融合，并不能做绝对意义的划分。从更深层次来讲，监管科技还可以构建新的金融基础设施，重塑整个监管体系。

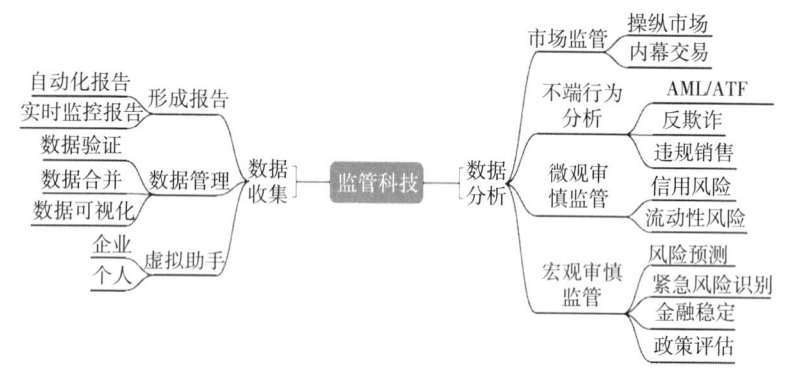

图 15.1 监管科技的主要分类

二、监管当局需要对 STO 拓展监管新思路

传统的金融产品更多以账户为基础，监管的要点在于负责账户管理的金融机构是否做到合规开户、安全托管、公平交易，经纪、登记、清算、结算、评估等中介机构是否做到勤勉尽责，而对于基于账本的 STO，去除了大部分中介机构的角色，传统上监管机构依托于金融机构的管理职能也大幅弱化，金融产品的特征已经从基于账户的范式，转变为基于账本的范式；监管的对象，已经从"机构准入"监管为主转变为"用户准入"为主；对金融行为的监管，也将从防止"市场价格操纵"到重点防止"代码操纵"。所有这些重要的变化，都要求监管机构从监管理念上进行再创新与再突破。

STO 基于直接的点对点机制，投资者的进入门槛较低，所以 STO 的监管思路，要重点考虑如何为投资者提供更多保护：在技术层面，首先，对通证进行重点监管，不仅涉及项目发起人、团队、交易所、投资人、个人投资者、政府监管部门、第三方监管部门的权利与义务的调整和再平衡，也涉及现行法律法规、国家政策、行政规章等对链上数字资产的适用问题；其次，要解决如何处理现实世界资产和链上数字资产的衔接和映射问题；再次，要考虑模式的更新更利于金融的稳定，促进实体经济的发展、脱虚向实等问题；最后，着眼于那些基于通证派生出的新金融服务、新产品和与之相适应的新管理模式，更需要监管者有通盘的考量和着眼长期的制度设计。

三、对我国 STO 监管的展望

证券化通证发行对于证券行业而言，一方面，具有颠覆性创新特征，证券通证把链下资产所有权和信息上链，更多地依靠共识机制而非传统的金融中介机构进行风险评估和定价，更迅速地匹配资产和资金端，金融产品的形态多变、迭代也更迅速，如果沿用传统金融监管框架可能会抑制创新；另一方面，相比较传统金融工具，STO 带来了数据的算法的大量使用，带来更多交易结构的复杂性，金融工具数字化、智能化的程度都显著提升。同时，STO 的交易系统的风险具有更高的复杂性、传染性和渗透性，现有的监管模式难以适用，迫切需要调整和改革，以更好地平衡金融科技创新与金融风险。目前证券通证的价值并不基于链上活动或去中心化网络，是在符合监管前提下映射股权或债权的通证凭证，和分布式网络和区块链底层技术关系不大。对于通证发行与流通，监管与市场之间还存在诸多争论，无论区块链技术如何发展，通证监管是不可避免的课题。对基于区块链技术的通证等新的金融服务、产品和模式的管理，要求我国监管机构从思维和理念上进行突破与创新，从这个意义上说，STO 是这种尝试中的一场很好的社会学试验，展望我国 STO 的监管，有必要从以下方面展开实践。

（一）改善法律政策环境，制定 STO 前瞻性业务指引

STO 的发展，首先必须有来自法律的允许和政府的支持。在第十三章中，我们已经讨论了现有法律的局限与限制，从我国的金融史来看，假若相关法律法规仍跟不上 STO 的脚步，容易造成

资产纠纷，信托业的发展史就是前车之鉴。为确保 STO 能够为我国经济建设发挥应有的作用，我国需要参照国际惯例，将 STO 与资产证券化市场进行有效整合，调整一系列法律条款，提高和完善 STO 的市场安全标准，并在市场条件渐趋成熟的时候，适时制定 STO 的前瞻性业务指引，为新型金融工具的发展营造更好的制度环境。

（二）探索适合 STO 的监管内容

首先，必须加强对 SPV 的法律监管，以确保投资者的收益。对 SPV 的设立有明确监管要求，并简化流程，缩减成本，确保发起人无法通过操纵 SPV 而使投资者的利益遭到损失。其次，完善对 STO 交易中介机构的监管。传统上对证券交易中介机构的监管规则并不完全适用于 STO 交易的中介机构，在科技监管的发展趋势下，应通过专门机构的设置、技术的支持、管理规则的更新与调整，对发行人、发行平台、支付平台和稳定币、智能合约提供者、交易所、数字钱包提供商这类服务于 STO 产业上下游的众多新型中介机构实行有效监管。最后，加强投资者保护。STO 为初创企业成为公众上市公司提供了相对简单的路径，但这些初创公司不确定因素和起伏很多，由此造成通证价格剧烈波动，这使得 KYC 成为必要，需要鉴别投资者拥有相关领域的专业知识，具备相应的抵御损失的能力。同时，还要确保资金不资助恐怖主义。

（三）STO 监管的技术支持

对 STO 进行监管，科技监管是应有之意。一方面，STO 建立在一系列代码、协议基础之上，必须实现对 STO 代码协议的全面监管，实现对代码的持续监测和定期审计。要建立和完善证券型通证的一系列标准，把通证的互换性结合证券相关的业务场景设计通用接口，增加证券相关业务会使用到的函数，考虑证券增发中相关法律文件存储等内容。另一方面，传统监管中一些内容也需要在区块链下进行技术升级。比如在 KYC 和 AML 过程中，金融机构应用区块链技术采集和认证用户 KYC 信息，分布存储到各个节点中，实现从采集到变更的可追溯和可验证，以及用以智能合约等方式实现数据的调用和管理，监管机构可以对交易情况进行事中监管或者事后监管，并能够保证数据不唯一控制在个人主体手上。因而投资者提供的身份信息、移动电话号码、常住地址和个人照片等个人数字信息不会被金融机构泄露，导致投资者利益受损。欧盟于 2019 年 5 月启动的 GDPR 数据管理法案就是这方面的实践，其将用户个人数据的使用授权归还给数据主体个人。我国监管机构也应从保护个人投资者数据不被非法转让入手，提升监管技术，严更好地保护投资者的权益。

四、STO 监管试验：监管沙盒

在面对金融市场进步和自然技术迭代带来的崭新监管需求时，不同国家和地区的监管主体都将试验、试错的途径借助于监管沙盒，并取得了一些可贵的经验，这对目前探索建立 STO 的法治环境和监管模式是重要的启发与借鉴。

（一）监管沙盒的定义

沙盒原指装满沙子的盒子，可随意书写或构建模型，也可在不满意结果的时候抹去构建的痕迹。最初沙盒是指计算机领域的安全防护技术，计算机系统会将无法判定意图和来源或将带来破坏性的程序，限制其访问权限，并将其隔离在称为"沙盒"的虚拟环境中，使其不会损害真实的计算机资源。系统将根据沙盒观测来判断允许其继续运行还是清除。将沙盒概念首次运用到金融监管中的是英国，2015 年英国金融行为监管局为促进金融创新、推动金融业的发展，设立了监管沙盒（Regulatory Sandbox），通过在有限范围内适度放宽监管规定，为金融机构或科技金融企业提供在真实市场环境中测试其创新业务的机制。

(二) 监管沙盒推行的国际经验

英国的监管沙盒试验之后，沙盒作为平衡金融科技创新与有效管控风险的一种政策选择被许多国家和地区的监管当局所采用，新加坡、澳大利亚、加拿大率先仿效，丹麦、荷兰、瑞士、加拿大、挪威、中国香港、中国台湾、日本、美国、韩国、马来西亚、泰国、印尼、斯里兰卡等国家和地区也纷纷跟进。一些地区性和全球性监管沙盒也在讨论和推行中，2018年美洲开发银行（IDB）讨论建立拉丁美洲和加勒比海地区监管沙盒，东非证券监管委员会（EASRA）成员国设立地区监管沙盒，2019年欧洲监管机构（ESA）发布推行监管沙盒的联合报告，2019年1月全球35个国家和地区的监管主体设立了全球金融创新网络（GFIN）[①]，旨在建立一个全球监管沙盒。在实施监管沙盒的过程中，各监管主体在保障投资者权益的基础上，合理放宽限制，通过对测试过程的监控和评估，来判断是否正式授权企业在沙盒范围之外实施其新业务。

如果按照监管沙盒对创新企业颠覆性创新的包容程度、监管当局的主观能动性、金融市场创新动力等方面对现有的监管沙盒进行分类，可以分为以美国为代表的审慎型策略，和以英国、新加坡为代表的主动型监管策略。

美国无论是在科技领域还是在金融领域都拥有世界上最为发达的水平，金融监管的思路和技术也在近百年来经历多次改革和变化，对金融创新持谨慎态度，对监管沙盒也一直到2018年才开始纳入考虑。

而英国和新加坡等国家，都处于区域金融中心，希望在该地区的金融领导力和创新力保持领先，往往在监管策略呈现更为主动姿态，鼓励金融创新业务进入沙盒测试，并对沙盒内呈现健康发展的金融创

---

① 全球金融创新网络已经展开跨地区测试的国家和地区包括澳大利亚、巴林、百慕大、加拿大、中国香港、匈牙利、哈萨克斯坦、立陶宛、新加坡、阿联酋、英国、吉尔吉斯斯坦等。

新积极导入常规化业务。

(三) 监管沙盒的运行机制

1. 准入与退出

各国监管当局对监管沙盒的准入要求大致分为3个方面：第一，是创新主体的资质。比如是否具有金融牌照、是否是正规金融机构、是否在金融科技创新方面有所表现等。第二，是对项目服务人群的数量与类型的区分。消费者是否了解项目风险、是否同意补偿机制、人员数量和交易规模是否超过上限、是否定期得到披露信息。第三，是关于项目本身的属性。项目是否突破现有的法律限制、是否具有颠覆的创新性、是否对社会经济具有福利改善。

而在退出机制上，监管当局普遍都会根据沙盒表现和测试预期做出推广、延期和终止3种安排。表现良好的项目和行之有效的监管策略会推向市场，优化或变革原有体系；项目发展还不甚明朗和有待修正继续测试的项目将延长其沙盒期；而未通过测试、没有积极效果的项目将被终止。无论是哪种退出安排，都要在保障投资者权益方面做充分考虑，通过事先约定的损失赔偿方案以及在沙盒测试过程中及时控制风险等措施，使参与沙盒项目的投资者享有平等的权利。

2. 沙盒生命周期

沙盒通常会经过创新企业申请准入（根据沙盒要求筛选企业、申请企业提交相关材料）、进入沙盒测试（获得临时牌照、特殊管理工具以及相应的激励机制）、测试评估（根据监管规则确定推广、终止还是延期）3个阶段，时长约在3～24个月。英国、日本、俄罗斯、泰国、中国台湾、印度等国家和地区的测试时间在6至12个月；澳大利亚、马来西亚、阿联酋迪拜的测试时间为12个月；美国的测试时间最长可达两年。

3. 监管豁免

监管豁免是沙盒最核心的内容，是指在不违反既定强制性基础性法规的前提下，当创新活动违背相关规则时，监管机构豁免该项目行为或为项目修改特定规则,豁免的具体内容,大都是与监管当局进行单独的沟通,遵循"一事一议"原则,具体方案与实施细节需要根据实际情况来决定。豁免通常是通过限制性牌照、无异议函、个别指导和非正式指引的方式实现,表达出对创新风险的较高容忍度。限制性牌照企业是指特定企业在特定时间和特定业务内拥有的牌照,便于创新企业低成本高效率开展创新业务。无异议函是指在监管沙盒基本约束之下,监管当局为特定企业提供免除强制执行监管条例的函件。个别指导和非正式指引,则是指监管机构对特定企业的特定业务给出针对性监管规则和非正式的监管引导。

(四)监管沙盒的潜在缺点

根据以上分析可知,监管沙盒的监管主体基本上是对金融行业实施统一监管的最高权责机构,持牌和非牌机构均可作为准入对象,并在相对自由与宽松的环境中获得相应的限制性牌照等监管豁免。但监管沙盒的实施过程,显露出一些潜在的问题与缺憾。

第一,通过沙盒测试并最终纳入常态监管的创新项目和业务比例并不高,沙盒作为政府部门与创新企业沟通与对话的通道,其有效性受到质疑。更普遍的情况是,监管机构在沙盒内的交流中学习了新的金融科技,但在制度与法律层面做出改变却困难得多,创新企业付出了时间和机会成本。

第二,沙盒评估还未形成科学、公正、有效的方法。而评估正是从沙盒测试走向常规部署的关键环节,在这个环节上,对评估者的主观倾向、对评估标准和权重的确定、对沙盒内外共性与差异性因素的科学分离与判定,各监管当局还没有成熟的方案。

第三,是否入选监管沙盒带来的公平与正义问题。在相同的产业生态内,能够进入监管沙盒的创新企业与未能进入监管沙盒的创新企业在政策、环境、业务展开等方面存在诸多差异,面对同一个市场,来自两种监管环境的企业必然处于不同的竞争态势中,这导致了形式正义和实质正义的讨论。

（五）我国建立 STO 监管沙盒的意义与挑战

第一，在监管沙盒里依靠强制力降低项目的信息不对称。STO 的发行需要借鉴 IPO 的模式，在实际发行过程中，有些发行人会过于追求发行效率而刻意简化必需的风险管控环节和业务审查流程，或违背合格投资者原则，向用户出售与其风险承受能力不匹配的产品，更有甚者会刻意模糊融资项目的本质，利用复杂技术过度包装项目，在项目发行之初就埋下风险隐患。而沙盒监管，可以良好地规避这些风险，从逆向选择和道德危害两个维度降低 STO 过程中的信息不对称，并且将一些风险识别能力不高、损失承受能力有限的投资者排除出这个市场，规避潜在的严重社会危害。

第二，STO 的发展带来司法解释与执行的挑战。2018 年最高人民法院发布的司法解释认可通过区块链实现司法存证，但是这只能保证线上信息的真实性，并不能保证线上信息与线下资产的一致性，从而导致在证券通证发行和交易过程中，对纠纷的司法解释可能不一致。此外，目前尚未明确哪些法规适用于智能合约的管辖，缺乏从法规层面对代码编写者的权利与义务进行约束。

第三，STO 的发行和流通区别于传统的证券交易市场和银行间债券市场，全新的交易方式必然会带来全新的清算、结算、交收标准、确权方式，同时也必然带来新的市场风险。比如在清结算过程中，STO 天然同央行数字货币相融，可以实现央行数字货币和 STO 在同一条链上进行 DVP（券款对付）的交收方式，从而带来传统清结算格局的巨变。这种改变将对金融基础设施提出重建需求，现有的资金清算系统、中证登、中债登等多个交易后系统也将进行关联、融合、统一，甚至归一。金融科技创新不仅在金融业分工专业化、精细化的发展要求下促进金融产业链和价值链的延伸，还在金融行业基础设施、数据、账户等方面关联性不断增强的情况下，对业务进行连续性的综合管理。这些新金融基础设施和技术的运用，需要经过长时间的市场检验和风险评估，才能逐步进入平稳运行的状态。因而，STO 金融创新较传统金融风险更具复杂性，这对市场参与者是全新课题，对市场监管者亦是全新的战。

第四，不同于传统交易所的网络，STO 的发行和交易是建立在互联网的环境中，金融网络安全防护面临新风险。不法分子可能通过分布式拒绝服务、信息篡改、网络监听、节点攻击等大规模的网络攻击来窃取利益、制造风险，此外，出于极端的地缘政治、军事冲突等原因，全球互联网如果出现故障，STO 的交易体系也可能陷于瘫痪。如何规避这些网络攻击、维护交易安全，是监管者需要解决的课题。

总的来说，作为监管创新的工具，金融科技监管沙盒是帮助平衡金融科技创新与金融风险的有效手段。在传统的金融监管框架下，微观审慎监管主要通过事前规定金融机构和投资者的风险承受能力、资本充足率、资产质量以及流动性指标等来避免金融机构和投资者承担过度风险，这类监管适用于成熟市场和成熟业务或业务模式存在小幅度创新的情况。但 STO 在众多的金融科技之中，更具有颠覆性创新特征，由此在业务、法律、市场、网络安全、数据等方面均会带来新风险，监管部门面临的现实挑战是，如果对金融创新不加约束，则可能损害消费者利益；但如果严格监管，则又有可能扼杀创新，也就是陷入"放松监管—过度创新—乱象丛生—严格监管—限制创新—放松监管"的循环。为打破这一循环，就需要有不同于传统自上而下的监管模式的创新，需要对创新失败有较高的容忍度，让诚实的创新企业可以获得更多资金的支持，同时能确保投资者不会因企业未通过相应监管要求而投资受损。从这个意义上讲，监管沙盒是平衡金融创新与防范风险的监管创新。从前述的国际经验看，监管沙盒模式可以作为监管科技创新的一项集中体现，通过个别指导、监管豁免等服务为经过授权批准的企业提供"虚拟安全空间"，保障其在监管较为宽松、自由的环境下为真实消费者提供新型产品及服务，从而激励创新，降低为金融创新而投入的市场成本。

综上所述，STO 还处于早期的探索阶段，在现行的法律和监管方面，STO 并没有太多的合规发展的空间。因此我国在 STO 探索过程中，应引入监管沙盒这一监管工具，在风险可控的范围内进行金融科技创新。可喜的是，我国在这方面的监管实践正在逐渐显露出来。2019年12月，中国人民银行宣布在北京设立金融科技创新监管试点，并于2020年4月把试点范围进一步扩大到上海、重庆、深圳、雄安、杭州和苏州，这是央行包容审慎、富有弹性的创新试错机制，旨在引导持牌金融机构、科技公司申请创新测试，划定刚性底线，设置柔性边界，在依法合规和保护消费者权益前提下探索符合国情的创新监管工具，这一在传统"行业监管+机构自治"监管模式基础上引入社会监督和行业自律的中国金融科技的监管创新正式进场，实质上是一个中国版的金融科技"监管沙盒"试验，当然这个过程必然会有许多值得推究的问题，包括进入的门槛、机制的设计以及退出的方式等，有待在未来的实践中进行探索和完善。

五、结语

区块链与通证经济正在改变着生产关系与社会结构，分布式技术不仅突破了证券化过程中对资产的溯源难题，也带来了市场各方参与主体的平等地位和权利义务的自动交割，实现了多主体的协同机制，加强了线上线下的数据治理，改变了通过金融中介降低信息不对称这个金融学最传统课题的求解方式。面对金融科技的迅速迭代发展，STO作为新一代金融工具前景广阔，我国金融市场将不可避免地要被裹挟到历史趋势之中，并且还需要在新一轮技术变革的标准制定和基础应用上具备前瞻视角并发挥先导作用，避免在国际竞争中受制于人。在新趋势最初的货币通证发展阶段，我们将ICO和私人货币通证隔离出国内市场，只保留对区块链技术的政策支持，在放弃所有的通证经济发展效应的同时维持了国内金融市场稳定。但是，通证作为数字化的权益证明，充当了区块链网络中各主体间的价值流转载体，是连接技术与经济的触发酶，也是区块链技术在金融市场运用的天然属性，缺乏通证的区块链与分布式数据库并无显著差异。因而面对接下来的证券通证阶段，我国采取什么样的监管姿态、政策引导将是具有深远意义的选择。

通过对STO基本生态的探讨，目前我国法律法规对此类金融科技创新的局囿之处已经展现。通过监管沙盒平衡通证经济创新与监管约束的关系或许成为可行性选择。对目前列举性"证券"定义的松动，以及股权众筹沙盒试验，允许科技创新企业通过区块链技术以更加灵活的方式高效筹集资金，同时在此过程中贯穿有效、穿透式监管，才能在维护金融秩序稳定的前提下，确保对新一代技术革命的前景把握。在监管重心上，监管当局一直以来聚焦于证券交易场所监测、机构和账户的监管、存托管和清结算的监督，但从未来金融市场发展的方向和金融工具演进的角度，还应当关注数据的治理、线上的合规、多方的联合风控、代码和智能合约核准与审计；从监管理念上，也应从传统的金融监管以机构管理、牌照管理和账户管理为核心，兼顾到通证模式下以用户身份和权限管理、市场准入管理为核心的倾向；此外，还应加快国内STO法律体系建设，约束和杜绝借STO之名的不法行为，维护市场的稳定；各法律管辖区域间应扩大监管合作，协调和统一对投资者身份的认证标准及STO产品的数据标准，以及跨法域整合KYC/AML流程；扩大金融科技试点工作，合理使用监管沙盒等新型监管工具，营造好有利于金融科技发展的沙盒监管环境，平衡好鼓励金融创新和防范金融风险之间的关系，在新一轮全球范围的金融科技竞争中占得先机。综合以上发展方向，最终使监管机构探索Suptech的路径和科技创新企业探索Comptech的路径汇聚合一，在提高监管效率、降低合规成本、鼓励技术进步和维护市场稳定方面达到新的均衡。

参考文献

[1] Ivan Chumachenko. Security Tokens Offering Regulation as the Way of the Venture Investment, Proceedings of SOCIOINT 2019 – 6th International Conference on Education, Social Sciences and Humanities, 24 – 26 June 2019 – Istanbul, Turkey.

［2］Galia Kondova, Geremia Simonella. Blockchain in Startup Financing: ICOs and STOs in Switzerland, Journal of Strategic Innovation and Sustainability Vol. 14（6）2019.

［3］Jay Pazos. Valuation Method of Equity – based Security Token Offerings（STO）for Start – Up Companies, https://doi.org/10.31585/jbba – 2 – 1 –（2）2019.

［4］Marco Schletz, Darius Nassiry, and Myung – Kyoon Lee. Blockchain and Tokenized Securities: The Potential for Green Finance, ADBI Working Paper Series No. 1079 February 2020.

［5］Lennart Ante, Ingo Fiedler. Cheap Signals in Security Token Offerings（STOs）, Working Paper Series, No. 1 www.blockchainresearchlab.org.

［6］Miglo, Anton. STO vs ICO: A Theory of Token Issues Under Moral Hazard and Demand Uncertainty, Online at https://mpra.ub.uni – muenchen.de/98630/MPRA Paper No. 98630.

［7］Paul P. Momtaz, Kathrin Rennertseder and Henning Schroder. Token Offerings: A Revolution in Corporate Finance? Electronic copy available at: https://ssrn.com/abstract = 3346964.

［8］Stiglitz J. and Weiss A. Credit Rationing in Markets with Imperfect Information［J］. American Economic Review, 1981, 71（71）: 393 –410.

［9］邓建鹏，孙朋磊. 通证分类与瑞士ICO监管启示［J］. 中国金融，2018.892（22）.

［10］冯·哈耶克. 货币的非国家化［M］. 姚中秋译. 北京：新星出版社，2007.

［11］贝多广，罗煜. 补充性货币的理论、最新发展及对法定货币的挑战［J］. 经济学动态，2013，9.

［12］谢平，石午光. 数字加密货币研究：一个文献综述［J］. 金融研究，2015，1.

［13］北京大学数字金融研究中心课题组，国金融科技监管沙盒机制设计研究［M］. 2019.

［14］郭艳，王立荣，张琴．中央银行法定数字货币：结构与功能［J］．经济研究参考，2020，1.

［15］郭艳，王立荣，张琴．重新定义货币：法币、竞争性货币与数字加密货币的理论演进［J］．经济研究参考，2018，8.

［16］郭艳，王立荣，韩燕．金融市场中的区块链技术：场景应用与价值展望［J］．技术经济，2017，7.

［17］吴桐．广义通证经济的内涵、逻辑及框架［J］．广义虚拟经济研究，2018，9（4）．

［18］李虹含．STO：一场新的社会学试验［J］．现代商业银行，2018，11.

［19］李晶．"区块链+通证经济"的风险管控与对策建议［J］．电子政务，2019，11.

［20］杨东，邢博洋．美国STO监管经验与启示［J］．中国金融，2019，899（05）．

［21］布赖恩·凯利．数字货币时代：区块链技术的应用与未来［M］．廖翔译．北京：中国人民大学出版社，2017.

第五部分

数字货币与数字资产融合

第十六章 稳定币

稳定币是数字货币的重要组成部分。本章内容分为两部分：第一部分介绍稳定币的主要设计类型，并对每种稳定币的可行性、稳定性和潜在风险进行分析；第二部分介绍稳定币的实践情况，并以 Libra 为例进行详细说明。

一、稳定币的主要设计类型

在设计上，稳定币遵循的"不可能三角"如图 16.1 所示。对于独立货币政策、汇率稳定和资本自由流动这三个维度，每种稳定币最多只能实现其中两个目标（即图中与顶点相邻的两条边），无法对第三个目标形成兼顾。例如，某种稳定币希望实现汇率稳定和资本自由流动（即稳定币与法币之间可以自由兑换），那就不能同时实现货币政策的独立性，只能成为"货币联盟"。

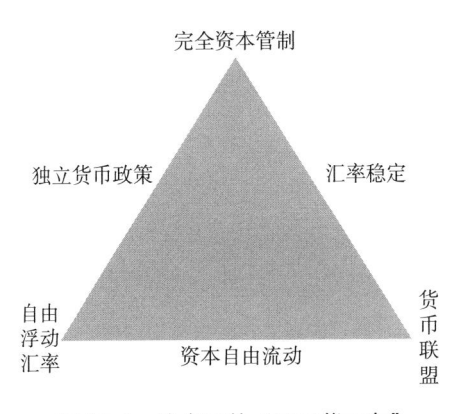

图 16.1 稳定币的"不可能三角"

根据稳定币在设计中采用的稳定机制，我们可以将稳定币分为3类：法币储备型、风险资产超额抵押型和算法中央银行型。

（一）法币储备型稳定币

法币储备型稳定币的价值来源于法币储备。用户以法币 1∶1 的比例向稳定币发行商兑换稳定币，稳定币发行商开通银行账户，依靠中心化托管机构托管用户法币池，结构可以看作数字银行存款。稳定币兑换对象可以是原始的发行商，也可以是持有稳定币或法币的第三方。法币储备型稳定币的设计机制与布雷顿森林体系（Bretton Woods System）中美元与黄金挂钩的机制类似。

目前，在所有类型的稳定币中，法币储备型稳定币的规模最大、使用最广、市值占有率最高。Tether 发行的 USDT、TrustToken 发行的 TrueUSD、Circle 发行的 USDCoin 以及美国纽约金融服务局（NYDFS）批准的两个稳定币 GUSD 和 PAX，都是这种类型的稳定币，其中最具代表性的是 USDT。

1. 发行机制

法币储备型稳定币的发行机制分为两种：信托机构模式（Trust Company）和资金服务商模式（Money Service Business）。发行机制如图 16.2 所示。

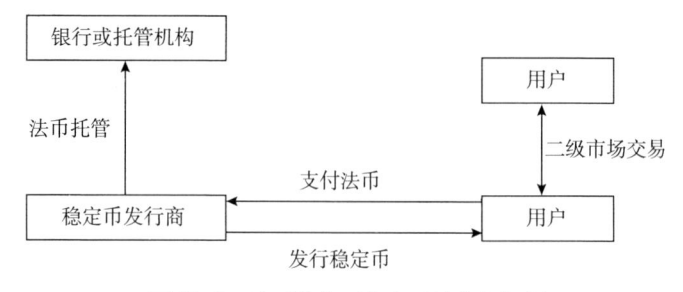

图 16.2 法币储备型稳定币的发行机制

（1）信托机构模式。

信托机构模式下的稳定币发行商需要获得信托机构牌照，具备资金托管性质。此类稳定币发行商既承担了用户资金托管义务，又是稳定币发行者，受到政府强监管。Gemini 及 Paxos 是目前仅有的获得信托机构牌照的稳定币发行商。除了能够托管数字资产外，也可以托管法币资产、证券及黄金，业务范围较广。合规性是信托机构的一大优势，由纽约金融服务管理局批准的信托特许是目前监管最高水平。政府拥有冻结账户、审计账户余额的权力。信托机构会为法币储备购买保险，将资金存储在隔离账户之中，资金池所在银行账户受到美国联邦存款 pass-through 保险所保障，保额为 25 万美元。USDT 母公司 Tether 存在资金状况不透明问题，时常引发监管疑虑，而信托机构模式的公开透明特点具有市场竞争性。

（2）资金服务商模式。

资金服务商以资金服务商模式在美国注册，与传统信托机构合作发行稳定币。具体机制如下：用户将美元转账给合作信托机构；合作信托机构向稳定币发行商发送信息，确认购买行为；然后由稳定币发行商向用户释放稳定币。在这种机制下，资金服务商只涉及稳定币的发行，没有资金托管性质。资金服务商模式受到审计与法律上严格监管，TUSD 和 USDC 属于这类稳定币。

资金服务商模式和托管机构模式的差异主要有两点：第一，前者并不承担托管资金义务，而是将风险转移到受到更严格监管的银行，后者涉及托管业务。第二，前者业务许可范围受限于数字资产，但是业务拓展灵活性较强，只要业务不涉及证券类数字资产，并不需要额外上报监管机构。

2. 稳定机制和经济模型

法币储备型稳定币必须遵循 3 个规则维持稳定性。第一是发行规则：中心化受信任机构基于抵押法币按 1∶1 关系发行稳定。第二是双向兑换规则：中心化受信任机构确保通证与抵押法币之间的双向 1∶1 兑换。用户给中心化受信任机构 1 单位抵押法币，中心化受信任机构就给用户发行 1 单位稳定币。用户向中心化受信任机构退回 1 单位稳定币，中心化受信任机构就向用户返还 1 单位抵押法币。第三是可信规则：中心化受信任机构必须定期接受第三方审计并充分披露信息，确保作为通证发行储备的抵押法币的真实性和充足性。

在这3个规则的约束下，法币储备型稳定币的稳定性可控，核心在于购赎套利：只要具备高流动性的购赎通道，便可以在市场上寻找差价，进行套利。这一类稳定币有同等价值法币背书，用户预期中长期市场价格趋同锚定价格。市场价格一旦偏离合理范围，便有利润空间，可吸引稳定币用户参与市场调节。

法币储备型稳定币发行商的资产负债表的资产方是法币准备金，负债方是稳定币。法定货币准备金的目标是保证在有人赎回稳定币时，能给付法币。100%的法币准备金是实现稳定币全额兑付最直接、有效的办法。但根据大数定理，稳定币的持有人不可能全部在同一时刻要求兑换法币。理论上，不需要持有100%的法币准备金就能应付大多数时候的稳定币赎回需求。如果允许稳定币价格小幅波动及在极端情况下控制稳定币赎回，应该能降低法币准备金的要求，以更小成本来实现稳定币，但意味着更大风险。在这种情况下，除了实际需求场景产生的收益以外，法币储备型稳定币发行商还有两部分经济收益：铸币税和法定货币准备金管理收益。

首先，看铸币税。如果稳定币没有100%的法定货币准备金，多发行的稳定币没有法定货币准备金作为支撑，但也满足了稳定币持有人的需求，相当于"凭空"发行了一部分稳定币。这些稳定币在现实世界中有购买力，对应着铸币税的概念。USDT属于这种情况。尽管市场上有人质疑USDT，但至今没有发生针对USDT的集中、大额赎回事件（当然，USDT母公司Tether也对赎回进行了各种限制）。假设一段时间内，稳定币供给"凭空"增加了ΔM，当前物价水平为P，稳定币的发行人通过"凭空"发行稳定币，能在市场上购买数量相当于$\Delta M/P$的商品和服务，就是铸币税。在USDT情景下，可以把P理解成比特币价格。

其次，看准备金管理收益。法定货币准备金除了一部分投资于高流动性的、可以随时变现的资产以外，其余部分可以进行风险较高的投资,从而获得较高收益。因为稳定币发行商不向持有人付利息,准备金管理收益就全部归稳定币发行商所有。

3. 存在的风险

(1)信用风险。

法币储备型稳定币的信用风险有两个来源。

第一,稳定币发行商的信用风险。这来自稳定币发行商在币价脱锚时的内部纾困能力具有不确定性。铸币税和准备金管理收益可能造成稳定币发行商的道德风险,并最终体现为信用风险。稳定币发行商如果过于追求铸币税和准备金管理收益,无限度提高稳定币金额/法定货币准备金的比率,或者法定货币准备金用作高风险投资的比例,就会伤及稳定币的可持续性。当有集中、大额的稳定币赎回时,发行商可能没法给付法定货币。此外,资产储备不透明、治理不善是稳定币发行商的风险点之一。

第二,中心化托管机构的信用风险。法币托管机构的信用风险受多种因素影响,包含机构所在地监管水平、自身风控能力等因素。举例来说,稳定币发行商所收取的法币均存放于特定银行,而该银行位于存款保险制度不完善的国家。如该银行遭受破产等重大经营危机,稳定币发行商便会面临违约风险。

(2)缺乏清算流动性。

在清算量非常大的支付体系中,如果商业银行在央行的准备金难以应对支付所需,央行会通过向商业银行透支来实现[称为日间信用额度(Intraday Credit)]。而稳定币发行受资产负债表限制,缺乏灵活性,在清算量较大时可能难以发挥好支付结算功能。

(二)风险资产超额抵押型稳定币

风险资产超额抵押型稳定币通过超额抵押风险资产发行,大多按1∶1锚定美元。目前用于抵押的风险资产多为数字资产。风险资产价格波动率高,价格大跌时无法支撑稳定币的价值,因此超额抵押是必须的。大部分风险资产超额抵押型稳定币通过调节担保比率和清算阈值来稳定币价。Dai、Havven、BitUSD 都属于这类稳定币。

1. 发行机制

风险资产超额抵押型稳定币生态通常有 4 种角色参与。第一，治理机构。治理机构决定清算阈值、担保比率及手续费，负责调节参数，维持币价稳定。第二，稳定者。稳定者受经济激励驱动，在清算抵押物时，参与债务及抵押物的拍卖。稳定者另一个功能是稳定币价。在市场价格与锚定价格脱锚时，稳定者通过买入或出售稳定币让市场价与锚定价趋同。第三，预言机。稳定币发行商需要预言机提供抵押资产的实时价格信息，决定何时进行清算。稳定币发行商也需要实时稳定币市价，判断币价是否脱锚。第四，稳定币用户。在兑换稳定币的过程中，用户需要建立一个抵押仓位，并将抵押物转入仓位。接着，用户根据抵押物的价值大小决定自己需要兑换稳定币的数量，仓位中的相应数量抵押物被冻结。第四，当用户要赎回抵押资产时，须偿还抵押仓位中的债务及支付手续费。

2. 稳定机制

风险资产超额抵押具有高波动性抵押资产的特性，需要有合适的稳定机制。风险资产超额抵押型稳定币的稳定机制有 4 种。

（1）套利机制。

理论上，锚定价格及市场价格比率为 1∶1。当稳定币市场价格低于锚定价格时，用户可以用更低的成本在二级市场收购稳定币，并提前清算抵押仓位，换回抵押物；反之，增加兑换稳定币，并在二级市场出售套利。

但实际上，风险资产超额抵押的套利机制并非像在法币储备型稳定币中有效。以 Dai 为例说明。当 Dai 市场价格升高至 1.01 美元时，套利者会花 1 美元，购买价值 1 美元的以太币（ETH）抵押并产生 Dai。目前 Dai 的担保比率是 150%，通过抵押 1 美元的以太币，套利者获得 0.67 个 Dai。套利者可以将 0.67 个 Dai 以 1% 的利润溢价出售。但是，套利者抵押的以太币还锁定在抵押仓位中无法赎回。以太币属于高波动性资产，在抵押仓位锁定的时间过长，需要承受以太下跌的风险，不利于套利者掌控收益。且套利者需要超额的资金成本（33%）进行抵押套利，降低了套利的效率。

（2）担保比率及清算阈值。

针对风险资产高波动性，稳定币发行商会设定担保比率以及清算阈值。其中，担保比率＝抵押物的价值/释出稳定币的价值，通常在120%~250%。这个机制保证了抵押物的价值高于释出稳定币价值。当抵押物价值与稳定币价格比例低于清算阈值时，系统会要求用户补仓。一段时间未补仓，系统会强制清算抵押仓位，由稳定者参与抵押物拍卖。

（3）稳定费。

稳定费是 MakerDAO 最主要的稳定币价的方式，用年百分收益来表示。稳定费的机制如下：用户赎回抵押资产的时候，除了偿还抵押仓位中的债务，还要付一笔稳定费。稳定费由抵押仓位所有者用 MKR 来支付，用作付款的 MKR 将被销毁。

理论上，稳定费率提升时，未来退回 Dai 换回以太币抵押资产需要支付更高成本（用 MKR 来支付）。理性的投资者会选择不产生 Dai，Dai 供给变少，价格便可能上涨；反之，则 Dai 的供给增多，价格下跌。这便是 MakerDAO 维持 Dai 与美元 1∶1 锚定的理论基础。

据 CoinmarketCap 的数据显示，自 2019 年 2 月以来，Dai 价格一直在 1 美元以下。治理机构发起投票将稳定费率调高，让 Dai 回归锚定价格。从 2019 年 1 月至 2019 年 5 月，MakerDAO 一共调高稳定费 8 次，从 0.5% 调整到 19.5%，涨幅高达 38 倍，如图 16.3 所示。

从图 16.3 可以得知，调整稳定费率并非是有效的价格稳定机制。稳定费率与央行政策利率无法相提并论。央行加息，民众和企业借钱消费，投资的需求会下降，从而降低货币供给；一些短期流动性资金改存成较长期限以获得高利息收入，也会降低货币供给。而通过提高稳定费率的方式来降低 Dai 的供给，不够直接，效果也有待观察。且目前为止，用户持有 Dai 的用途大多为杠杆投资，Dai 的稳定费率调整并不能影响市场供需结构，特别在以太币价格上行期。

图 16.3　Dai 的价格变化

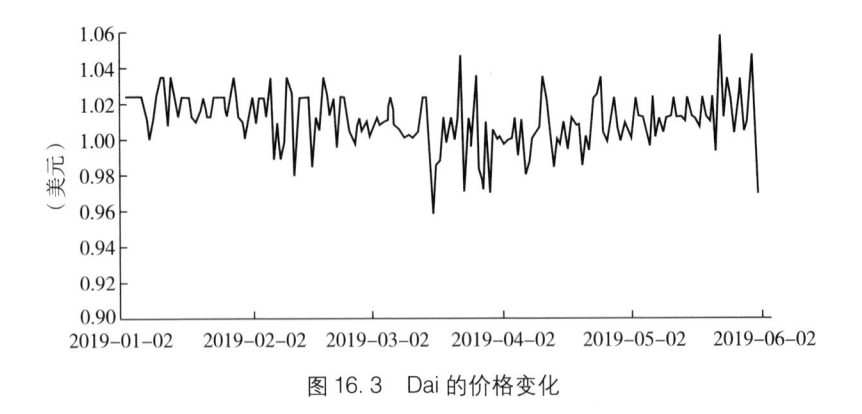

（4）全局清算。

当市场发生"黑天鹅"事件，抵押物迅速贬值，系统会因为来不及清算抵押物而造成清算机制失灵。因此，风险资产超额抵押型稳定币系统会设置全局清算机制。全局清算者由治理机构指派，有权在特殊情况下终止整个系统。当全局清算启动时，系统将会被冻结，所有稳定币的抵押仓位都会被系统按市价强制清算，返还抵押物。

3. 可行性及风险

从 2020 年 3 月 12 日加密市场崩跌可以发现，DeFi（去中心化金融或分布式金融）生态内部的杠杆投资对 MakerDAO 造成的风险极大。2020 年开始，投资者对比特币减半预期，使得市场以做多为主，很多投资者使用杠杆。DeFi 生态的杠杆行为主要有两个：第一，通过在 MakerDAO 中质押以太币生成 Dai，再用 Dai 来买币投资。第二，通过在 DeFi 去中心化借贷中抵押币来融资。DeFi 生态中的杠杆行为多层嵌套，有明显的顺周期性和不稳定性，存在两层风险，如下。

（1）链上拥堵风险。

本次市场行情剧烈波动，导致以太币及 ERC20 Token 的恐慌性提现需求增加，使得以太坊网络出现拥堵状况。用户主动抬高 Gas 费以加快转账效率，进而使得 Gas 日交易费用陡增。市场大幅波动也导致 MakerDAO 大量抵押债仓的以太币跌破清算阈值，触发清算程序。原本根据 MakerDAO 的系统设置，被清算的抵押物相比市场价存在折扣，能够吸引稳定者参与拍卖债务，最终得标者至少可以获得 3% 的折扣。但是应该参与清算过程中的稳定者因为设置了较低的 Gas 值，导致无法出价。在没有其他竞争者的出价环境下，一位稳定者以 0 个 DAI 赢得了所有清算债务。MakerDAO 为此承受了 400 万美元的坏账损失，需要通过拍卖内部 MKR 以偿还这些债务。

本次债务拍卖第一阶段已在 3 月 19 日完成。目前共有 17 637 枚 MKR 以 430 万 Dai 的总价被售出，平均单个 MKR 的价格为 245.97Dai，略低于当前市场价格 259.84。MakerDAO 就本次链上拥堵风险做出机制改进，加入拍卖熔断机制，当市场发生剧烈波动时，MakerDAO 可以暂停抵押物拍卖。

（2）高杠杆带来的顺周期性。

MakerDAO 的核心机制是超额抵押以太币借出 Dai，有杠杆交易性质。在市场情绪好的时候，用户会通过反复抵押以太币并借出 Dai 进行投资，循环放大杠杆。而当以太币价格大幅下跌时，会造成担保比率急剧下滑。一旦担保比率低于清算阈值，抵押债仓会发生批量清算，而循环放大的杠杆会成倍扩大违约仓位。抵押债仓清算，意味着作为抵押品的以太币被出售，会进一步放大以太币的价格下跌。

（三）算法中央银行型稳定币

算法中央银行型稳定币没有抵押资产作为价值支撑，是以智能合约作为核心建构的稳定币系统。算法中央银行型稳定币依靠算法创建"算法中央银行"，平衡市场供需：当市场价格低于锚定价格时，智能合约将一定比例的稳定币回收或销毁，减少市场供给，促使市场价格回升。当市场价格高于锚定价格时，智能合约发行一定数量的稳定币，扩大市场供给，促使市场价格降低。算法中央银行型稳定币优势在于独立性，不受抵押资产价值影响。主要项目有 Basis、Nubit、uFragments 和 Reserve 等。

然而，这些项目虽然有自身稳定机制，但皆发生过大规模币价脱钩事件，且难以恢复。举例来说，Nubit 一共经历了两次币价脱钩事件。币价下滑使恐慌的稳定币持有者大量抛售 Nubit，进而造成价格大跌，并且自此无法将币价锚定为 1 美元。现在 Nubit 的价格约为 0.03 美元，历史波动率约为 40%。

从理论上分析，算法中央银行型稳定币的主要风险是货币政策调控不易，发生大规模市场恐慌时币价容易严重脱钩。在市场价格低于锚定价格时，算法中央银行型稳定币会发行贴现债券来回收稳定币。如果市场对稳定币失去信心，债券会很难发出去。即使发行出去，债券发行价相对面值会有很大贴现，降低回收流动性的效果。而且债券到期时，还会伴随流动性的净投放，这是算法稳定币难以成立的主要原因。

综上所述，在 3 种类型稳定币中，法币储备型稳定币的可行性和稳定性最高，需求面也最广；风险资产超额抵押型稳定币在设计机制上有不足之处；算法中央银行型稳定币是不可行的。

二、Libra

2019 年 6 月 18 日，脸书发起的 Libra 联盟发布 Libra 项目白皮书，声称要发行一种简单的全球性货币，建立为数十亿人赋能的金融基础设施（Libra Association，2019）。

(一) Libra 的运作机制

以下关于 Libra 的介绍均整理自 Libra Association（2019）。

Libra 是基于一篮子货币的合成货币单位。Libra Association（2019）声称 Libra 将具有稳定性、低通胀率、全球普遍接受和可互换性（fungibility），预计 Libra 的货币篮子将主要由美元、欧元、英镑和日元等组成。Libra 价格与这一篮子货币的加权平均汇率挂钩，尽管不锚定任何单一货币，仍将体现出较低波动性。

Libra 发行基于 100% 法币储备。这些法币储备将由分布在全球各地且具有投资级的托管机构持有，并投资于银行存款和短期政府债券。法币储备的投资收益将用于覆盖系统运行成本、确保交易手续费低廉和向早期投资者（即"Libra 联盟"）分红等。Libra 用户不分享法币储备的投资收益。

Libra 联盟将选择一定数量的授权经销商（主要是合规的银行和支付机构）。授权经销商可以直接与法币储备池交易。Libra 联盟、授权经销商和法币储备池通过 Libra 与法币之间的双向兑换，使 Libra 价格与一篮子货币的加权平均汇率挂钩。

Libra 区块链属于联盟链。Libra 计划初期招募 100 个验证节点，每秒钟支持 1 000 笔交易，以应付常态支付场景。100 个验证节点组成 Libra 联盟，以非营利组织形式注册在瑞士日内瓦。目前，Libra 已招募到 28 个验证节点，包括分布在不同地理区域的各类企业、非营利组织、多边组织和学术机构等。Libra 联盟的管理机构是理事会，由成员代表组成，每个验证节点可指派一名代表。Libra 联盟的所有决策都将通过理事会做出，重大政策或技术性决策需要 2/3 以上成员表决。

（二）对 Libra 的分析

Libra Association（2019）披露的信息非常有限，以下分析中尽量不引入额外假设或猜测。

1. 从货币角度看 Libra

Libra 作为基于一篮子货币的合成货币单位，与国际货币基金组织特别提款权一样，属于超主权货币。周小川（2012）对超主权货币有深刻阐述。

在发行环节，Libra 基于 100% 法币储备，因为代表一篮子已经存在的货币，Libra 没有货币创造功能，扩大 Libra 发行的唯一办法是增加法币储备。如果 Libra 广泛流通，并且出现了基于 Libra 的存贷款活动，是否有货币创造？我们认为不一定。这取决于 Libra 贷款派生出的存款（即图 16.4 最下方的"来自企业的 50 个 Libra 的存款"，其属于账户范式，而非通证范式）是否被视为货币。但可以肯定的是，

Libra 代表一篮子货币，没有真正意义上的货币政策，远不是货币非国家化。

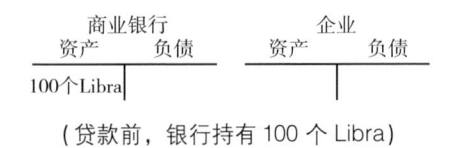

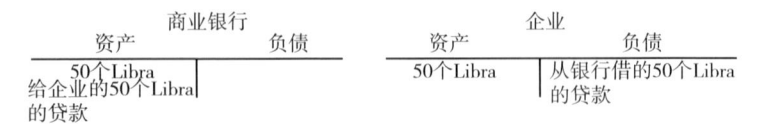

	商业银行			企业	
	资产	负债		资产	负债
	100个Libra				

（贷款前，银行持有 100 个 Libra）

	商业银行			企业	
	资产	负债		资产	负债
	50个Libra 给企业的50个Libra 的贷款			50个Libra	从银行借的50个Libra 的贷款

（银行向企业放贷 50 个 Libra）

	商业银行			企业	
	资产	负债		资产	负债
	100个Libra 给企业的50个Libra 的贷款	来自企业的50个Libra 的存款		存在银行的50个 Libra	从银行借的50个Libra 的贷款

（企业把 50 个 Libra 存到银行）

图 16.4　基于 Libra 的存贷款活动

　　Libra 有价值储藏功能。但因为货币网络效应以及现实中尚无以 Libra 计价的商品或服务，Libra 的交易媒介和计价单位功能在 Libra 发展前期将受限制。比如，消费者用 Libra 在一个国家购物，在支付环节可能不得不将 Libra 兑换成本地货币，这会影响支付效率和体验。

　　Libra 能推动金融普惠。根据 Libra Association（2019），用户只要在手机上装一个 Calibra 数字钱包，就具备拥有和使用 Libra 的物理条件。Libra 的交易手续费低廉。Libra 联盟成员有丰富行业背景，对用户需求有更深了解，有助于将 Libra 灵活嵌入用户生活的多个方面，提高用户使用 Libra 的便利性。

　　Libra 属于"私人机构发行＋零售型"，在这个领域已经出现了很多稳定加密货币（比如 USDC）。这些稳定加密货币主要用在加密货币交易所内，没有真正进入老百姓日常生活。Libra 能否成为真正的支付工具，仍有待市场检验。一个不能忽视的限制条件是 Libra 联盟链的性能。每秒钟 1 000 笔交易肯定无法支持上亿人的日常支付需求。Libra联盟链有转成公链的计划。公链的开放性更好，但性能上更受限制。Libra是否会结合账户范式来绕开区块链的性能限制？

最后，有两个值得关注的问题：一是，在政治经济不稳定和货币政策失败（比如通胀高企）的国家，Libra是否可以替代该国货币，从而实现类似"美元化"的效果？这会引起货币主权方面的复杂问题。二是随着时间推移，以Libra计价的经济活动是否可以达到一个小经济体的体量，从而成为某种意义上的最优货币区？

2. 从风险角度看Libra

Libra Association（2019）没有披露Libra货币篮子的再平衡机制、法币储备池管理机制以及Libra与成分货币之间的双向兑换机制，因此很难准确分析Libra面临的市场风险、流动风险和跨境资本波动风险。一旦相关信息有详细披露，我们就可以分析这些类别的风险，并评估相应审慎监管要求。目前比较肯定的是以下几点。

第一，如果Libra法币储备池为追求投资收益而实施较为激进的投资策略（比如高比例投资于高风险、长期限或低流动性的资产），当Libra面临集中、大额赎回时，法币储备池可能没有足够的高流动性资产来应对。Libra联盟可能不得不"火线出售"法币储备资产。这可能使资产价格承压，恶化Libra系统的流动性状况甚至清偿能力。Libra没有中央银行的最后贷款人支持，如果Libra规模足够大，Libra挤兑将可能引发系统性金融风险。因此，Libra的法币储备将受到审慎监管，体现为债券类型、信用评级、期限、流动性和集中度等方面要求。

第二，Libra法币储备由分布在全球各地且具有投资级的托管机构持有。但投资级不意味着零风险，Libra选择的托管机构应满足一定监管要求。如果Libra法币储备的托管机构中包括一家或多家中央银行，那么Libra相当于实现了阿德里安（2019）提出的"合成型CBDC"。

第三，Libra天然具备跨境支付功能，Libra的使用将是跨国境、跨货币和跨金融机构的。Libra将对跨境资本流动产生复杂影响，也将因为这方面的风险而受到审慎监管。

第四，如果基于 Libra 的存贷款活动伴随着货币创造，那么 Libra 应该因其对货币政策执行的影响而受到相应监管。

第五，需要说明，尽管根据 Libra Association（2019）尚无法严谨分析 Libra 的价格波动风险，但这是 Libra 将面临的最大挑战之一。当通证承载资产时，通证价格与资产价值之间的挂钩关系由市场套利机制来保证，而市场套利机制的前提是 3 个规则：发行规则、双向兑换规则和可信规则。在这 3 个规则中，Libra 最难满足的是 1∶1 双向兑换规则。Libra 授权经销商与法币储备池交易时，不一定正好用一篮子货币，而可能只用某种成分货币买卖 Libra。这样，法币储备池的货币构成将逐渐偏离最初设定的配比。成分货币汇率强弱不一，可能进一步放大这个偏离，从而使得 Libra 价格呈现出较为明显的波动。Libra 价格波动将可能引发 Libra 与成分货币之间复杂的套利活动。这些挑战都源自 Libra 锚定一篮子货币这个安排，而对只锚定单一货币的 CBDC 或金融机构间结算币都不存在。

3. 从合规角度看 Libra

Libra 涉及多国、多货币，要满足相关国家的合规要求。比如，在美国和欧元区发行稳定加密货币已有监管框架，这些监管将适用于 Libra。比如，USDC 至少要满足以下合规要求：第一，美国财政部下设金融犯罪执法网络（FinCEN）的货币服务业务（MSB）许可证；第二，经营涉及州的货币转移牌照；第三，美元准备金要存放在受 FDIC 保护的银行；第四，美元准备金的真实性和充足性要定期接受第三方审计并披露；第五，KYC、AML 和 CFT 等方面的规定。特别是，在 AML 和 CFT 方面，金融行动特别工作组（FATF，系国际政府间组织）6 月 21 日发布了《虚拟资产和虚拟服务提供商：对基于风险的方法的指引》(金融行动特别工作组，2019)。

高伟绅律师事务所（Clifford Chance）对 Libra 面临的合规问题进行了比较全面的梳理（高伟绅律师事务所，2019）：第一，根据 Howey 测试，Libra 是否会被视为美国证券法下的一种证券？第二，如果 Libra 被视为虚拟货币，美国商品期货交易委员会将可能有权监管有关欺诈和操纵性行为。第三，因为法币储备的存在，Libra 在欧盟可能被视为集合投资计划并受到相应监管。第四，与 Libra 用户及交易有关的数据隐私保护问题。第五，税收监管问题。

Libra 项目基于通证范式实现了某种意义上的超主权货币，但不一定有货币创造，远不是货币非国家化。Libra 项目在法定储备管理和跨境资本流动上将面临审慎监管。Libra 项目将因涉及多国、多货币而需满足复杂的合规要求。我们认为，对 Libra 项目这类创新，一方面不要将其视为"洪水猛兽"，要看到背后的技术趋势和经济逻辑；另一方面也没必要将其神话，应实事求是地分析可能造成的风险并引入相应监管。

第十七章　央行数字货币

2019年10月24日，习近平总书记在中央政治局第十八次集体学习中指出"区块链技术应用已延伸到数字金融"。理解数字金融的关键是理解中国人民银行的DC/EP。本章内容分为两部分：第一部分对中国人民银行的DC/EP进行详细介绍和分析，第二部分对欧央行（ECB）和日本银行（BOJ）联合研究的Stella项目进展进行分析。

一、DC/EP

本章从4个方面对中国人民银行的DC/EP进行分析。一是根据从公开渠道获得的DC/EP信息，梳理DC/EP核心特征并推测DC/EP设计。二是分析"断直连"前后的第三方支付。因为要理解DC/EP，最好将其与"断直连"前后的第三方支付做对比。三是分析DC/EP对支付的影响。四是分析DC/EP对货币的影响。

（一）DC/EP简介

1. DC/EP核心特征梳理

到目前为止，中国人民银行没有公开文件系统阐述DC/EP设计。对DC/EP的介绍散见于中国人民银行领导和相关负责同志的讲话和论文（周小川，2019；易刚，2019；范一飞，2016，2018；姚前、汤莹玮，2017；姚前，2018a，2018b，2018c，2019；穆长春，2019；狄刚，2018）。经过梳理并对比这些公开渠道信息，DC/EP应该有以下核心特征。

一是替代M0，基于100%准备金发行。数字货币不计付利息，不承担除货币应有 4 个职能（价值尺度、流通手段、支付手段和价值贮藏）之外的其他社会与行政职能。为保证数字货币发行和回笼不改变中央银行货币发行总量，商业银行存款准备金和数字货币之间有等额兑换机制——在发行阶段，中央银行扣减商业银行存款准备金，等额发行数字货币；在回笼阶段，中央银行等额增加商业银行存款准备金，注销数字货币。

二是遵循传统的中央银行—商业银行二元模式运行框架。中央银行将数字货币发行至商业银行业务库，商业银行受中央银行委托向公众提供数字货币存取等服务，并与中央银行一起维护数字货币的发行和流通体系的正常运行。

三是数字货币的表达形式。数字货币在形式上是中央银行担保并签名发行的代表具体金额的加密数字串，包含最基本的编号、金额、所有者和发行者签名等。其中，编号是数字货币的唯一标识，编号不能重复，可以作为数字货币的索引使用。数字货币具有可编程性，可以附加用户自定义的可执行脚本。

四是数字货币的登记中心和认证中心。登记中心既记录数字货币及对应用户身份，完成权属登记，也记录流水，完成数字货币产生、流通、清点核对及消亡全过程登记。登记中心基于传统集中化方法构建，是全新理念的数字化铸币中心。认证中心是数字货币可控匿名设计的重要环节，对金融机构或高端用户的认证可以采用公开密钥基础设施，对低端用户的认证可以采用基于标识的密码技术（Identity Based Cryptography，简写为 IBC）。

五是账户松耦合方式投放 + 中心化管理模式。数字货币在交易环节对账户的依赖程度较低，既可和现金一样易于流通，又能实现可控匿名。可控匿名的含义是，数字货币只对中央银行这一第三方披露交易数据，但若非持有者本人意愿，即使商业银行和商家合作也无法追踪数字货币的交易历史和用途。数字货币持有人可直接将其应用于各种场景，有利于人民币流通和国际化。相比而言，银行卡和互联网支付等都基于账户紧耦合模式。

六是对分布式账本的应用。数字货币登记中心没有采用分布式账本。在 DC/EP 中，分布式账本用于数字货币的确权登记，提供可供外部通过互联网进行数字货币确权查询的网站，实现数字货币网上验钞机功能。这样做有两方面好处。一方面，将核心的发行登记系统对外界进行隔离和保护，同时利用分布式账本优势，提高确权查询的数据和系统安全性。另一方面，由于分布式账本仅用于对外提供查询访问，交易处理仍由发行登记系统来完成，因此有效规避了现有分布式账本在交易处理上的瓶颈。

七是系统无关性。数字货币具有普适性和泛在性，能够在多种交易介质和支付渠道上完成交易，可以利用现有金融基础设施。理论上，银行存款货币、电子货币能达到的支付网络边界，数字货币亦可以达到。

2. 对 DC/EP 设计的推测

从中国人民银行公开披露信息看，DC/EP 没有像 Libra 那样用到真正的区块链［对 Libra 的介绍可见邹传伟（2019）］。数字货币尽管不是区块链内的通证，但在不可"双花"、匿名性、不可伪造性、安全性、可传递性、可分性和可编程性等关键特征上，与区块链内的通证是类似的。因此，DC/EP 仍属于通证范式，而非账户范式（徐忠、邹传伟，2018；邹传伟，2019）。DC/EP 发行登记子系统由中国人民银行负责维护，是中心化的，不需要运行共识算法，这样就不会受制于区块链的性能瓶颈。在 DC/EP 中，区块链用于数字货币的确权登记，居于辅助地位。

我主要基于姚前（2018b）介绍的中国人民银行数字货币原型系统，对 DC/EP 设计的推测如下。

一是 DC/EP 使用了基于 UTXO 模式的中心化账本。这个中心化账本体现为数字货币发行登记系统，由中国人民银行维护。中心化账本可以通过哈希函数和默克树组织起来，但因为由中国人民银行维护，是否这样做差别不大。更重要的是，中国人民银行的信用显著高于商业银行和其他私营机构，没必要在 DC/EP 中引入区块链代表的分布式信任机制，所以 DC/EP 使用中心化账本是有道理的。当然，也可以把基于 UTXO 模式的中心化账本视为一种"退化"的区块链（或只有一个节点的区块链）。

二是 DC/EP 钱包。用户需要使用 DC/EP 钱包，钱包的核心是一对公钥和私钥。公钥也是地址，地址里面存放人民币的数字凭证。这个数字凭证基于 100% 人民币准备金发行。用户可以看到其他用户的地址，但不一定知道地址所有者的身份。中国人民银行通过管理的数字货币登记中心，知道地址与用户身份之间的对应关系，但不一定是强实名制。

三是 DC/EP 交易。用户通过钱包私钥，可以发起地址间转账交易。DC/EP 转账交易不是像公链内的通证交易那样，先广播到点对点网络中，再由矿工打包进区块并运行共识算法，而是由中国人民银行直接记录在中心化账本中。

（二）"断直连"前后的第三方支付

对"断直连"前后第三方支付的分析将综合资金流向分析和资产负债表分析两种视角。前者比较直观，后者更为严谨，形成了很好的补充。

1. "断直连"前第三方支付

"断直连"前，第三方支付机构可以绕监管直连商业银行，往往在多个商业银行开立备付金账户。备付金是第三方支付机构为办理客户委托的支付业务而实际收到的预收待付资金。这些资金所有权属于用户，以第三方支付机构名义存放在商业银行，并由第三方支付机构向商业银行发起资金调拨指令。备付金利息理论上应该由用户所有，但实际上一般由第三方支付机构所有，并构成第三方支付机构的重要收入来源。特别是相当部分的备付金以同业协议存款形式存放在商业银行，利率比较高。第三方支付机构通过这些备付金账户办理跨行资金清算，超范围经营，变相行使中国人民银行或清算组织的跨行清算职能。

图 17.1 给出"断直连"前第三方支付中的资金流向。其中，用户在第三方支付机构的余额，本质是 IOU（I Owe You），不计付利息；用户在第三方支付机构充值和提现涉及的法定货币，实际上是他们在商业银行的存款。

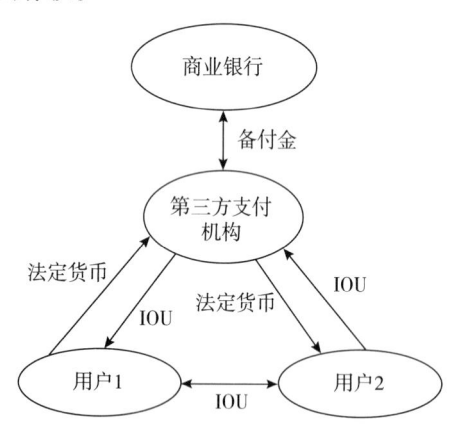

图 17.1　"断直连"前第三方支付中的资金流向

用户在第三方支付机构的充值和提现时，他们在商业银行的存款和（以第三方支付机构名义存放的）备付金相互转换，这个转换发生在商业银行负债方内部。用户之间用第三方支付转账时，会引发他们在第三方支付机构余额的调整。

"断直连"前的一个现象级产品是余额宝。余额宝类产品是第三方支付机构销售货币市场基金的产物。第三方支付机构归集用户的闲散资金并投资于货币市场基金。在我国，货币市场基金的相当一部分资产投资于期限较长的同业协议存款和存单，获得高于个人活期存款的利率。用户获得货币市场基金份额，第三方支付机构通过垫支为用户开展 T+0 快速赎回提现业务。

2. "断直连"后第三方支付

"断直连"有 3 个要点。第一，撤销第三方支付机构在商业银行的备付金账户，切断第三方支付机构绕监管直连商业银行的通道。第二，在第三方支付机构与商业银行之间引入网联（即非银行支付机构网络支付清算平台），搭建一个共有的、受中国人民银行监管的转接清算平台（如图 17.2 所示）。第三，第三方支付备付金 100% 集中存管在中国人民银行。备付金体现在中国人民银行负债方的"非金融机构存款"科目，属于 M0，并且不计付利息。周小川（2019）指出，这主要为激励第三方支付机构通过提供服务而非备付金利息来获得收入。

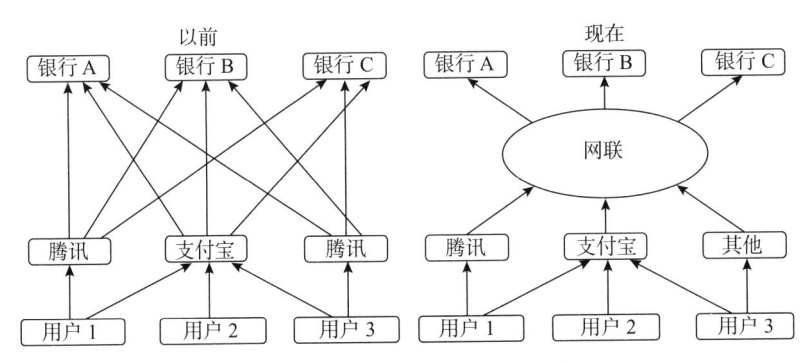

图 17.2 网联在"断直连"中的作用

资料来源：国际清算银行（BIS），2019 年度经济报告。

图 17.3 给出了"断直连"后第三方支付中的资金流向。与图 17.1 一样，用户在第三方支付机构充值和提现涉及的法定货币实际上是他们在商业银行的存款。但为简便起见，图 17.3 没有呈现商业银行以及它们在中国人民银行的存款准备金。

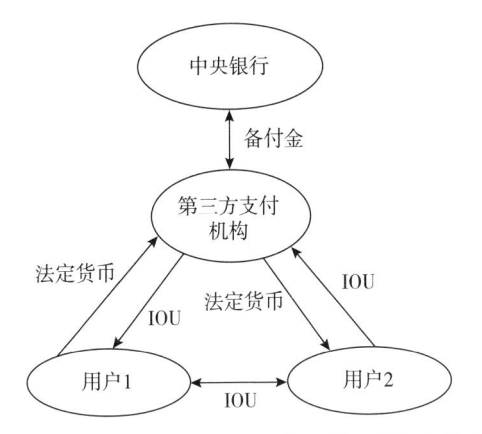

图 17.3 "断直连"后第三方支付中的资金流向

图17.4给出了"断直连"后第三方支付中有关各方的资产负债表及它们在充值和提现等场景下的变化。为简便起见,假设有两个用户,他们使用同一个存款银行和同一个第三方支付机构。当然,也可以假设这两个用户使用不同存款银行和不同第三方支付机构。这样分析起来会复杂一些,但核心逻辑不变。为便于理解,将备付金视为第三方支付机构的资产,将用户余额视为第三方支付机构的负债。后文对DC/EP的分析采用同样的假设和视角。

图17.4右边显示了用户1充值A的场景(如果A小于0,则表示提现),其中DRR(Deposit Reserve Ratio)是存款准备金率。转账场景相对简单,就不呈现了。

"断直连"后,第三方支付的运行离不开中国人民银行资产负债表,用户充值和提现会对货币供应和货币乘数产生复杂影响。比如,在用户充值时,他们在商业银行的存款(属于M2)减少,从而间接减少商业银行在中国人民银行的存款准备金(属于M0),而(以第三方支付机构名义存放的)在中国人民银行的备付金(属于M0)增加。反过来,在用户提现时,他们在商业银行的存款增加,从而间接增加商业银行在中国人民银行的存款准备金,但在中国人民银行的备付金减少。

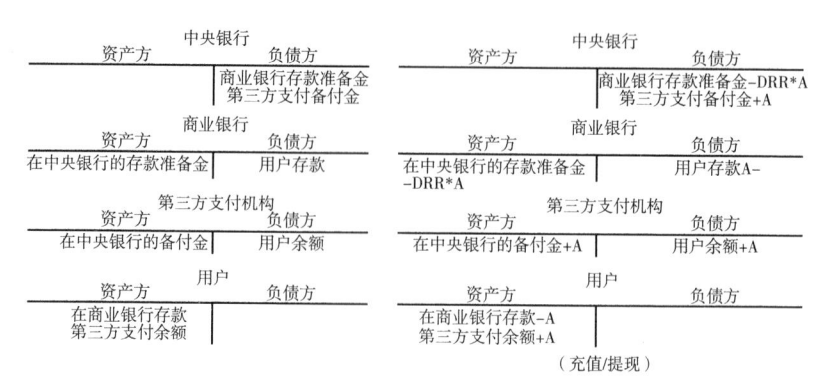

中央银行			中央银行	
资产方	负债方		资产方	负债方
	商业银行存款准备金 第三方支付备付金			商业银行存款准备金-DRR*A 第三方支付备付金+A
商业银行			商业银行	
资产方	负债方		资产方	负债方
在中央银行的存款准备金	用户存款		在中央银行的存款准备金 -DRR*A	用户存款A-
第三方支付机构			第三方支付机构	
资产方	负债方		资产方	负债方
在中央银行的备付金	用户余额		在中央银行的备付金+A	用户余额+A
用户			用户	
资产方	负债方		资产方	负债方
在商业银行存款 第三方支付余额			在商业银行存款-A 第三方支付余额+A	
			(充值/提现)	

图17.4 "断直连"后第三方支付的资产负债表分析

(三) DC/EP 对支付的影响

本部分对 DC/EP 的分析与上一部分类似，也是综合使用资金流向分析和资产负债表分析。

图 17.5 给出了 DC/EP 中的资金流向。

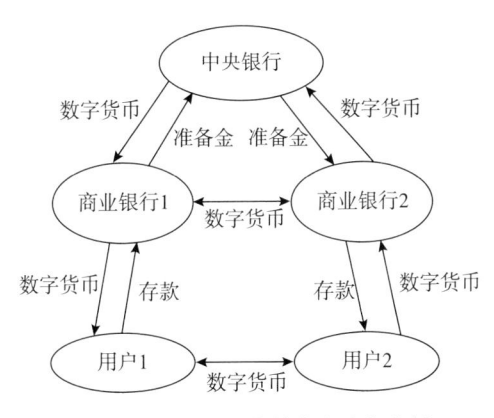

图 17.5　DC/EP 中的资金流向分析

图 17.6 给出 DC/EP 有关各方的资产负债表及它们在数字货币发行/回笼和存/取等场景下的变化。图 17.6 中间表示中国人民银行向商业银行发行数量为 A 的数字货币的场景，商业银行在中国人民银行的存款准备金减少 A（A 小于 0 表示回笼）。图 17.6 右边表示用户向商业银行取出数量为 B 的数字货币的场景，用户在商业银行的存款减少 B（B 小于 0 表示存回数字货币）。

从图 17.6 可以看出，数字货币的发行/回笼体现为中国人民银行 M0 的内部结构调整，但 M0 总量不变。数字货币的存/取还体现为用户在商业银行的存款（属于 M2）和数字货币（属于 M0）之间的相互转化，但用户在商业银行存款的增减会引起商业银行在中国人民银行的存款准备金相应增减。

如果将图 17.5 和图 17.6 中的数字货币替换成现钞，它们描述的将是现钞发行/回笼和存/取等场景。这说明，DC/EP 使用传统的中国人民银行—商业银行二元模式运行框架，能尽可能地减少对现有货币投放渠道和商业银行业务模式的影响。

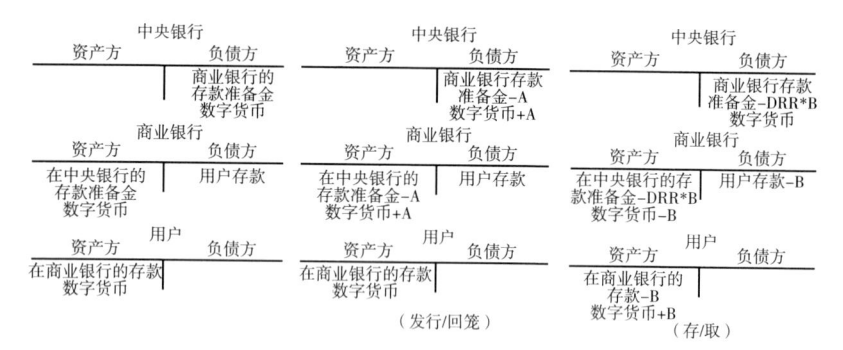

图 17.6　DC/EP 的资产负债表分析

从图 17.3 和图 17.5 以及图 17.4 和图 17.6 可以看出 DC/EP 与"断直连"后第三方支付存在很多相似之处（表 17.1）。表 17.1 在分析用户存/取数字货币对中国人民银行的影响时，合并考虑了与之有关的数字货币回笼/发行的操作。

表 17.1　DC/EP 与"断直连"后第三方支付的比较

	对中央银行的影响	对用户的影响
用户取数字货币	商业银行的存款准备金↓，数字货币↑	在商业银行的存款→数字货币
用户存数字货币	商业银行的存款准备金↑，数字货币↓	数字货币→在商业银行的存款
用户之间交易数字货币	无影响	数字货币余额增减

（以上为 DC/EP）

	对中央银行的影响	对用户的影响
用户充值	商业银行的存款准备金↓，第三方支付备付金↑	在商业银行的存款→在第三方支付机构的余额
用户提现	商业银行的存款准备金↑，第三方支付备付金↓	在第三方支付机构的余额→在商业银行的存款
用户转账	无影响	在第三方支付机构的余额增减

（以上为"断直连"后第三方支付）

表17.1说明，DC/EP在一定意义上与"断直连"后第三方支付存在同构关系（表17.2）。如果DC/EP在技术效率和商业拓展上做得足够好，站在用户角度，DC/EP与"断直连"后的第三方支付理论上应该带来同样体验。这说明，对用户而言，DC/EP与"断直连"后的第三方支付在应用中存在相互替代关系。

表17.2　DC/EP与"断直连"后第三方支付的同构关系

DC/EP	"断直连"后第三方支付
用户取数字货币	用户充值
用户存数字货币	用户提现
用户之间交易数字货币	用户转账
中央银行对外发行的数字货币	第三方支付机构在中央银行的备付金
用户持有的数字货币	用户在第三方支付机构的余额

此外，DC/EP与"断直连"后第三方支付之间还存在以下相同点：第一，都针对一般用户，特别是零售用户，因此都是所谓"一般目标型"（General Purpose）；第二，都是中心化的，都基于中央银行—商业银行二元模式；第三，都对货币供应和货币乘数有复杂影响（详细分析见下一节）；第四，数字货币不付息，用户在第三方支付机构的余额也不付息（余额宝类产品不适用这种情况，见"断直连"前后的第三方支付部分）。

DC/EP与"断直连"后第三方支付之间的差异也非常明显。第一，"断直连"后第三方支付基于第三方支付机构账户及第三方支付机构在中央银行的备付金账户，是账户紧耦合模式。数字货币基于中央银行管理的数字货币发行登记系统，是账户松耦合模式。

第二，第三方支付基于账户，而账户与身份识别之间有关联，因此不是匿名的。数字货币是可控匿名的。这会造成两者在隐私保护方面的差异。

第三，用户在第三方支付机构的余额是一种支付工具。第三方支付转账仅限于在使用同一家第三方支付机构的用户之间。比如，微信以上跨境支付都基于银行账户。为此，境外银行需要有人民币业务，境外企业和个人需要开设人民币存款账户。而 DC/EP 只需要使用者拥有 DC/EP 钱包，这个要求比开设人民币存款账户低得多。数字人民币交易天然是跨境的，DC/EP 能有效扩大人民币在境外的使用范围。在这一点上，DC/EP 与 Libra 有类似逻辑（邹传伟，2019）。

境外银行、企业和个人可以通过两种方式获得数字人民币。第一，通过自己持有的人民币向境内银行、企业或个人兑换。这本质上是数字货币发行流通体系通过跨境支付网络向境外延伸。第二，通过外币兑换数字人民币。这隐含着对人民币可兑换性的要求。境外银行、企业和个人获得的数字人民币，会通过跨境贸易、投融资、金融市场业务等向境内回流（图 17.8）。

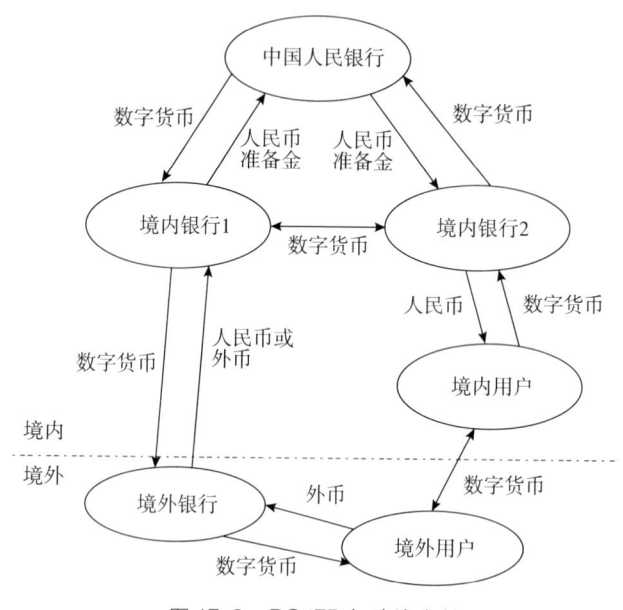

图 17.8 DC/EP 与跨境支付

尽管包括 DC/EP 在内的跨境支付能促进人民币国际化，但跨境支付只是人民币国际化的必要条件，而非充分条件。人民币国际化离不开一系列制度安排。货币国际化有 3 个维度：贸易结算货币、投资货币和储备货币。国际化货币应该满足以下要求：可自由兑换；币值稳定，对内体现为通胀率低，对外体现为汇率稳定；依托深广的跨境贸易场景；在境外接受程度高；境内金融市场成熟且开放度高；境内法律环境完善，特别在产权保护方面。这些要求超过了跨境支付范畴。

3. 私营企业参与DC/EP基础设施建设和应用推广的机会

根据中国人民银行表态，数字货币在技术标准和应用规范做好的基础上，支付路径、支付条件以及之上的商业应用要尽可能交给市场来做。

私营机构参与数字货币发行的机会应该不大。中国人民银行已明确，数字货币遵循传统的中央银行—商业银行二元模式运行框架。这样，中国人民银行就不可能在DC/EP中向私营机构开放资产负债表，私营机构通过向中国人民银行交纳备付金而换取数字货币的可能性很小。需要看到，在"断直连"后第三方支付中，中国人民银行向第三方支付机构开放资产负债表，备付金集中存放在中央银行，都是特殊的行业和监管背景下的产物，而且这对货币供应和货币乘数产生了复杂影响。

如果DC/EP钱包依托的公私钥应用在普及程度、用户体验和私钥安全管理等方面没有显著提升，那么数字货币托管的地位将非常重要，并将与数字货币支付相融合。这应该是私营机构参与DC/EP的主要机会，可能出现专门的数字货币托管和支付机构（图17.9）。用户将数字货币充值到数字货币托管和支付机构的地址后，获得数字货币托管和支付机构授予的托管凭证（类似于支付账户余额或IOU概念）。用户之间通过IOU进行转账交易，而IOU转账交易可以与第三方支付的收单环节充分融合。

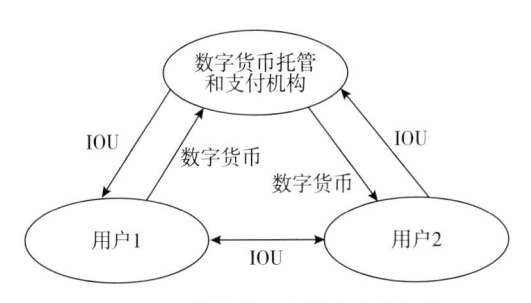

图17.9 数字货币托管和支付机构

（五）对 DC/EP 的总结

第一，DC/EP 没有像 Libra 那样用到真正的区块链，而是可能使用基于 UTXO 模式的中心化账本，但仍属于通证范式。这个中心化账本体现为中央银行维护的数字货币发行登记系统，不需要跑共识算法，不会受制于区块链的性能瓶颈。区块链可能用于数字货币的确权登记，居于辅助地位。

第二，用户需要使用 DC/EP 钱包。钱包的核心是一对公钥和私钥。公钥也是地址，地址里面存放人民币数字凭证。这个数字凭证不是完整意义上的区块链内通证，但在很多关键特征上与通证一致，并且基于 100% 人民币准备金发行。用户通过钱包私钥可以发起地址间转账交易。转账交易由中央银行直接记录在中心化账本中。DC/EP 以此实现账户松耦合方式投放和可控匿名。

第三，尽管 DC/EP 属于货币工具，"断直连"后第三方支付主要是支付工具，但两者有很多相似之处。如果 DC/EP 在技术效率和商业拓展上做得足够好，站在用户角度，DC/EP 与"断直连"后第三方支付可以带来同样体验。因此，DC/EP 与"断直连"后第三方支付在应用有相互替代关系。

第四，DC/EP 会对 M2 造成紧缩效应，而 M2 紧缩在一定程度上反映了银行体系收缩。数字货币不付息，中国人民银行没有用 DC/EP 完全替代现金的计划，所以 DC/EP 不会构成新的货币政策工具。DC/EP 对中央银行监控资金流向以及 AML、ATF 和反逃漏税等方面监管具有很强政策含义。因此，DC/EP 的监管功能超过货币政策功能。

第五，DC/EP 对人民币国际化的影响主要体现为基于数字货币的跨境支付。尽管包括 DC/EP 在内的跨境支付能促进人民币国际化，但跨境支付只是人民币国际化的必要条件，而非充分条件。人民币国际化离不开一系列制度安排。

第六，在 DC/EP 中，中国人民银行不太可能向私营机构开放资产负债表,私营机构参与数字货币发行的机会不大。换言之,私营机构不太可能通过直接向中国人民银行交纳备付金来换取数字货币。

第七,如果 DC/EP 钱包所依托的公私钥应用在普及程度、用户体验和私钥安全管理等方面没有显著提升,将会出现专门的数字货币托管和支付机构。这是私营机构参与 DC/EP 的主要机会。数字货币托管和支付机构将充分整合目前第三方支付机构建立的收单系统。

二、Stella

Stella 是欧央行和日本银行联合开展的研究项目,主要针对分布式账本技术在支付系统(Payment System)、证券结算系统、同步跨境转账、平衡机密性和可审计性等领域的适用性进行研究。目前,Stella 项目已经完成 4 个阶段的研究工作。

(一)支付系统

Stella 项目第一阶段的目标是评估现有支付系统的特定功能,例如流动性节约机制(Liquidity Saving Mechanism,简写为 LSM)是否可以在分布式账本技术环境中安全有效地运行。金融机构之间的支付一般通过央行管理的实时全额结算系统(Real Time Gross Settlement,简写为 RTGS)进行。实时全额结算系统的效率高,但对流动性的要求也高。流动性节约机制将付款与其他支付轧差后结算,能节约流动性。

1. 研究设置

Stella 项目第一阶段是基于 Hyperledger Fabric 平台(0.6.1 版本)进行研究。

交易的业务逻辑通过两种智能合约实现,一种智能合约没有流动性节约机制的设计,只是简单处理支付;另一种智能合约有流动性节约机制的设计,欧央行和日本银行的流动性节约机制智能合约分别基于 TARGET2 和 BOJ – NET 的排队和双边轧差机制设计。其中,TARGET2 的全称是泛欧实时全额自动结算系统(Trans – European Automated Real-time Gross Settlement Express Transfer System），是欧元的实时全额结算系统；BOJ-NET 的全称是日本银行金融网络系统（Bank of Japan Financial Network System），是日元的实时全额结算系统，也结算金融机构之间的日本国债交易。

2. 研究方法

首先，程序在非分布式账本技术环境中进行，为分布式账本技术性能研究提供了一个基准数据。其次，智能合约在没有共识机制的单个节点上运行，这是为了在没有分布式网络影响的情况下测量切换到分布式账本技术的影响。最后，程序在具有共识机制的分布式环境中运行。

在性能方面，通过延迟来测量系统的性能。测量时用到的流量被设置为实时全额结算系统流量或最多每秒 250 个交易请求。为了估算延迟时间，记录每个节点上"正在被发送的交易请求"和"正在被执行和写入区块的交易"之间的时间。对于每笔交易，计算经过所有节点的时间，或者计算所有节点主体将区块加载至其账本的时间。

在安全性方面，评估以下 3 种情景对系统安全性的影响。一是一个或多个验证节点发生临时故障，二是 Fabric 中负责证书授权的特殊节点发生临时故障，三是部分交易以不正确的数据格式发送到系统。这些事件带来的额外延迟和恢复系统功能所需的时间是评估安全性的主要参数。

3. 研究结论

（1）基于分布式账本技术的解决方案可以满足实时全额结算系统的性能要求。在分布式账本技术环境中每秒可以处理的交易请求量与欧元区和日本的实时全额结算系统处理的交易请求量相当，欧元区和日本的实时全额结算系统的平均流量是每秒 10~70 个请求。当每秒交易请求量超过 250 个时，需要在流量和性能之间做出取舍。同时，研究还证明了在分布式账本技术环境中实施流动性节约机制的逻辑可行性。

（2）分布式账本技术的性能受到网络规模和节点之间距离的影

响。当网络节点的数量增加时，执行支付所需要的时间也会增加。同时，节点之间距离对性能的影响与网络结构有关：在达成共识的必要最小节点数是足够接近的前提下，网络其余部分的分散程度对延迟的影响有限；达成共识的必要最小节点数的分散程度越高，对延迟的影响将会越大。

（3）基于分布式账本技术的解决方案有潜力增强支付系统的恢复能力和可靠性。研究表明，分布式账本技术有承受验证节点故障和不正确的数据格式等问题的潜力。第一，只要维持共识算法所需数量的节点是可用的，系统的可用性就不会受到影响。第二，无论停机时间多长，验证节点都可以恢复。第三，如果唯一负责证书授权的特殊节点发生故障，可能会导致系统发生单点故障。第四，不正确的数据格式不会影响系统的整体性能。

（二）证券结算系统

Stella项目第二阶段是研究两个关联偿付义务之间的结算，如DVP是否可以在分布式账本技术环境中进行概念设计和执行。

1. 研究设置

Stella项目第二阶段是基于3个平台进行研究：Corda、Elements和Hyperledger Fabric。研究内容是一个标准、程序化的场景：两个交易对手方之间进行证券和资金的交易。

在分布式账本技术环境中执行DVP有两种不同的方法：单账本DVP（single-ledger DVP）和跨账本DVP（cross-ledger DVP）。

对于单账本DVP，资金和证券记录在同一账本。在这种情况下，两个交易对手方各自确认交易指令之后，两种资产的交换会在同一个交易中进行处理。

对于跨账本DVP，资金和证券记录在两个不同的账本，账本之间存在某种机制将两种资产的交易联系起来。跨账本DVP是非常复杂的，可以进一步细分为两种类型。

一是跨账本DVP的账本之间有连接。在分布式账本技术环境中，这种类型可能需要中介来促进和控制两个账本之间的协调。在Stella项目第二阶段，这种类型不做重点研究。

二是跨账本DVP的账本之间没有连接。在分布式账本技术环境中，跨链原子交易功能可以使没有连接或中介的账本之间实现DVP。实现跨链原子交易的关键要素是数字签名和哈希时间锁合约（Hashed Time Lock Contracts，简写为HTLC）。在Stella项目的第二阶段，这种类型的跨账本DVP是基于哈希时间锁合约实现的。在分布式账本技术环境中实现DVP的方法如图17.10所示。

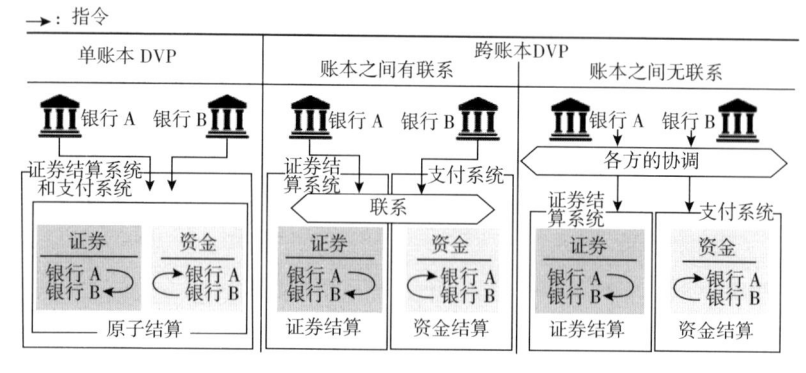

图17.10 在分布式账本技术环境中实现DVP的方法

2. 研究方法

如前文所述，Stella项目的第二阶段的研究内容是一个标准、程序化的场景：两个交易对手方（银行A和银行B）在分布式账本技术环境中进行商定数额的证券和资金之间的交易。

（1）单账本DVP的流程。

单账本DVP的设计理念是两个交易对手方商定交易指令的内容，然后在同一个交易中处理。两个交易对手方对交易指令达成一致后，两个关联偿付义务合并成一个交易，两个交易对手方直接使用加密签名进行处理，不需要分布式账本技术网络中的特定匹配函数。

如图17.11所示，两个交易对手方遵循以下步骤，可以成功进行单账本DVP。

第一，银行A（证券的原始持有人）创建证券指令（支付商定

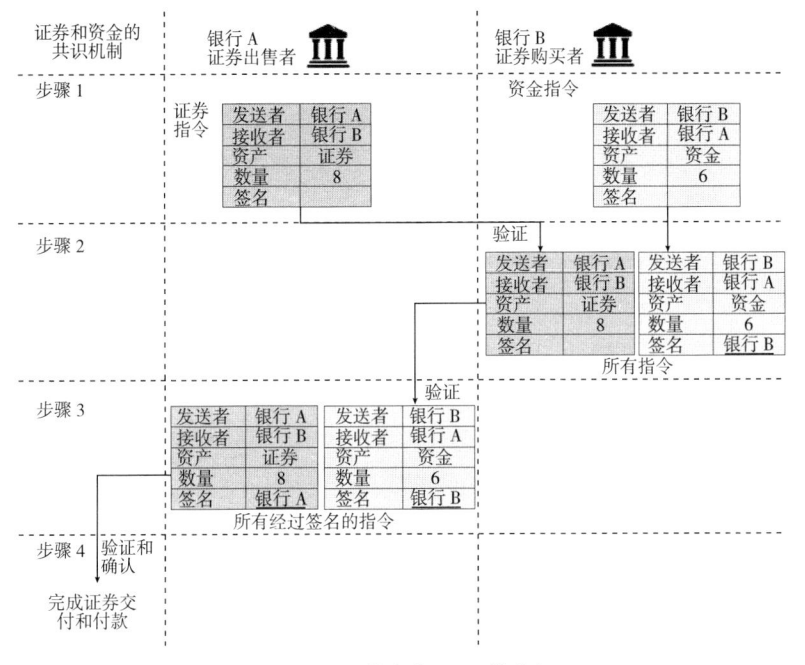

```
证券和资金的          银行A                    银行B
共识机制            证券出售者                 证券购买者

步骤1         证券   发送者  银行A      资金指令  发送者  银行B
              指令   接收者  银行B                接收者  银行A
                     资产    证券                  资产    资金
                     数量     8                   数量     6
                     签名                         签名

步骤2                                     验证
                                   发送者 银行A  发送者 银行B
                                   接收者 银行B  接收者 银行A
                                   资产   证券   资产   资金
                                   数量    8    数量    6
                                   签名         签名  银行B
                                           所有指令

步骤3                                     验证
              发送者 银行A  发送者 银行A
              接收者 银行B  接收者 银行A
              资产   证券   资产   资金
              数量    8    数量    6
              签名 银行A    签名 银行B
                  所有经过签名的指令

步骤4  验证和
       确认
       完成证券交
       付和付款
```

图 17.11　单账本 DVP 的流程

数额的证券），银行 B（资金的原始持有人）创建资金指令（支付商定数额的资金）。在这个阶段，两项指令都没有被签名。

第二，银行 A 将其没有签名的证券指令发送给银行 B。银行 B 核实证券指令的内容，并将证券指令与自己的资金指令结合起来，组成一套完整的指令。银行 B 签署资金指令，并将其发回银行 A。

第三，银行 A 验证全部指令，并签署证券指令，然后将双方签名过的全部指令提交给共识机制。

第四，分布式账本技术环境中的共识机制对提交的指令进行验证和确认，并将结果写入账本。商定的资金和证券分别转移到银行 A 和银行 B。

如果上述某一个步骤未能完成，结算就会失败。此时，资金和证券由各自的原始持有人保管，并可立即用于其他交易。

（2）使用哈希时间锁合约的跨账本 DVP 的流程。

跨账本 DVP 的设计理念是让两个交易对手方根据账本上记录的承诺

就交易指令的内容达成一致,并使用哈希时间锁合约进行跨账本 DVP。

在图 17.12 中,证券出售方(银行 A)和证券购买方(银行 B)已经对准备交易的数量、资产类型、锁定时间和哈希函数达成协议。协议的内容包括两个交易:在两个小时内,8 个单位的证券由银行 A 转移给银行 B;在一个小时内,6 个单位的资金由银行 B 转移给银行 A。

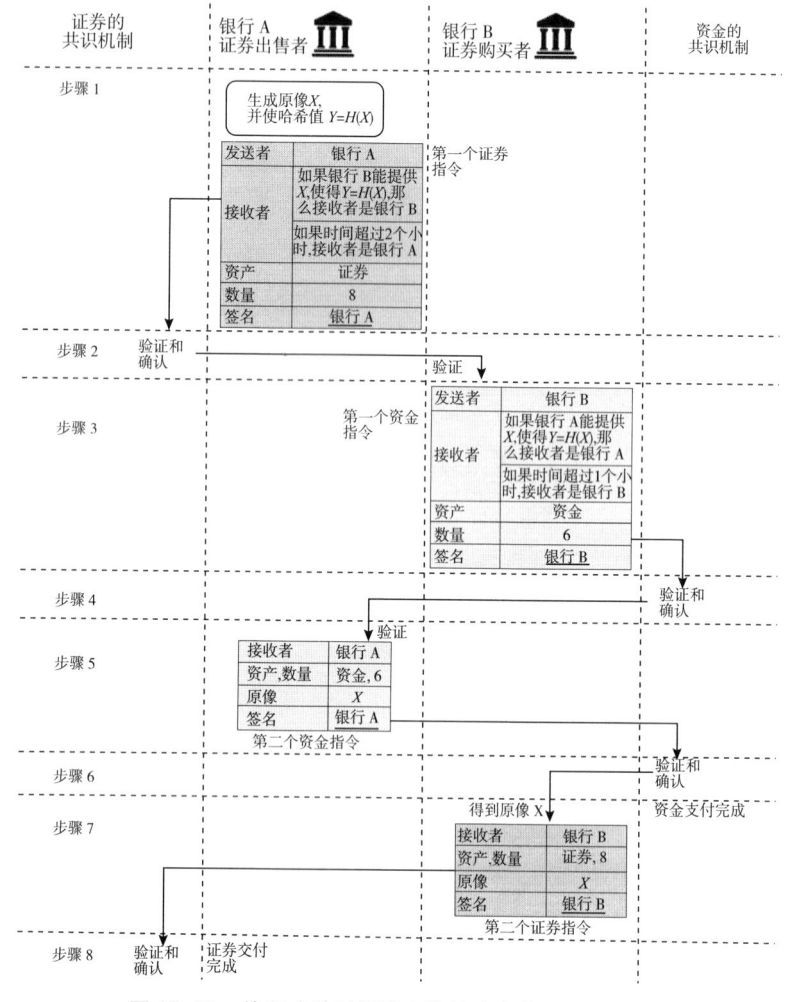

图 17.12　使用哈希时间锁合约的跨账本 DVP 的流程

如图 17.12 所示,两个交易对手方遵循以下步骤,可以成功完成使用哈希时间锁合约的跨账本 DVP。

第一，银行 A（证券的原始持有人）生成一个原像 X 和对应的哈希值 Y [$Y = H(X)$]。银行 A 将 Y 分享给银行 B。银行 A 创建第一个证券指令（支付商定数额的证券）。在这个指令中，银行 A 规定了两种状态：如果银行 B 可以提供 X 满足 $Y = H(X)$，那么银行 B 是证券的接收人；如果时间超过两个小时，那么银行 A 是证券的接收人。银行 A 对这个指令签名，并将签名的指令提交给证券的共识机制。

第二，证券分布式账本技术网络中的共识机制对提交的第一个证券指令进行验证和确认，并将结果写入证券账本。

第三，银行 B（资金的原始持有人）核实银行 A 承诺的第一个证券指令的内容，然后银行 B 创建第一个资金指令（支付商定数额的资金）。在这个指令中，银行 B 规定了两种状态：如果银行 A 可以提供 X 满足 $Y = H(X)$，那么银行 A 是资金的接收人；如果时间超过一个小时，那么银行 B 是资金的接收人。银行 B 对这个指令签名，并将签名的指令提交给资金的共识机制。

第四，资金分布式账本技术网络中的共识机制对提交的第一个资金指令进行验证和确认，并将结果写入资金账本。

第五，银行 A 验证银行 B 承诺的第一个资金指令的内容，然后银行 A 创建第二个资金指令（获得商定数额的资金）并签名，并将签名的指令提交给资金的共识机制。同时，银行 A 在这个指令中提供原像 X。

第六，资金分布式账本技术网络中的共识机制对提交的第二个资金指令进行验证和确认，并将结果写入资金账本。此时，商定数额的资金从银行 B 转移到银行 A。

第七，银行 B 从第二个资金指令中获得原像 X。然后银行 B 创建第二个证券指令（获得商定数额的证券）并签名，并将签名的指令提交给证券的共识机制。同时，银行 B 在这个指令中提供原像 X。

第八，证券分布式账本技术网络中的共识机制对提交的第二个证券指令进行验证和确认，并将结果写入证券账本。此时，商定数额的证券从银行 A 转移到银行 B。

如果上述某一个步骤未能完成，结算就会失败。对于使用哈希时间锁合约的跨账本 DVP，结算失败可能会导致两种不同的结果。

一是资金和证券被退还给各自原始持有人，两个交易对手方都不会承担太大风险，但会面临重置成本风险（Replacement Cost Risk，指因结算失败而不得不重新交易但当前市场条件转差的风险）和流动性风险。

二是资金和证券都会被一个交易方获得，另一方会承担较大风险。例如，在银行 A 获得商定的资金后，银行 B 没有在约定的锁定时间（两小时）内完成第二个证券指令。最终，银行 A 将持有退还的证券和获得的资金，而银行 B 损失本金。在这个结算失败的场景中，没有实现跨账本 DVP，说明哈希时间锁合约技术目前还存在弱点，需要进一步发展。

3. 研究结论

第一，DVP 可以在分布式账本技术环境中进行概念设计和执行。资金和证券可以在同一个账本，也可以在不同的账本，DVP 的具体设计取决于分布式账本技术平台的特征。此外，根据实际用例，DVP 的设计可能受到一些因素的影响，包括 DVP 与其他交易后处理基础设施之间的相互作用。

第二，分布式账本技术为实现跨账本 DVP 提供了一种新的设计方法，并且不需要账本之间有任何连接。概念分析和进行的试验已经证明，在账本之间没有任何连接的情况下，也可以实现跨账本 DVP。跨链原子交易有帮助不同账本之间实现互操作性的潜力，并且不需要账本之间有任何连接或特定排列。

第三，基于具体设计，在分布式账本技术环境中实现跨账本 DVP 有一定的复杂性，并可能造成其他需要解决的问题。在账本之间没有连接的情况下，实现跨账本 DVP 需要两个交易对手方进行几次迭代和交互。这种设计可能会影响交易速度，并可能需要暂时阻塞流动性。从业务的角度来看，独立的账本之间可能会无意中互相影响；从风险的角度来看，使用哈希时间锁合约的跨账本 DVP 失败，其中一个交易方可能会面临较大风险。

（三）同步跨境转账

现行的跨境转账方案存在效率低、手续费高、无法实时收款等问题。如图 17.13 所示，付款人 A 和收款人 C 之间存在中间人 B，整个转账过程可以分为 A 转账给 B 和 B 转账给 C 两个步骤。如果 B 收到 A 的转账之后，没有完成给 C 转账，那么 A 将面临损失本金的风险。

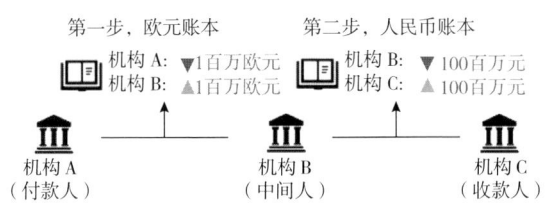

图 17.13 跨境转账流程示意图

在跨境转账中，如果不同账本之间进行同步结算，那么信用风险就会大大降低。Stella 项目第三阶段的目标是为跨境转账提供新型解决方案，提高跨境转账的安全性。

1. 研究设置

在 Stella 项目第三阶段的研究中，账本可以是中心化账本或分布式账本。研究试验分为两种：使用跨账本协议（Interledger Protocol）和不使用跨账本协议。使用跨账本协议的试验是用来研究两个中心化账本之间、两个分布式账本之间、一个分布式账本和一个中心化账本之间的转账；不使用跨账本协议的试验是用来研究两个分布式账本之间的转账。

在使用跨账本协议的两个中心化账本之间的转账试验中，中心化账本采用 Five Bells Ledger。结果表明，使用跨账本协议的两个中心化账本可以通过托管完成同步结算。

在使用跨账本协议的两个分布式账本之间的转账试验中，分布式账本采用 Hyperledger Fabric。结果表明，使用跨账本协议的两个分布式账本可以通过带有哈希时间锁合约的链上托管完成同步结算。

在不使用跨账本协议的两个分布式账本之间的转账试验中，分布式账本采用 Hyperledger Fabric。结果表明，不使用跨账本协议的两个分布式账本可以通过链上托管完成同步结算。

在使用跨账本协议的分布式账本和中心化账本之间的转账试验中，分布式账本采用 Hyperledger Fabric，中心化账本采用 Five Bells Ledger。结果表明，跨账本协议与账本的类型无关。

2. 研究方法

Stella 项目第三阶段的研究场景如图 17.14 所示，包括付款人、收款人和中间人。在转账过程中，各参与方采用的账本类型没有具体限制。各参与方之间的转账方法主要有 5 种：信任线（trustlines）、使用哈希时间锁合约的链上托管（On-Ledger Escrow Using HTLC）、第三方托管（Third Party Escrow）、简单支付通道（Simple Payment Channels）和使用哈希时间锁合约的条件支付通道（Conditional Payment Channels With HTLC）。

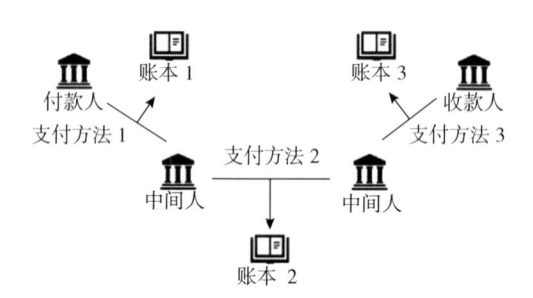

图 17.14　Stella 项目第三阶段的研究场景示意图

（1）信任线。

信任线是交易双方在信任基础上进行交易的一种方法。在信任线中，不会把每一笔交易都在账本上进行结算，只会将最终的结算状态记录在账本上。使用信任线的转账可以分为 3 个阶段：建立阶段、状态更新阶段和结算阶段。

① 建立阶段。

付款人 A 和收款人 B 在同一账本上拥有账户,那么 A 和 B 之间可以建立信任线,并设定各自的信任线额度。在达到信任线额度之前,A 和 B 之间的交易无须结算。

② 状态更新阶段。

当准备交易时,付款人向收款人发送哈希值和规定时间,只要收款人在规定时间之前提供哈希原像,那么双方的信任线状态会更新,收款人的账户余额增加,付款人的账户余额减少。未结算的交易总额或信任线的状态由交易双方保存在各自的数据库中。从技术上讲,只要不超过信任线额度,交易双方就可以一直使用信任线进行双向交易。

③ 结算阶段。

交易双方将总净额在账本上进行结算,并将最终状态记录在账本上。

(2) 使用哈希时间锁合约的链上托管。

在使用哈希时间锁合约的链上托管方法中,付款人的资金由账本托管。付款人向收款人发送哈希值和规定时间,如果收款人在规定时间内提供哈希原像,那么收款人就可以收到转账资金;如果收款人不能在规定时间内提供哈希原像,那么转账资金退回给付款人。由于交易的传输和处理时间会被计算在规定时间内,所以这种方法更适合支持高速交易的账本系统。

(3) 第三方托管。

第三方托管依赖于可信的第三方,在概念上与使用哈希时间锁合约的链上托管类似。付款人将转账信息发送给交易双方都信任的第三方,并将资金转到第三方拥有的账户上。如果收款人在规定时间内提供哈希原像,那么第三方会将托管的资金转给收款人。如果收款人不能在规定时间内提供哈希原像,那么第三方会将托管的资金归还付款人。

(4) 支付通道。

支付通道的特点是交易双方可以合并多个交易而只结算最终账户的净轧差。在支付通道中,交易双方需要在同一账本拥有账户。交易分为以下 3 个阶段:建立阶段、状态更新阶段以及结算阶段。

①建立阶段。

交易双方或其中一方将一定数量的资金托管在一个临时、共享的支付通道中。

②状态更新阶段。

在交易开始前，双方先签署一个状态声明，用以表示支付通道中双方资金分配。之后，每个新的状态声明都是双方资金分配的更新版本。交易双方可以直接发出状态声明，不需要有任何资金转入或转出账本上的共享账户。只要交易双方的余额为正值，便可持续在支付通道中进行双向交易。

③结算阶段。

一旦有一方参与者想停止使用支付通道，可以执行退出操作。将最后的状态声明更新提交至账本，结算后的余额会退给发起支付通道的交易双方。账本可以通过核实签名和最后结余来验证状态更新的有效性，防止参与者使用无效状态来退出支付通道。

支付通道还可以细分为简单支付通道和使用哈希时间锁合约的条件支付通道，两者之间的主要区别在于，哈希时间锁合约是条件支付通道的状态声明的一部分，当状态声明被提交至账本时，哈希时间锁合约也会被提交至账本。

3. 研究结论

Stella 项目第三阶段研究的几种转账方法的比较见表 17.3。

表 17.3　转账方法的对比

支付方式	链上/链下	是否托管或有资金锁定	对条件支付的执行	对分布式账本的特定要求
信任线	链下	无	无	无
链上托管	链上	有	由分布式账本执行	有
第三方托管	链上	有	由第三方执行	无
简单支付通道	链下	有	无	有
条件支付通道	链下	有	由分布式账本执行	有

对于安全性，链上托管、第三方托管和条件支付通道都有强制性机制，可以确保在交易过程中完全履行自己责任的交易方不会面临损失本金的风险。

对于流动性效率而言，5种支付方法的排序是信任线、链上托管和第三方托管、简单支付通道和条件支付通道。信任线的流动性效率优于其他支付方法。链上托管和第三方托管（只需要托管本次转账所需的资金）的流动性效率一般优于简单支付通道和条件支付通道（要托管支付通道中所有需要支付的资金）。

从技术角度来看，通过使用同步支付和锁定资金的方法可以提高跨境转账的安全性。需要指出的是，实施这种新方法之前需要进一步思考法律政策、技术成熟度和成本效益等问题。

（四）平衡机密性和可审计性

业内的研究人员提出很多方案来解决分布式账本中交易信息的机密性和隐私保护问题。这些解决方案会限制未经授权的用户获取交易信息，通常被称为增强隐私技术（Privacy-Enhancing Technologies，简写为PET）。同时，为了确保基于分布式账本技术的金融市场基础设施的可审计性，经过授权的第三方审计机构需要获得必要的交易信息。在一定程度上，机密性和可审计性存在矛盾。

Stella项目第四阶段的目标是平衡交易信息的机密性和可审计性。具体来讲，Stella项目第四阶段将应用在分布式账本技术中的增强隐私技术进行介绍和分类，并评估交易信息是否可以被经过授权的审计机构进行有效审计。

1. 应用在分布式账本技术中的增强隐私技术

Stella项目第四阶段根据增强隐私的基本方法将增强隐私技术分为3类，这些增强隐私的技术方法并不是相互排斥的，它们可以合并应用，进一步增强机密性。

（1）隔离技术。

隔离技术可以增强分布式账本技术网络的机密性，即交易信息在交易参与者范围内隔离，只在"有必要知道"的基础上进行共享。使用隔离增强隐私技术时，网络中不存在所有参与者都能访问的、包含所有交易信息的公共账本，每个参与者只能访问到与自己相关的交易信息。

①Corda 的隔离技术。

Corda 的参与者在网络中进行特定通信，交易信息只在获得授权参与者之间共享，而网络中的其他参与者不能访问交易信息。同时，Corda 网络中还设置了公证人角色，以防止出现"双花"。

②Hyperledger Fabric 的隔离技术。

Hyperledger Fabric 为参与者提供频道功能，这些频道将整个网络分成若干子网络，参与者只能访问子网络的账本，不能访问全网账本。参与者必须经过认证和授权才能处理和维护特定子网络的账本，因此，参与者只能访问自己参与的交易。隔离技术示意图如图 17.15 所示。

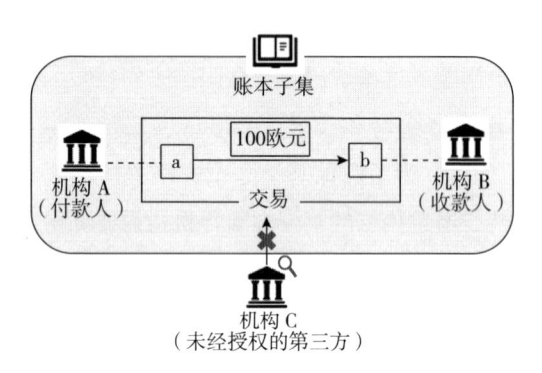

图 17.15 隔离技术示意图

③链下支付通道。

通过链下支付通道，资金可以在主网之外进行交易。参与者不需要将所有交易信息在全网进行广播，从而增强交易信息的机密性。

（2）隐藏技术。

在交易层面上，可以通过隐藏技术来防止未经授权的参与者访问交易信息，从而增强交易信息的机密性。隐藏技术示意图如图 17.16 所示。

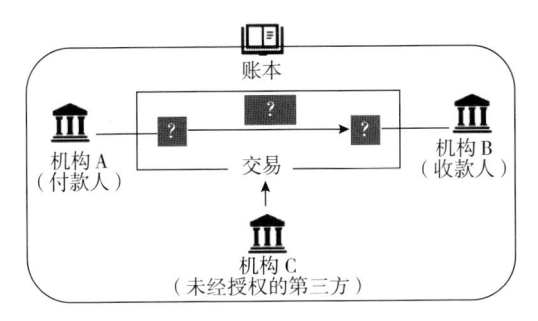

图 17.16　隐藏技术示意图

①Quorum 的隐私交易。

Quorum 平台提供隐私交易的功能，参与者可以对未经授权的第三方隐藏他们的交易信息。在执行交易之前，交易者可以指定隐私交易的参与方。隐私交易的详细交易信息存储在隐私账本，公开账本只记录交易信息和发送方的哈希值。

②Pedersen 承诺。

Pedersen 承诺是指发送方创建一个交易量的承诺来进行全网广播，但不向全网透露实际交易量。Pedersen 承诺是通过网络定义的参数和发送方选择的参数创建的。交易参与者可以使用 Pedersen 承诺将账本上的交易金额替换为第三方不能破译的承诺。

③零知识证明。

零知识证明是指在不向验证者提供任何实际信息的情况下，使验证者相信某个论断是正确的。在分布式账本技术网络中，零知识证明可以用来增强交易信息的机密性。

（3）切断联系技术。

增强隐私技术可以用于切断公共账本上可见的发送方、接收方信息与实际交易信息之间的关系。未经授权的第三方可以查看交易参与者和交易金额，但无法确定交易关系，即无法确定哪个参与者是发送方或接收方。切断联系技术示意图如图 17.17 所示。

①一次性地址。

参与者可以对每个交易使用不同的化名或地址（一次性地址），以

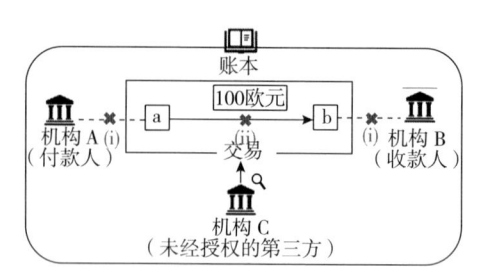

图 17.17　切断联系技术示意图

防止身份与参与的交易关联起来。一次性地址技术广泛应用于各种方案和项目中，增强了交易信息的机密性。对于参与者需要管理大量地址而引起的操作复杂性问题，HD 钱包（分层确定性钱包）可以解决。一次性地址之间没有明显的关联，第三方很难将这些地址联系在一起。

② 混币。

混币原理就是多个参与者混合参与多个交易，单个交易中的发送方和接收方的地址被分离，未经授权的第三方很难从中找到一一对应的映射关系，增强了交易信息的机密性。

③ 环签名。

环签名技术可以用来证明签字人属于一组签字人，而不透露具体是哪个签字人。简单来讲，就是环签名所形成的群组里面，未经授权的第三方仅能知道参与环签名的人是这个组里面的人，却无法知道具体是组里的哪个人。

2. 交易信息的可审计性

对交易信息的审计方法和审计有效性在很大程度上取决于网络中采用的增强隐私技术。

（1）评估可审计性的角度。

Stella 项目第四阶段从 3 个维度来评估交易信息的可审计性，即获得必要信息、所获得信息的可靠性、审计过程的效率。

① 获得必要信息。

审计机构是否能获得进行审计活动的必要信息是评估可审计性的第一个维度。当分布式账本技术网络中应用增强隐私技术时，审计机构不能查看和解析所有交易信息。因此,审计机构需要其他可信的数据源。可信的数据源可以是分布式账本技术网络中设计的角色(如Corda 的公证人)或信誉良好的第三方(如混币服务商)。可信的数据源向审计机构提交必要信息的过程,必须确保审计机构能够对必要信息进行访问。

②所获得信息的可靠性。

审计机构获得必要信息后,评估可审计性的重点是所获得信息的可靠性。如果审计机构通过所获得的信息可以得到原始交易信息,那么所获得的信息被认为是可靠的。

③审计过程的效率。

审计过程的效率也是评估可审计性的重要因素。效率可以由资源的消耗来衡量(例如计算能力、数据存储和通信带宽)。如果审计过程消耗了过多的计算能力,或者网络和审计框架的设置方式使得审计机构和交易参与者必须为每个交易进行通信,那么可以认为审计过程的效率太低。

(2)对每种增强隐私技术的可审计性进行评估。

①Corda 的隔离技术。

在 Corda 网络中,审计机构可以通过公证人获得所有必要信息,进行有效审计。

②Hyperledger Fabric 的隔离技术。

在 Hyperledger Fabric 网络中,所有频道的交易都会发送到排序服务机构,审计机构可以将排序服务机构作为可信数据源进行审计。审计机构也可以在 Hyperledger Fabric 网络中部署观察者节点,从而获得必要信息进行审计。

③链下支付通道。

对于链下支付通道,审计机构可以对开通或关闭链下支付通道进行审计,但是无法审计链下支付通道发生的每一笔交易。如果网络中存在链下支付通道的交易枢纽(hub),那么这个交易枢纽中会记录每一笔交易信息,审计机构可以将其作为可信数据源进行审计。

④Quorum 的隐私交易。

在 Quorum 网络的隐私交易中,发送方和交易信息的哈希值记录在公共账本上。审计机构可以解析发送方的信息,但它需要发送方提交交易信息,以验证记录在账本上的哈希值。因此,审计机构和参与者之间需要频繁通信,对审计效率产生负面影响。提高效率的可行方案是审计机构在网络中部署观察者节点。

⑤Pedersen 承诺。

在 Pedersen 承诺中,实际的交易金额被隐藏。为了解析承诺,审计机构需要交易参与方提供他们选择的参数或交易金额。如果审计机构能同时获得选择的参数和交易金额,那么审计机构解析承诺所需的计算资源最小,审计过程的效率足够高。如果审计机构只获得选择的参数,没有获得交易金额,那么审计机构解析承诺所需的计算资源会大大增加,审计过程的效率会大受影响。

⑥零知识证明。

零知识证明的可审计性与具体实施方案有关。当发送方和接收方的信息被零知识证明隐藏时,审计机构无法从公共账本记录的信息中识别交易方,因此无法完成审计。

⑦一次性地址。

审计机构需要参与者提供每笔交易使用的一次性地址,但审计机构无法确保参与者提供信息的真实性,因此无法完成审计。

⑧混币。

如果使用的混币技术存在中间服务商,那么审计机构可以将中间服务商作为可信数据源,完成审计。如果使用的混币技术是基于 P2P 网络,审计机构需要参与者提供交易信息,但无法确保参与者提供信息的真实性,因此无法完成审计。

⑨环签名。

审计机构无法确定环签名中具体的签名人,因此无法完成审计。

3. 研究结论

几种增强隐私技术的机密性对比见表 17.4。表 17.4 列出了未经授权的第三方是否可以查看和解析发送方、接收方和交易金额的信息。同时,多种增强隐私技术的组合使用可以达到更高级别的机密性。

从可审计性的 3 个评价维度出发,几种增强隐私技术的可审计性对比见表 17.5。

表 17.4　几种增强隐私技术的机密性对比表

种类	增强隐私技术	发送方	接收方	交易金额
隔离技术	Corda 的隔离技术	不可以	不可以	不可以
	Hyperledger Fabric 的隔离技术	不可以	不可以	不可以
	链下支付通道	可以	可以	不可以
隐藏技术	Quorum 的隐私交易	可以	不可以	不可以
	Pedersen 承诺	可以	可以	不可以
	零知识证明	不可以	不可以	不可以
切断联系技术	一次性地址	不可以	不可以	可以
	混币	不可以	不可以	可以
	环签名	不可以	可以	可以

表 17.5　几种增强隐私技术的可审计性对比表

增强隐私技术		信息可获得	信息可靠	效率
Corda 的隔离技术		满足	满足	满足
Hyperledger Fabric 的隔离技术		满足	满足	满足
链下支付通道	有交易枢纽	满足	满足	满足
	没有交易枢纽	满足	不满足	/
Quorum 的隐私交易	部署观察节点	满足	满足	满足
Pedersen 承诺	获得参数和交易金额	满足	满足	满足
	获得参数	满足	满足	不满足
零知识证明	隐藏发送方、接收方信息	不满足	/	/
一次性地址		不满足	/	/
混币	基于中间服务商	满足	满足	满足
	基于 P2P 网络	满足	不满足	/
环签名		不满足	/	/

在很多情况下，有效审计依赖于网络中存在的中心化可信数据源。但过度依赖中心化可信数据源可能会导致审计过程中的单点故障。多种增强隐私技术的组合使用可以达到更高级别的机密性，但同时会影响交易信息的可审计性，因此需要在机密性和可审计性之间做出取舍。

增强隐私技术的具体实施方案会影响可审计性。不同类型的增强隐私技术在可审计性方面存在一般性的特征。对于隔离技术，没有共享的公共账本记录所有的交易信息，因此审计机构依赖于拥有所有交易信息记录的可信数据源。对于隐藏技术，隐藏的交易信息以可验证的形式记录在公共账本上，因此，实现有效审计的关键是获得必要的交易信息。对于切断联系技术，它的主要特点是很难从公共账本记录的信息中确定交易关系，因此，需要建立一种机制来存储关于发送方、接收方身份以及交易关系的原始信息集，并与审计机构共享这些信息。

需要指出的是，当前对每种增强隐私技术可审计性的评估结果并不是最终结论，评估结果可能会随着技术的发展而发生变化。欧央行和日本银行对可审计性的关注程度很高，未来各国央行采用的增强隐私技术肯定会兼具可审计的特点。

（五）对 Stella 项目的思考和总结

Stella 项目由欧央行和日本银行进行联合研究，探究分布式账本技术是否可以实现更安全、更快速和更便宜的金融交易。Stella 项目有助于促进关于分布式账本技术在金融市场基础设施的可用性方面更广泛的讨论。

Stella 项目着重于支付系统、证券结算系统、同步跨境转账等金融市场基础设施的研究，同时也对交易信息的机密性和可审计性做了大量研究。从这里可以看出，欧央行和日本银行未来对分布式账本技术的重点应用方向。

Stella 项目并不是用来复制或挑战现有系统，官方的研究报告中也多次强调分布式账本技术的实际应用会面临法律政策的监管。同时,分布式账本技术的应用成本也是一个必须考虑的问题。

数字货币除了用于支付场景,也会用于金融交易场景。而金融交易场景离不开数字资产、金融交易后处理。不研究金融交易后处理,就不能完整地理解数字货币和数字资产。因此,Stella 项目对金融交易后处理进行了多次研究试验。

目前,欧央行和日本银行并没有官方宣布发行央行数字货币的计划,但如果未来欧央行和日本银行发行央行数字货币,Stella 项目的大量研究成果是非常重要的技术积累。

第十八章　数字资产

本章介绍的数字资产有 3 种类型：第一种是原生于区块链的数字资产；第二种是现实世界资产（比如证券）的通证凭证；第三种是基于央行数字货币的可编程性构造金融资产，在现实中还没有，被称为"原生数字金融资产"。

一、原生于区块链的数字资产

原生于区块链的加密资产一般具有以下共同特征。一是加密资产发行由算法决定，与现实世界的资产或信用无关。二是加密资产用途由人为赋予，可以作为支付工具购买一般商品或服务，也可以作为凭证兑换某些特定商品或服务，还可以代表特定场景下收益权或特定社区治理权，并依次分为证券型、支付型和功能型 3 类。

（一）证券型数字资产

证券型数字资产按照传统的证券监管方式进行管理。在这种情况下，数字资产发行和交易都要遵守所在国的证券法。至于判断数字资产是否属于证券的方法，各国政府之间并没有统一标准。

以美国为例。美国证券交易委员会使用豪威测试来判断一种金融工具是否属于证券。豪威测试共包含 4 个标准：第一，有资金投入；第二，投资于一个共同事业；第三，期待从投资中获取利润；第四，利润的产生源自发起人或第三方的努力。在豪威测试中得分越高，说明该金融工具的属性越接近证券。2019 年 4 月，美国证交会基于豪威测试发布了一份数字资产投资合同分析框架，为判断数字资产是否属于证券提供官方指导。美国证交会认为,目前市面上大多数数字资产都满足"有资金投入"和"投资于一个共同事业"这两项标准。对于另外两项标准,美国证交会指出,如果数字资产的发展依赖某公司或中心化实体的努力,并且购买者存在从投资中获得合理利润的预期,那么这种数字资产就被视为证券。需要指出的是,如果某种数字资产的去中心化程度足够高,有明确的应用场景,并且价格变化与应用情况相关而不是来自投资者对利润的预期,那么这种数字资产就不属于证券。美国证交会已经证实比特币和以太坊不属于证券。

如果某种数字资产被美国证交会认定为证券,那么这种数字资产的发行、销售和交易需要遵守《美国 1933 年证券法》和《美国 1934 年证券交易法》,并受到美国证交会严格监管。2018 年 11 月,美国证交会发布《数字资产证券发行与交易声明》,鼓励有利于投资者和资本市场的技术创新,但同时也强调证券型数字资产必须遵守现有的证券法框架。

美国证交会对 ICO 的监管非常严格。尽管很多数字资产的发行人在进行 ICO 时声称是功能型数字资产,不应该受到美国证交会的监管,但美国证交会认为大部分的 ICO 都是有价证券,应该登记注册并接受监管。美国证交会已向可能违反证券法的区块链公司发出了大量传票。证券型数字资产的发行人在进行 ICO 前,必须向美国证交会登记注册,并提交申请报告,披露与 ICO 相关的各种信息,这种代币发行方式被称为 STO。发行人也可以根据 Reg A+、Reg D、Reg S、Reg CF 的要求豁免登记。其中,Reg A+ 来源于《美国 1933 年证券法》,申请流程类似于 IPO,需要项目方披露大量相关信息。2019 年 7 月,Blockstack 通过 Reg A+ 豁免法案,成为第一个符合美国证交会发行条件的区块链项目。在 Blockstack 之后,YouNow 等区块链项目也通过了 Reg A+ 豁免法案。通过了豁免法案的数字资产不需要在美国证交会登记,但仍然需要遵守《证券法》。

证券型数字资产的交易环节必须满足《美国 1933 年证券法》和《美国 1934 年证券交易法》的要求。证券型数字资产只允许在美国局正式的权力以对支付机构提出以下要求：指定的支付系统运营商或主要支付机构必须允许第三方访问其运营的任何支付系统，并且所实施的访问制度必须公平且不具歧视性；主要支付机构必须加入指定的通用平台，以实现支付账户的互操作性；主要支付机构必须采用通用标准，使广泛使用的支付接受方式具有互操作性。第四，对技术风险的防控。新加坡金融管理局要求服务商在用户认证、数据丢失保护、网络攻击预防和检测等领域有足够的风险防控能力。

总的来说，《支付服务法案》使新加坡成为对数字资产业务有明确监管的国家，填补了新加坡对支付型数字资产的监管空白。《支付服务法案》实施之后，会有越来越多的数字资产服务商受稳定政策吸引而到新加坡开展相关业务，有利于新加坡数字资产行业的快速发展。

在日本，数字资产是一种合法支付手段。数字资产的监管由日本金融厅（FSA）负责，需要遵守《支付服务法》。对于数字资产发行，2019年3月日本监管部门要求识别和管理数字资产托管业务并规范ICO。对于交易环节，《支付服务法》规定日本只允许在当地财政局注册的数字资产交易所运行，同时运营商必须是股份公司或者在日本有办事处的外国数字资产交易所，数字资产交易所需要申请牌照。对于AML要求，日本金融厅对交易所强制执行严格的反洗钱协议。《防止转移犯罪所得法》规定，数字资产交易所必须符合反洗钱条例要求，交易所有义务检查客户身份，保留交易记录，并在识别可疑交易时通知监管当局。同时，日本监管部门对于具备高度匿名性以及容易被用来洗钱的数字资产［如门罗币（XMR）、达世币（DASH）等］持有明确的抵制态度。

（三）功能型数字资产

功能型数字资产也被称为应用型数字资产，各国监管部门并没有给出功能型数字资产的判断标准。借鉴美国证交会对证券型数字资产的判断方法，假如某个数字资产在豪威测试中得分较低，那么这种数字资产的证券属性也比较低,就可能会归入功能型数字资产的分类。

功能型数字资产是项目方为自己提供的服务或者产品而发行的,主要应用于项目生态内部,应用范围比较小。一般来说,项目方发行功能型数字资产的目的是募集资金,这在某种程度上类似于服务或者产品的预售。同时,项目方在设计上会使功能型数字资产的升值空间有限,鼓励用户使用而不是投机。例如,以太坊或柚子(EOS)等智能合约平台上的某个游戏或博彩项目发行了一种数字资产,该数字资产仅可在本项目中使用,购买者的目的就是在游戏或博彩中消费,那么这种数字资产就可以视作一种功能型数字资产。

目前来看,各国监管部门并没有将功能型数字资产纳入监管,功能型数字资产的政策风险更低。但是,由于功能型数字资产的项目规模较小,项目前景的不确定性非常高,其价值难以得到有效支撑,各国监管部门会提醒投资者注意防范功能型数字资产的投资风险。

二、证券资产上链

现实世界资产(比如证券)的通证凭证的价值来自所挂钩的资产或信用,同时发挥区块链的交易即结算和可编程性等特点。这种数字资产在经济逻辑上与稳定币类似,只是后者挂钩法定货币或法定货币篮子,前者可以挂钩证券、实物资产甚至是隐私数据的使用权。这种数字资产的经济合理性在于:一是可能把非流动性资产切割成可以流通转让的标准化份额,提高市场流动性,但这需要在金融监管框架下运行,特别是要遵守投资者适当性规则;二是在挂钩证券时,可能改进金融交易后处理流程,改变证券托管、交易和结算体系。2017年,国际清算银行支付和市场基础设施委员会发布研究报告《支付、清算和结算中的分布式账本技术:一个分析框架》。一些证券交易所做过这方面的试验,它们的一个重要发现是:区块链用于金融交易后处理,只有配合央行数字货币时,才能实现自动实时的 DVP 和监控资金流向等功能,否则区块链的改进作用并不大。

(一) 资金和证券通证化的经济学逻辑

1. 通证化的一般逻辑

正式讨论前有必要先厘清 3 个概念：账户、通证和账本。在本文中，账户对应 Account。比如，证券记录在中央证券托管机构（CSD）账户中，而电子化的中央银行货币记录在中央银行存款准备金账户中，商业银行存款记录在商业银行存款账户中。这些都是账户范式下的价值表达方式，资产的所有权和交易记录都由中心化的账户管理者维护和更新。通证作为数字凭证，是另一种价值表达方式。账户范式和通证范式之间的比较可见邹传伟（2019a）的文章。账本对应 Ledger，记录资产所有权和交易，可以采取账户范式，也可以采取通证范式。

邹传伟（2019a）讨论了资金和证券通证化应遵循的规则。通证在存在形态上是一段计算机代码，没有任何内在价值。通证的价值来自所承载的资产（可以是资金或证券），需遵循 3 个规则。一是 1∶1 发行规则。通证发行机构基于标的资产按 1∶1 关系发行通证。二是 1∶1 赎回规则。用户向通证发行机构退回 1 单位通证，通证发行机构向用户返还 1 单位标的资产。在前两个规则下，通证发行机构确保通证与标的资产之间的双向 1∶1 兑换。三是可信规则。通证发行机构必须定期接受第三方审计并充分披露信息，确保作为通证发行储备的标的资产的真实性和充足性。在这 3 个规则的约束下，1 单位通证代表了 1 单位标的资产的价值。在通证有二级市场交易时，通证市场价格会偏离标的资产的价值，但市场套利机制会驱动价格向价值回归。一旦这 3 个规则没有被全部严格遵守，市场套利机制的效果就会减弱，通证价格会与标的资产的价值脱钩，但不一定完全脱钩。此外，账本中每个地址的通证数量记录了资产所有权信息，而地址之间的通证转移记录了资产交易信息。

2. 资金的通证化

CPMI（支付与市场基础设施委员会，2019）用图 18.1 说明批发结算通证（Whole Settlement Token）的机制设计，步骤如下：第一，银行 A 为购买通证，向通证安排账户（Token Arrangement Account）转入资金；第二，通证安排账户余额增加，触发通证发行者新发行等量通证；第三，新发行通证转给银行 A；第四，银行 A 转通证给银行 B，这个转让是点对点的；第五，银行 B 赎回通证，将一定数量的通证转回通证发行者；第六，通证赎回触发通证安排账户转出等量资金；第七，这些资金转入银行 B 的账户。图 18.1 显示了批发结算通证的发行、转让和赎回机制，体现了 1∶1 发行和 1∶1 赎回这两个规则。图 18.1 左边是账户范式下的操作，右边是通证范式下的操作，说明这两个范式之间应该有互操作性（interoperability）。互操作性的含义是，不同系统或机制之间在技术和法律上的兼容性。图 18.1 的机制对资金的通证化普遍适用，不限于批发结算场景。

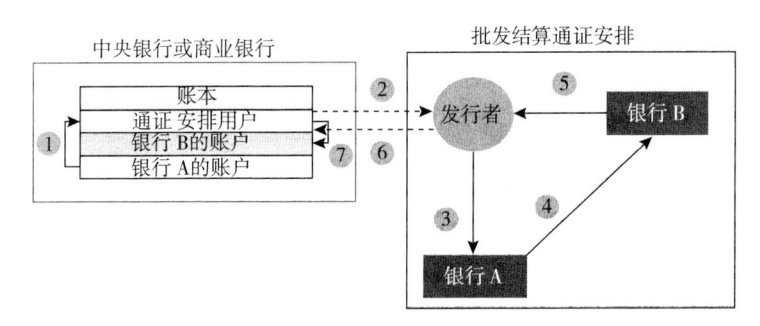

图 18.1　批发结算通证的机制设计

根据姚前（2018）对中央银行数字货币原型系统的设计，为保证数字货币发行和回笼不改变中央银行货币发行总量，商业银行存款准备金和数字货币之间有等额兑换机制——在发行阶段，中央银行扣减商业银行存款准备金至数字货币发行基金，等额发行数字货币；在回笼阶段，中央银行等额扣减数字货币发行基金至商业银行存款准备金，注销数字货币。如果将图 18.1 中的通证安排账户理解成数字货币发行基金，把通证发行者理解成中央银行，图 18.1 实际上很好地描述了姚前（2018）的设计。另外，如果将图 18.1 中的通证安排账户理解成 Libra 法币储备池，银行 A 和 B 理解为 Libra 授权经销商，通证发行者理解为 Libra 联盟，图 18.1 也符合 Libra 的设计方案（Libra Association，2019），只不过授权经销商和法币储备池之间的交易单位是一篮子货币。

3. 证券的通证化

前文讨论了资金通证化的经济学逻辑，这个逻辑对证券通证化也适用。用通证代表证券时，既可以用通证代表已有证券，也可以代表新发行通证形式的证券。要理解通证化证券，最好的方式是将其与存托凭证相比较。Ubin 项目和 Jasper 项目在介绍资金和证券通证化时，就直接用存托凭证这个概念。

存托凭证是在一国证券市场发行流通，代表境外公司有价证券（称为"基础证券"）的可转让凭证，每个存托凭证代表一定数量的基础证券。存托凭证业务中有两个核心机构：一是存托机构，作为存托凭证的名义发行人和存托凭证市场中介，为存托凭证投资者服务，包括存托凭证的发行、注册、过户和注销；二是托管机构，是存托机构在基础证券发行国安排的银行，负责托管存托凭证所代表的基础证券。存托凭证按基础证券是新增发行和已有存量，分为融资型和非融资型。

存托凭证可以与基础证券进行跨境交易。在境内投资者向境内经纪商发出购买存托凭证的指令后，境内经纪商可以选择在境内市场买入存托凭证，也可以通过境外经纪商在境外市场买入基础证券，经存托机构转换成存托凭证后卖给境内投资者（1∶1 发行规则）。在境内投资者向境内经纪商发出卖出存托凭证的指令后，境内经纪商可以选择在境内市场卖出存托凭证，也可以通过境外经纪商在境外市场卖出基础证券，同时存托机构注销等量存托凭证（1∶1 赎回规则）。因为跨境交易形成的套利机制，存托凭证与基础证券之间一般不会出现较大的价格差异。

通证化证券可以视为区块链存托凭证（Blockchain Depository Receipt，简写为 BDR）或数字存托凭证（Digital Depository Receipt，简写为 DDR），只不过主流存托凭证打通的是境外证券和境内投资者，区块链存托凭证打通的则是同一证券的账户形态和通证形态（图18.2，其中实线表示账户操作，虚线表示通证操作）。存托机构在证券通证化中居于核心地位。存托机构按照存托协议的约定持有基础证券，委托托管机构托管，并在区块链上签发代表基础证券的通证凭证。不难看出图18.1和图18.2之间的同构关系：通证安排账户对应着存托机构的证券账户，通证发行者对应着存托机构。存托机构可以是商业银行或证券公司，也可以是证券交易所或中央证券托管机构。如果中央证券托管机构担任存托机构，就是姚前（2019）说的中央证券托管机构与证券结算系统融为一体的情况。

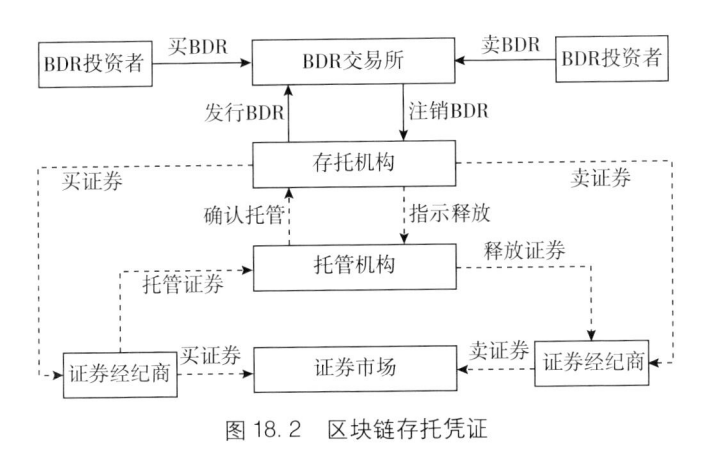

图18.2 区块链存托凭证

以上讨论了资金和证券通证化的经济学逻辑。应该说，这个逻辑并不复杂，但法律问题复杂得多。CPMI（2019）提出，要研究通证持有者的法律权利，以及通证持有者、通证发行者与通证的储备资产之间的关系。比如，通证持有者是对通证发行者有索取权，还是对通证的储备资产有索取权？如果是后者，通证持有者是作为个体还是作为一个整体对储备资产有索取权？这会造成不容忽视的合规风险和操作风险。对账户范式下的金融交易后处理，已有长期探索和研究，建立了一系列风险缓释和管理机制，而通证化证券的法律基础仍有待研究。

时作为存托凭证交易所及存托机构的角色,而比特币及以太坊等公链则作为托管机构的角色。D3ledger 不需要有实体托管机构牵涉其中,从而降低来自托管机构方面的信用风险。

3. 德意志交易所的 Blockbaster 计划和证券代币化平台 Daura

(1) Blockbaster 计划。

2016 年开始,德国央行(German Bundesbank)、德意志银行(Deutsche Bank)与德意志交易所(Deutsche Boerse)开始试验 Blockbaster 计划。Blockbaster 计划建立在由数字资产开发的区块链平台上。平台底层架构为 Hyperledger Fabric。Blockbaster 计划了 3 个研究目标:一是研究基于区块链转账的可行性与可靠度,二是研究基于区块链清算机制的成本,三是评估基于区块链的金融交易效率。

研究内容包含 3 个:一是试验区块链证券发行、结算和赎回的整个历程,二是资金移转,三是资金结算。试验涵盖 1 000 个使用者、500 档证券以及 20 万笔交易。其中 20 万笔交易被拆成 3 类:DVP、FOP(纯券过户)以及现金交易。

试验证明了基于区块链的金融后交易后处理的逻辑性足够且具备可行性。该试验花费 35 分钟完成这些交易,平均每秒交易吞吐量为 95 个交易请求,且交易间隔在 2 毫秒内,链上清算效率足够。Blockbaster 试验归纳出基于区块链的清算系统有几个缺点。第一是交易冲突。试验中有一定量的交易冲突但是在可接受范围内,交易冲突主要发生在 DVP 以及现金交易中。第二是系统耗能高。基于区块链的清算系统会造成高 CPU 使用率以及经常性的系统延迟。

(2) Daura。

Daura 是一个证券代币化平台,由瑞士电信创立。2019 年年底,Daura、德意志交易所及欧洲期货交易所成功试验基于区块链的金融交易后服务。该次试验存在三方角色。第一,欧洲期货交易所为付款方,并利用 Corda 平台进行资金通证化。欧洲期货交易所向瑞士国家银行(Swiss National Bank)下的通证账户转入资金(瑞士法郎),触发 Corda 平台发行等量通证化资金至欧洲期货交易所通证地址。第二，Falcon Private Bank 为首的 3 家银行为付券方，利用 Daura 平台将证券通证化。证券通证化过程符合存托凭证发行过程，Daura 平台则为存托机构的角色。第三，Custodigit 为托管机构，提供安全解决方案及秘钥托管的服务。

该次试验付券端和付款端使用两种不同的区块链体系（Corda 和 Hyperledger Fabric），属于跨账本 DVP。该试验利用"跨链安全结算"进行逐步结算，确保结算过程保持原子性。Daura 链上证券交易结算如图 18.4 所示。

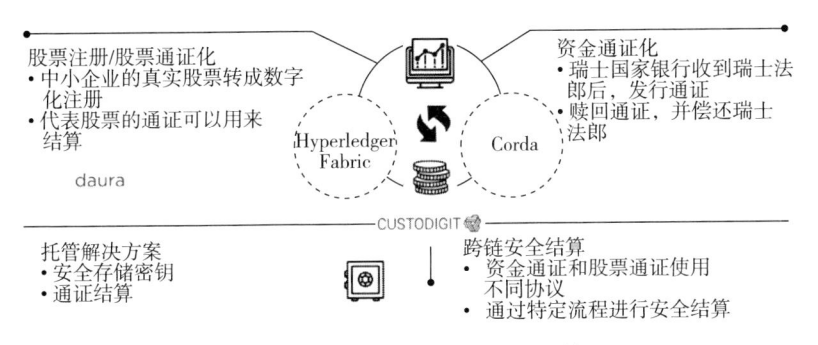

图 18.4 Daura 链上证券交易结算

4. 东京证券交易所

东京证券交易所（JPX）对区块链技术应用于机构间证券交易撮合进行了概念性试验，共有 26 家金融机构参与试验。东京证券交易所传统证券交易撮合包括 4 个步骤：一是交易发起；二是双方交易确认，包括交易细节及佣金；三是买方将交易佣金分配至卖方账户并通知卖方；四是双方核对交易数据，如无误则撮合成功。之后，一旦受托银行确认交易结果，将会自动产生双向结算数据。由于交易细节繁杂，传统证券交易在交易前都会进行频繁的沟通和确认，交易撮合效率低。

本次试验中，东京证券交易所利用区块链重构交易撮合流程。买卖双方在事前就佣金计算和计算逻辑达成共识，形成区块链上的智能合约。买卖双方都无须自行计算佣金，发生错配的概率降低。受托银行可以以逐笔交易的方式查询区块链上的合约数据，买卖双方的信息交换效率更高。如果受托银行确认交易细节后，可与中央托管结算机构直接链接，无须买卖方与中央托管结算机构之间进行频繁数据传输更新，如图18.5所示。

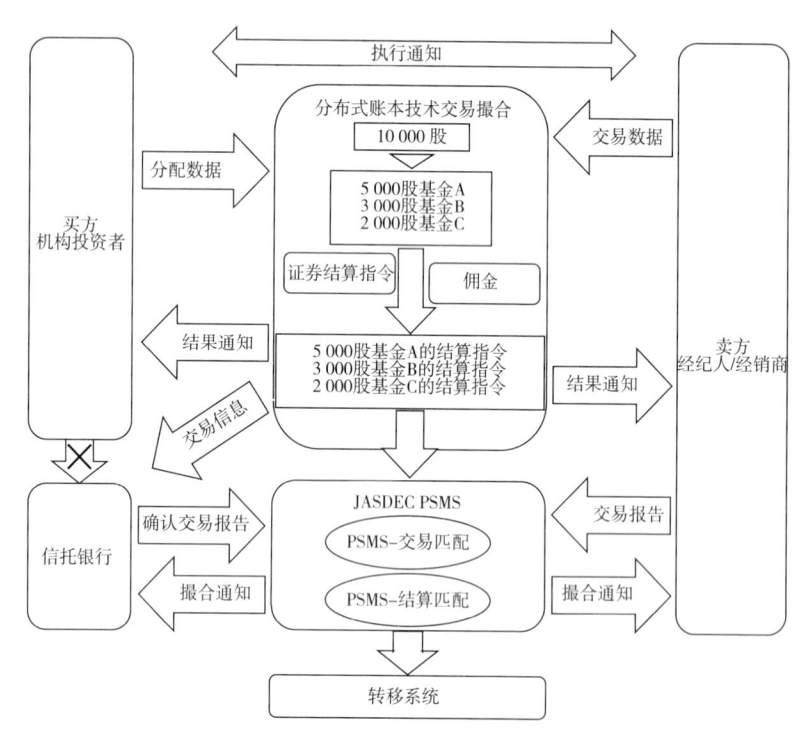

图18.5 东京证券交易所基于区块链的交易撮合解决方案

5. 加拿大的Jasper项目

2018年10月，加拿大银行（BOC）、TMX集团，以及非营利组织Payments Canada宣布实时证券结算项目"Jasper项目"测试完成。Jasper项目在实时证券结算中，分别实现了资金和证券通证化，且在清算方面可实践DVP。Jasper项目分为4个阶段，第四阶段与新加坡金管局的Ubin项目共同发布，在此不做评述。以下分析Jasper前3个阶段的研究结果。

(1) 阶段 1 和阶段 2。

Jasper 项目第一期及第二期主要研究目标是试验基于区块链的支付与结算可行性。阶段 1 和阶段 2 研究了基于区块链资金支付的三大功能：通证化资金的生成、转账及赎回。研究步骤如下：第一，加拿大央行生成通证化资金后，将通证发送至区块链上银行节点的综合账户（Omnibus Account）；第二，银行 A 通过区块链将通证点对点发送至银行 B 做交易；第三，日间结束前，银行 B 需要将通证发送给加拿大央行并兑换回现金，加拿大央行持有或销毁通证，并重新计算流通通证。Jasper 项目资产通证化过程如图 18.6 所示。

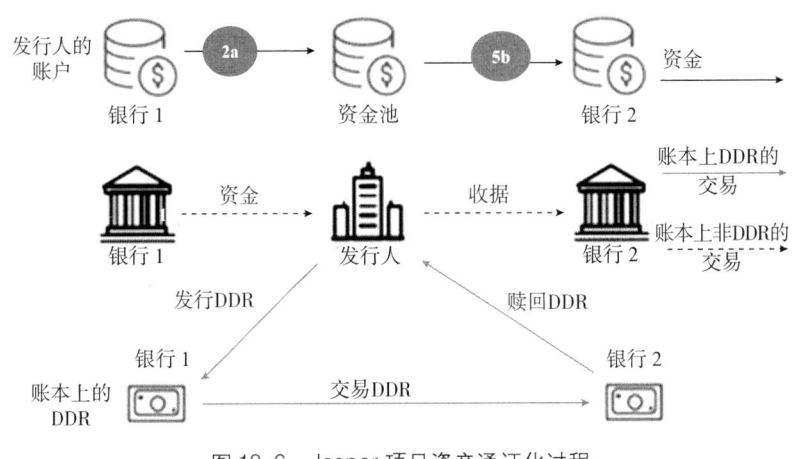

图 18.6　Jasper 项目资产通证化过程

阶段 1 以以太坊作为底层架构，试验结果证明以太坊并不足以支持支付系统的运作，主要涵盖 3 个风险：第一，数据透明度不佳，隐私成本过高；第二，存在流动性风险，各节点无法得知彼此未确认交易情况；第三，结算最终确定性差，交易容易失败。而试验成功之处在于支付系统可用性高，且运行成本较传统方式低。

阶段 1 的失败可以归因于平台架构问题。阶段 2 改以 Corda 作为底层平台，采用 UTXO 数据结构，并在双方交易中加入公证人角色，实现点对点资金转移。阶段 2 将支付系统加上流动性节约机制（Liquidity Saving Mechanism），用于解决支付拥堵的问题。

Jasper 项目中流动性节约机制的解决方案是在 Corda 平台上加入吸入（Inhale）以及呼出（Exhale）的机制。在流动性节约机制的匹配周期开始之前，银行向队列（Queue）付款。这些款项不会立即被添加到账本中，而是将付款指令加入队列中，直到匹配周期开始。匹配周期主要有两个步骤：首先，在吸入阶段，系统要求参与匹配周期的银行发送一定数量的通证至加拿大央行账户并验证上链，通证的数量根据算法而定；其次，在呼出阶段，以净额轧差的方式进行清算，将多余的通证返还银行账户。在一个匹配周期结束之前，银行可以自由输入或移除队列中的付款。但是区块链上流动性节约机制存在单点失败的问题，运行效率及可靠性尚且不足。阶段 2 试验结果中，交易的隐私性及稳定性较阶段 1 更高，流动性风险也得到缓解。但是相较于中心化系统，前文所述之流动性节约机制复杂性大幅提高，大额支付系统（LVTS）会增加运营风险。

（2）阶段 3。

阶段 3 主要研究目标是实现证券结算 DVP。以下是试验参与的角色：加拿大证券托管处（CDS）负责证券通证化，加拿大银行负责资金通证化。两个通证化的过程皆符合 DDR 的生成过程：通证均各自代表交易者账户存在 1∶1 等额资金或证券的凭证。阶段 3 证券结算属于单链 DVP，也就是付券端和付款端使用同一条区块链，并以逐笔全额的方式交付。

阶段 3 试验有两个结论：第一，基于区块链的清结算系统可以更好地整合中央证券托管机构及大额支付系统，实现逐笔全额结算而不会增加过多日交易量；第二，各系统之间存在松耦合关系，扩展性较高。通过整合后端系统，扩大范围经济并降低参与者的成本。但相较于传统中心化清结算系统，Jasper 项目存在一些问题。首先，由于采用逐笔全额结算，参与方流动性会受到限制。其次，Jasper 项目试验无法确定在多资产结算下，区块链是否可以节省成本。最后，在数据处理上，结算的双方可能会得知彼此隐私信息，而传统中央结算并无此问题。

6. 阿布扎比交易所

2019 年年底，阿布扎比交易所（ADX）与国际证券服务协会（ISSA）发布了基于区块链的数字资产报告。报告中概述了加密货币资产的发行、结算、保管和其他服务的关注要点。

（1）证券资产发行。

报告中对基于区块链的证券资产发行归纳出 3 个结论：第一，理论上基于区块链的证券资产发行可以对市场带来更高的效率，但由于监管的非标准化，目前区块链能否提高证券发行效率有待讨论；第二，证券资产上链提供另类非金融资产重要的投资管道，包含碎片化及规模化投资，监管层面需要扩展；第三，智能合约为证券发行阶段最重要的机制。一级市场可能因此出现新的功能，如智能合约验证服务。

（2）证券资产清算。

基于区块链的证券资产清算方式可以分为两种——链外清算以及链上清算，以下分别介绍两种清算方式。

①链外清算。

链外清算意味着付券端为通证范式，而付款端为账户范式。链外清算分为以下两种方式。第一种是实时清算。这种方式通过实时全额结算系统进行清算，适用于营业周期内的大额交易。付券端的区块链系统可以实时确认付款端是否有足够资金清算交易。付款端通过实时全额结算系统将资金转至付券端账户的同时，付券端将链上证券转至付款端链上地址，达成实时清算。第二种是条件清算，适用于小额或非营业周期内的交易。与实时结算的差别在于，条件清算只涉及账面上的清算，不具备最终性。交易会产生对手信用风险。

需要注意两点：第一，根据该报告研究，目前两种链外清算方式都难以达成多边净额结算；第二，链外清算在效率及成本节约上并无太大优势，传统中央结算系统效率更高。

②链上清算。

链上清算付款端与付券端都在区块链上清算交易，均属于通证范式。清算过程无须涉及传统法币系统。链上清算需要通证化资金及通证化证券参与。最理想的通证化资金为央行发行的稳定币，信用风险由高而低分别为商业银行以存款发行的稳定币、非银机构发行的稳定币。链上清算分为两种，单链 DVP 以及跨链 DVP，具体机制前文已详述。有两点需要注意：第一，链上清算可以实现实时 DVP，但是提升的效率可能与额外消耗的流动性抵消；第二，链上清算是否能实现最终性要以区块链性质而定，公有链有分岔的可能。

（3）其他相关证券。

企业股东会决议会影响到通证化证券，如发放股息或公司股票拆分。假设企业发放通证化现金股息，具体的步骤有 3 个。步骤 1：企业计算现金股息总额并发放至通证发行商（存托机构）账户。步骤 2：通证发行商通知通证持有者发放股息的事实，并统计股东钱包地址。步骤 3：通证发行商发放稳定币股利至通证持有者现金钱包。通证化股息发放涉及的问题主要有 3 个。一是通证化股息及实体股息清算日可能不同步。通证化证券（T+0）及实体证券（T+2）清算日程无法同步，容易产生通证及实体证券中间股息及税的套利机会。二是公链的匿名性难以追溯股份最终受益人。三是现金股利可用法币支付，也可用通证化现金支付，有监管上的难点。

（三）证券上链监管涉及的问题

1. 证券登记、交易及结算

在职能改变的层面上，目前证券基础设施包含支付系统、中央证券托管机构、证券结算系统、中央对手方等机构。而加入区块链后证券基础设施职能范围将会有变化。影响较大的为证券登记结算公司。实体资金保管、结算交收等职能可能由区块链取代。

在监管层面上，通证化证券在登记、交易及结算方面需要考虑以下问题：一是交易记录的控制权；二是交易记录需涵盖的信息以及有权查看记录的节点；三是市场参与者的标准；四是交易记录呈现至监管的方式；五是系统异常报告记录如何在区块链中产生；六是如何维护并存储交易记录；七是厘清交易执行、清算、结算的界线以及适用法规；八是管理报价平台是否符合审计及监管系统。

2. 通证化证券认定

证券资产上链涉及多个跨境监管技术问题。首先，通证种类界定模糊，许多通证拥有不止一个性质。各国法律层面对通证的分类难以统一，体现在 3 个层面：一是法律义务，通证持有者、发行者及质押资产的法律义务各国认定不一；二是通证性质，支付型、证券型或功能型通证分类各国尚未统一；三是通证在财产权中如何受到保障。其次，证券交易涉及跨司法辖区的问题。通证发行商可能在不同司法辖区有不同法律实体认定。假设通证发行商和通证持有者在不同司法辖区，则必须确定该发行对于相关接收方是合法的。最后，各国区块链技术发展进度不同。由前文所述各证交所的试点研究可知，证券资产上链需搭配资金上链才能发挥最大作用。部分国家已开始试验央行数字货币，但也有部分国家尚未开始，可能会影响证券资产上链的标准。

3. 客户数据隐私

在基于区块链的证券交易环境下，客户信息和交易记录可能由网络各方共享。即使部分数据被加密，但存在脆弱性。美国证交会及美国金融监管局均对客户隐私有具体要求。证券上链需要考虑以下潜在监管问题：一是券商如何制定客户数据隐私相关安全措施，二是区块链上各节点访问数据的权限，三是如何处理不同司法管辖区的要求、冲突。

三、原生数字金融资产

第三种数字资产在现实中还没有，但我觉得在理论上成立，被称为"原生数字金融资产"，是基于央行数字货币的可编程性构造金融资产。这种数字资产有 3 个核心特征：一是原生于区块链，而非作为现实世界资产的通证凭证；二是用可编程性来表达金融契约；三是价值基础是央行数字货币。原生数字金融资产可能实现新的资金融通方式，以及管理、对冲和转移现实金融风险的新渠道。我以一个原生数字债券为例说明。

第十九章 基于数字货币与数字资产的金融体系

本章内容分为两部分：第一部分讨论区块链成为大规模价值结算协议应解决的 5 个问题，第二部分介绍区块链应用于金融交易后处理的逻辑和机制。

一、区块链如何成为大规模价值结算协议

区块链如何成为大规模价值结算协议？我总结目前区块链在金融领域，特别是在支付和 DeFi 方面的实践，提出区块链成为大规模价值结算协议应解决的 5 个问题。

第一，正视货币的网络效应与货币错配问题。在由法定货币主导的世界中，留给价格高度波动的加密货币的支付场景很小。基于智能合约的金融产品以通证为计价单位，与我们在现实中面临的风险可能存在货币错配问题。而央行数字货币和全球稳定币让上述问题迎刃而解，是区块链进入主流金融应用的基础。

第二，在预言机的"不可能三角"中务实取舍。预言机是区块链外信息通往区块链内的桥梁。在很多场合，基于智能合约的金融产品、风险对冲策略和经济机制需要通过预言机读入区块链外信息。没有一个预言机方案能同时具有准确、去中心化和成本效率这 3 个特征。在主流金融应用中，准确、成本效率是刚需，去中心化则可以适当让步。

第三，认识去信任化的能与不能。去信任化有其优点，但可能造成超额抵押与流动性占用问题，以及多重身份攻击和串谋攻击问题，

不应不分场合地追求去信任化。比如，DeFi 借贷如果不能突破超额抵押，发展瓶颈非常明显。

第四，有机融合技术和机制设计。信任是各种经济活动的"润滑剂"。技术可以产生信任，机制设计也可以产生信任。区块链的一个优势是可以让技术和机制设计融合，比如哈希时间锁就体现了这个思路。这方面有很多值得尝试的创新。需要看到，区块链不单有技术属性，更有经济和治理属性，区块链应用不是一个单纯的技术问题。区块链技术尽管是第一位关注对象，但技术进步有自身规律，在性能拓展、跨链和隐私保护等方面不能急于求成。在技术进步放缓时，区块链经济和治理机制则有巨大拓展空间，能弥补技术进步的不足。

第五，发挥数字货币与数字资产的可编程性。价值结算伴随资源配置进行，而大部分资源配置是在不确定性情况下、在时间和空间两个维度上进行的。因此，区块链要成为大规模价值结算协议，必须理解与区块链有关的货币和金融形态，也就是基于区块链通证模式的数字货币和数字资产。数字货币和数字资产与传统形式货币和资产的一个关键区别是可编程性。可编程性既是区块链应用于金融的基础，也使基于区块链对多方协作进行自动化价值计量、价值分配和价值结算成为可能。我着重讨论了基于央行数字货币可编程性的原生数字金融资产概念。

（一）正视货币的网络效应与货币错配问题

从比特币 2009 年上线以来的经历，我们可以实事求是地得出一个结论：以比特币为代表的加密货币在现实支付场景中的表现很一般。原因既不在于监管是否认可（比如比特币在日本是合法支付工具），也不在于区块容量和交易确认时间等效率指标，而在于货币的网络效应。

我们生活在一个由法定货币主导的世界，用法定货币进行各种交易。大部分人的大部分资产、负债、收入和成本等都以法定货币为计价单位。我们习惯用法定货币为单位来衡量面临的风险和机会，并据此做出经济决策。法定货币有很强的网络效应。比如，一个日本商家就算它愿意收取比特币，因为不一定能找到愿意收取比特币的上游供应商，它或早或晚也要把收到的比特币兑换成日元。这样，它就不得不承担比特币兑美元的价格波动风险，而这个风险很可能超过它本身业务的风险。在这个世界上，留给价格高度波动的加密货币的支付场景很少。

不仅如此，因为智能合约只能操作区块链内的通证，不能直接操作银行账户资金，基于智能合约的金融产品以通证为计价单位，与我们在现实中面临的风险存在货币错配问题。比如，设想一个基于智能合约的航空延误险，承诺在飞机延误时给投保人一定数量的以太币。这样，一个法定货币本位的投保人将面临双重风险：飞机延误的风险和以太币价格下跌的风险。在以太币价格高度波动时，后者的影响可能远超前者。这是基于通证的金融产品、风险对冲策略和经济机制在现实中普遍面临的困境。在很多场合，人们关注通证价格涨跌，而背离金融产品、风险对冲和机制设计的初心。尽管理论上可以根据通证价格动态调整对冲比率，用基于智能合约的金融衍生品有效对冲风险敞口，但这样操作成本高，很难完全消除基差风险（Basis Risk）。

在央行数字货币和全球稳定币（以 Libra 为代表）时代，货币错配问题将迎刃而解。从目前实践看，主流的央行数字货币和全球稳定币采取通证模式。在保留通证可编程性的同时，通证发行基于足额法币储备资产，通证价值与法定货币或一篮子法定货币挂钩，且此挂钩关系受一系列增信措施保障。央行数字货币和全球稳定币不仅是有效支付工具，它们叠加智能合约而成的金融产品、风险对冲策略和经济机制，与现实经济活动之间也不存在货币错配问题。这是区块链进入主流金融应用的基础。

（二）在预言机的"不可能三角"中务实取舍

在很多场合，基于智能合约的金融产品、风险对冲策略和经济机制的触发条件取决于区块链外信息，比如股价、利率和汇率等。这些信息需要先通过预言机写入区块链内。预言机是区块链外信息通往区块链内的桥梁。有两类预言机：一是中心化的，依赖某一中心化信息源，比如彭博（Bloomberg）和路透（Reuters）；二是去中心化的。

区块链领域对去中心化预言机进行了很多探索。主流方案是，将区块链外信息离散化后，用经济激励和投票写入区块链。这类方案依靠群体智慧，根据投票结果奖惩投票人：投票越接近全体投票的平均值、中位数或其他样本统计量，越有可能得到奖励，反之就越有可能被惩罚，以此来激励投票人认真投票。隐含假设是，参与投票的群体在投票时不存在系统性偏差。

然而，这类去中心化预言机方案的局限非常明显。第一，链上投票需要时间和成本，有明显效率瓶颈。而现实中，很多金融衍生品和风险对冲策略需要持续不断读入市场价格数据，更新频率要远高于链上投票频率。第二，不管如何设计经济激励，参与投票群体都存在选择性偏差，"不存在系统性偏差"是一个过强的假设条件。第三，链上投票结果难以达到金融应用对精确性的要求（比如精确到1个基点）。3月12日，MakerDAO就因为以太坊链上拥堵和交易手续费高企，出现了预言机数据更新不及时情况。

从现实中普遍使用的预言机可以看出，预言机应该在去中心化和中心化之间做好平衡。比如，ChainLink一方面使用去中心化的数据源和预言机节点，配以可信硬件并对数据源数据签名，另一方面使用验证系统、声誉系统和认证服务等带有中心化色彩的机制。其中，验证系统监控预言机节点的行为，提供可用性和正确性等指标，帮助用户做选择；声誉系统记录预言机节点的历史表现，节点为获得好声誉会正确行事；认证服务主要是为高质量的预言机节点做信用背书。

我认为，预言机也面临"不可能三角"：没有一个预言机方案能同时具有准确、去中心化和成本效率这3个特征。在主流金融应用中，"准确"和"成本效率"毫无疑问是刚需，去中心化则可以适当让步。周小川行长的原话是："从需求的角度来看，去中心化作为一

3. 多重身份攻击和串谋攻击问题

去信任化还会造成多重身份攻击和串谋攻击。我用二次融资（Quadratic Financing）的例子说明①。二次融资的合理性依赖于一个假设：组织者能可信地辨别不同参与者的身份，但区块链地址的匿名性容易造成套取补贴情况。首先，假设一个人控制多个地址，并将自己的资金分散到这些地址中，他在二次融资下将放大可获取的补贴。假设这个过程不受限制，能无限"换马甲"进行分拆投资，他可获得的补贴在理论上没有上限。这相当于针对二次融资的多重身份攻击。其次，假设多个人串谋发起一个假项目，他们在二次融资中套取的补贴可以超过自身投入资金。假设他们在套取补贴后就解散项目，把补贴分掉获利，这就形成了串谋攻击。

Gitcoin Grants（一个为以太坊开源项目周期性提供资金的众筹平台）在二次融资中运用 Github 账户来防范上述两类攻击。Github 在注册时有反多重身份和反机器人机制，能有效提高多身份创建的难度。除此之外，Gitcoin Grants 利用定期检验方式（主要针对账户龄、Github 贡献值以及在 Github 上的活跃程度等）来判断是否为多重身份攻击。这相当于借助了 Github 的身份管理机制。可以看出，Gitcoin Grants 的做法和前文介绍的 ChainLink 做法有逻辑相通之处。

总的来说，去信任化有优点，但可能造成超额抵押与流动性占用、顺周期性等问题，以及多重身份攻击和串谋攻击问题。因此，不应不分场合地追求去信任化。比如，DeFi 借贷如果不能突破超额抵押，发展瓶颈非常明显。

（四）有机融合技术和机制设计

在任何经济活动中，参与者之间必须有一定程度的信任关系，否则交易成本会非常高。信任是经济活动的"润滑剂"。前文已讨论了

---

① 关于二次融资的详细讨论请见 https://www.chainnews.com/articles/301483808469.htm。

去信任化的局限，信任的产生是非常复杂的问题。一方面，技术可以产生信任。比如，ECDSA 签名很难被伪造，一个合法签名肯定意味着签名者掌握私钥。另一方面，机制设计也可以产生信任。比如 ChainLink 的验证系统、声誉系统和认证服务，以及 Gitcoin Grants 对 Github 账户的应用。在区块链领域，我观察到技术和机制设计在产生信任中的融合。用哈希时间锁的例子说明。

哈希时间锁是去中心化和去信任化环境中进行条件支付的基础，是理解数字货币和数字资产的可编程性的一个关键。除了对密码学的应用，哈希时间锁的核心是序贯博弈。多个哈希时间锁可以组成多跳支付，是比特币闪电网络支付通道的基础，也在用央行数字货币进行跨境支付有广泛应用，被很多中央银行所关注。相向而行的哈希时间锁可以组成原子交换，在区块链应用于证券结算以及去中心化交易所中有重要体现。日本银行与欧央行合作的 Stella 项目就测试了哈希时间锁在 DVP 中的应用。

哈希时间锁针对的问题很简单：假设艾丽斯要向鲍勃付 0.5 比特币，但她与鲍勃之间没有直接的支付通道，需要通过第三人卡罗尔中转。艾丽斯如果先把钱给卡罗尔，她会担心卡罗尔是否会"截流"资金而非转给鲍勃。但卡罗尔如果先把钱垫付给鲍勃，她也会担心艾丽斯是否会认账。这个问题，只靠技术是没法解决的。机制设计尽管可以解决这个问题，但成本会非常高。比如，如果卡罗尔"截流"，或者如果艾丽斯不认账，她们就会上惩戒性质的黑名单。这类似 ChainLink 的声誉系统和认证服务，但建立起这套机制需要成本和时间。哈希时间锁采取了技术与机制设计融合的解决方案，其流程如下。

第一步：鲍勃设定原像 R（也被称为暗示数），把哈希值 $H = Hash(R)$ 告诉艾丽斯。

第二步：艾丽斯通过哈希时间锁向卡罗尔进行条件支付：当且仅当卡罗尔在 T 时刻前提供与哈希值 H 对应的原像 R，艾丽斯才向卡罗尔支付 0.5 比特币。类似地，卡罗尔通过哈希时间锁向鲍勃进行条件支付：当且仅当鲍勃在 t 时刻前提供与哈希值 H 对应的原像 R，卡罗尔才向鲍勃支付 0.5 比特币,其中 $t < T$。

第三步:鲍勃如果在 t 时刻前向卡罗尔提供 R,获得 0.5 比特币,此时卡罗尔知悉 R。反之,0.5 比特币会返回给卡罗尔,卡罗尔不会遭受任何损失。

第四步:卡罗尔如果在 T 时刻前向艾丽斯提供 R,获得 0.5 比特币。反之,0.5 比特币会返回给艾丽斯,艾丽斯不会遭受任何损失。

哈希时间锁内嵌一个序贯博弈,如图 19.1 所示。通过倒推法,求解出序贯博弈的纳什均衡策略是:鲍勃"在 t 时刻前提供正确原像",卡罗尔"向鲍勃支付,并在 T 时刻前提供正确原像",艾丽斯"向卡罗尔支付"(图 19.1 最上方的路径)。因此,在参与者理性前提下,哈希时间锁中所有"条件支付"要么全部完成,要么全不完成,但所有参与者都能拿回自己的资金,所以是原子式的。

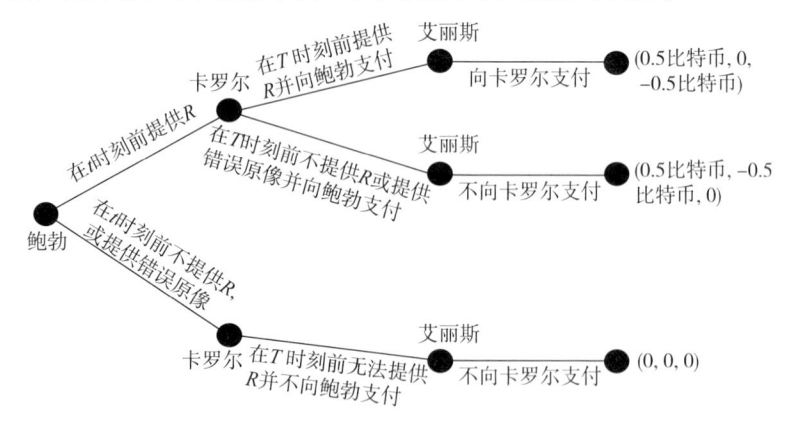

图 19.1 哈希时间锁的序贯博弈

从图 19.1 也可以看出,哈希时间锁占用了流动性:艾丽斯的资金在 T 时刻前,卡罗尔的资金在 t 时刻前,都可能处于不能动用的状态。如果艾丽斯和卡罗尔之间的信任关系很强,不用担心对方"截流"或不认账的问题,就不会有流动性占用。这呼应了前文的讨论:信任能释放流动性。

技术和机制设计融合的必要性还源于可编程性的局限。现实中,很多经济和社会活动不可能完全用编程语言来表达。比如,智能合约难以处理不完全契约（Incomplete Contract）。人是有限理性的，不可能预见到未来所有可能的情形，即便预见到也没法写进契约里，因此契约注定是不完全的。这就是现实中法律合同存在例外情形，以及发生争端时需要司法仲裁的原因。智能合约作为计算机协议，无法在编制时就能考虑到未来所有可能的情况。在出现这种情况时，需要通过机制设计来弥补智能合约的不足。

我认为，区块链在融合技术与机制设计方面有很多值得尝试的创新。这源于区块链的双重属性：既有技术属性，更有经济和治理属性。区块链应用不是一个单纯的技术问题。区块链技术尽管是第一位关注对象，但技术进步有自身规律，在性能拓展、跨链和隐私保护等方面不能急于求成。在技术进步放缓时，区块链经济和治理机制有巨大拓展空间，而且能弥补技术进步的不足。这方面的代表性例子是比特币。分布式网络、分布式计算、非对称加密和哈希算法等比特币基础技术，在中本聪写比特币白皮书之前就已经被发明出来了。中本聪之前有不少人试图用这些技术来设计数字货币，但没有取得实质性进展。直到中本聪引入博弈论设计，用经济机制设计把这些技术有机拼在一起，才使数字货币成为可能。在围绕以太坊2.0的讨论中，有很多核心问题也属于博弈论和资产定价的范畴。

（五）发挥数字货币和数字资产的可编程性

价值结算伴随资源配置进行，而大部分资源配置是在不确定性情况下、在时间和空间两个维度上进行的。因此，区块链要成为大规模价值结算协议，必须理解与区块链有关的货币和金融形态，也就是基于区块链通证模式的数字货币和数字资产。数字货币和数字资产与传统形式货币和资产的一个关键区别是可编程性。可编程性源于区块链脚本语言，体现为多重签名、哈希时间锁和智能合约等。可编程性是区块链应用于金融的基础，更使基于区块链对多方协作进行自动化价值计量、价值分配和价值结算成为可能。

我对数字货币和数字资产有两点评论。第一，技术可以改变金融产品、活动和机构等的形式，但不会改变金融功能，区块链也不例外。金融有6项基本功能：一是支付清算，二是资金融通和股权细化，三是为实现经济资源的转移提供渠道，四是风险管理，五是信息提供，六是解决激励问题。数字货币和数字资产也有这6项基本功能，但在具体表现上与传统形式的货币和金融资产相比有很大差异。这方面有很大的创新和想象空间。

第二，可编程性可以解耦原先绑定在一起的金融功能，还可以把原本不相干的金融功能组合在一起。比如，传统上认为，货币的3项基本功能（交易媒介、记账单位和价值储藏）是不可分割的。普林斯顿大学的马库斯·布鲁那米尔（Markus Brunnermeier）教授与合作者于2019年的一篇工作论文讨论了数字化对货币的影响。[①] 他们认为，一方面，货币的多重功能可能被分拆，从而使得承担特定功能的货币之间有更激烈的竞争，另一方面，数字货币与平台生态的结合，可能重新组合货币功能。特别是，支付和一系列数据服务打包，使得不同平台更趋差异化。本质上，他们研究的问题是：可编程性解耦多重货币功能，突出某一方面功能，并与平台生态结合以形成差异化。

因此，当我们讨论数字货币与数字资产的时候，需要看到它们不是简单的通证化。第一，它们对应的资产可以丰富多样（货币只是其中最简单的一种），并伴随流动性创造和金融深化。第二，可编程性不仅是数字化，更是程序化和智能化。第三，可编程性对金融功能的解耦和组合，使得数字货币和数字资产能实现灵活的权益赋予、转让和保护等功能。

二、区块链应用于金融交易后处理的逻辑和机制

金融交易后处理包含从交易完成（Trade Completion）到最终结

[①] Brunnermeier, Markus, Harold James, and Jean–Pierre Landau, 2019, "The Digitalization of Money", *NBER Working Paper* No. 26300. URL：https://www.nber.org/papers/w26300.

算（Final Settlement）的过程，核心是证券和资金的清算和结算。在本章中，证券指可交易的金融资产，证券被发行以向投资者募集资金；资金指电子化的中央银行货币（不包括现金）和商业银行存款等支付工具；最终结算指证券和资金不可撤销和无条件完成转移的时刻。金融交易后处理既针对证券，也针对资金。如果资金也用区块链处理，金融交易后处理就自然涉及央行数字货币和全球稳定币。日本银行与欧央行合作的 Stella 项目、新加坡金管局的 Ubin 项目和加拿大银行的 Jasper 项目等都包含针对区块链应用于金融交易后处理的试验。不仅如此，用区块链处理证券和用区块链处理资金遵循相同的经济学逻辑，都是用区块链的通证范式替代账户范式（邹传伟，2019a）。

因此，要理解区块链在主流金融领域的应用，金融交易后处理是一个必须研究清楚的问题。这方面已有很多有价值的工作。2015年，纳斯达克证券交易所推出基于区块链技术的私募股权交易平台 Linq。2016年，上海票据交易所筹备组、中国人民银行数字货币研究所筹备组联合若干商业银行进行数字票据交易平台原型系统开发，实现了基于区块链的数字票据全生命周期的登记流转交易和基于数字货币的 DVP 结算功能。2018年，世界银行发行全球第一个使用区块链创建和管理的债券 Bond-i。[1] 2019年，美国证券托管结算公司（Depository Trust & Clearing Corporation，简写为 DTCC）提出通证化证券的交易后处理原则（美国证券托管结算公司，2019）。

区块链应用于金融交易后处理涉及对区块链的理解，更涉及对金融基础设施的理解，不易研究清楚。随着金融基础设施一线专家的重视，一批高质量的专业文献已出现。2017年，国际清算银行的支付与 CPMI 针对分布式账本在支付、清算和结算中的应用提出了一个分析框架（CPMI，2017）。姚前（2019）讨论了基于分布式账本的

---

[1] https：//www.worldbank.org/en/news/press-release/2018/08/23/world-bank-prices-first-global-blockchain-bond-raising-a110-million.

金融基础设施，特别是中央证券托管机构、证券结算系统、支付系统和中央对手方在分布式账本下的新形态。但因为篇幅限制，他没有展开讨论区块链应用于金融交易后处理中的一些关键问题。2019年年底以来，CPMI有3篇研究报告从不同角度讨论分布式账本对支付和证券结算的影响。CPMI（2019）讨论了批发结算通证，但其中的经济学逻辑对用区块链处理资金和证券都是适用的。在2020年3月的《国际清算银行季刊》中，Bench和汉考克（Hancock）（2020）讨论了未来的支付体系，Bench等人（2020）讨论了未来的证券结算体系。

（一）金融交易后处理的核心组成部分

这一部分为后文做铺垫，因为只有了解金融交易后处理的核心组成部分，才能分析区块链应用于金融交易后处理的必要性与合理性。

早期证券采取实物形式，是纸质凭证（Paper Certificate），有无记名证券（Bearer Securities）和记名证券（Inscribed Securities）之分。

无记名证券无须在发行人处登记注册，持有人即为受益人，有和现金一样的匿名性。没有人或机构记录无记名证券的持有人信息，但无记名证券一旦丢失、被盗或被毁坏，持有人一般会遭遇完全的损失。无记名证券转让无须背书，交易也和现金一样。交易双方只要确认无记名证券的真实性，就能完成交易并交割证券，而无须第三方受信任机构协助。在完成清算和交收后，无记名证券交易过程即告结束。美国财政部在1986年以前曾长期发行纸质无记名国债如图19.2。我国从20世纪50年代发行的经济建设公债和从1981年起发行的国库券都是无记名（实物）国债。但无记名证券的监管难度较大，包括伪造、洗钱和逃漏税等问题。

记名证券是目前实物证券的主要模式，遵循直接持有模式。香港交易所（2020）表示，投资者持有实物证券，直接行使名下证券的权利，没有托管风险（由中介机构托管持有的证券会有遗失风险），

第十九章
基于数字货币与数字资产的金融体系

图 19.2　美国纸质无记名国债

证券的所有权被直接登记于证券发行人的登记册中。证券买卖后的交收需要交送实物凭证。1986 年 11 月 14 日，邓小平送给纽约证券交易所董事长约翰·范尔霖（John J. Phelan）的上海飞乐音响股份有限公司股票就属于记名证券①，如图 19.3 所示。目前，我国境内和澳大利亚已没有实物股票，美国、我国香港、新加坡、韩国和印度等国家和地区仍有实物股票，但在交易前必须非实物化（Dematerialize）。因为实物证券的保存和交收对投资者意味着高昂成本和风险，投资者通常会将实物证券交由托管机构代为持有，这就衍生出间接持有模式。

要理解主流的证券持有模式，必须理解中央证券托管机构的功能和运作模式。中央证券托管机构使证券非实物化，使证券成为中央证券托管机构账户中的电子记账（Book - entry）科目，进而使证券非流动化（Immobilize），使证券交易成为不涉及纸质凭证的物理交割。

---

① 该股票的原持有者是中国人民银行上海市分行副行长周芝石，范尔霖亲自去静安证券业务部办理过户。

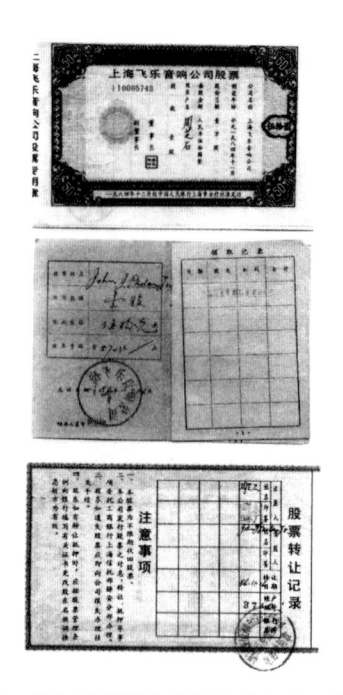

图 19.3 约翰·范尔霖获赠的上海飞乐音响股份有限公司股票

中央证券托管机构主要承担 3 项功能：一是认证，公正并受信任地维护已发行证券的记录；二是结算，将证券的所有权从卖出方转给买入方；三是账户维护，建立并更新证券的所有权记录。

在间接持有模式中，投资者通过代理人（包括中央证券托管机构和经纪商、托管机构等市场中介机构）持有证券，证券登记册上显示的是代理人之名而非投资者之名。香港交易所（2020）表示，间接持有模式可以细分为单层持有模式和多层持有模式，如图 19.4 所示。在单层持有模式中，投资者为中央证券托管机构的直接参与者，中央证券托管机构为其参与者管理代理人账户。在多层持有模式中，最高一层通常为中央证券托管机构，其下各层有各类金融服务提供者（比如经纪商和托管机构）以投资者的代理人身份行事。

不同国家和地区在证券持有模式上差异很大（香港交易所，2020）。我国主要是直接持有模式。投资者需要在中国结算（我国股票市场的中央证券托管机构）实名开立证券账户，开户程序可以通

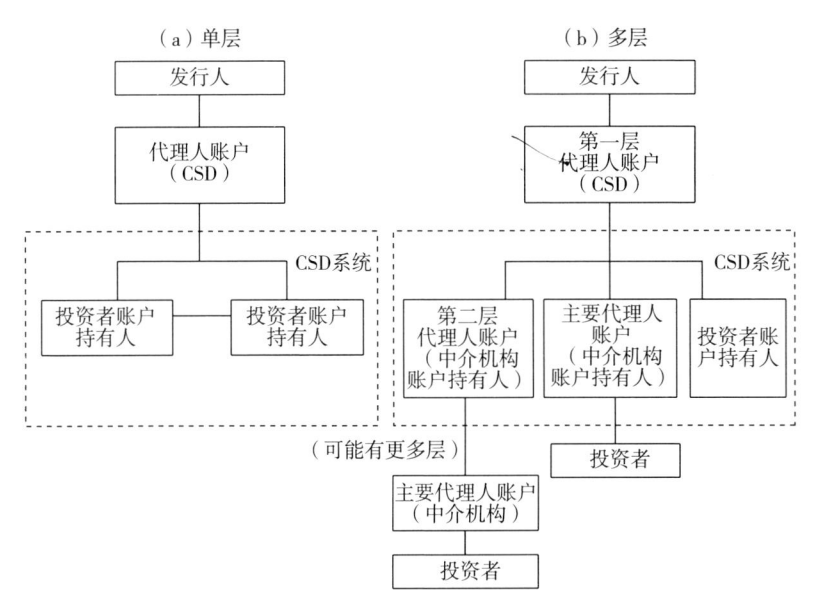

```
            (a) 单层                    (b) 多层
            ┌──────┐                   ┌──────┐
            │ 发行人 │                   │ 发行人 │
            └───┬──┘                   └───┬──┘
          ┌─────┴─────┐              ┌─────┴─────┐
          │ 代理人账户  │              │  第一层    │
          │  (CSD)    │              │ 代理人账户  │
          └─────┬─────┘              │  (CSD)    │
                │                   └─────┬─────┘
   ┌────────────┼─────CSD系统┐   ┌────────┼────────CSD系统┐
   │  ┌──────┐  ┌──────┐   │   │ ┌──────┐┌──────┐┌──────┐│
   │  │投资者│  │投资者│   │   │ │第二层││主要代││投资者││
   │  │账户  │  │账户  │   │   │ │代理人││理人  ││账户  ││
   │  │持有人│  │持有人│   │   │ │账户  ││账户  ││持有人││
   │  └──────┘  └──────┘   │   │ │(中介)││(中介)│└──────┘│
   └───────────────────────┘   │ └──┬───┘└──┬───┘        │
                               └────┼───────┼────────────┘
                              (可能有更多层)  │
                                    │    ┌──────┐
                              ┌─────┴──┐ │投资者 │
                              │主要代理│ └──────┘
                              │人账户  │
                              │(中介) │
                              └───┬───┘
                              ┌───┴──┐
                              │投资者│
                              └──────┘
```

图 19.4 间接持有模式的代理人账户架构

资料来源：香港交易所（2020）。

过获授权的证券公司办理。投资者的证券账户由总账户（即"一码通"账户）及关联的子账户组成。账户采取实名制，且有独一无二的识别码。中国结算负责维护投资者的证券账户资料及证券发行人的股份登记册。投资者所持股份由证券公司代为托管，证券公司本身持有及代客户持有的股份均存记于中国结算。我国内地的代理人账户仅限于通过香港代理人在"沪深港通"下持有股票的境外投资者。而美国和印度是间接持有模式，我国香港、新加坡和韩国等兼有直接和间接持有模式的特征，都有代理人账户。代理人账户的存在，降低了对中央证券托管机构的信息要求，但证券所有权信息"碎片化"，对账难度较大。

完整的证券交易流程可以分为两个环节。第一环节是交易，也就是证券买卖，需要一个中心化中介机构或多个中介机构来匹配买卖指令。比如，股票报单和撮合在交易所完成。第二个环节是交易后处理，分为清算和结算。清算主要是计算交易有关各方的证券和资金偿付义务，一些偿付义务会被抵消或轧差。清算也包括将交易信息发到第三方机构处对账，并确认要结算的对象。结算指按照协议转让证券和资金的所有权，分为付券端和付款端。其中，付券端指将证券从证券卖出方转到证券买入方，付款端指将资金从证券买入方转到证券卖出方。

付款端涉及支付系统。支付系统指一组工具、流程和规则，以在两个或多个交易者之间转移资金。支付分为批发支付和零售支付。批发支付发生在金融机构之间，与金融机构之间的证券和外汇交易，金融机构与中央对手方之间的交易，金融机构之间的融资有关。零售支付则与消费者和商业机构对商品和服务的购买有关，包括P2P、个人对商业机构（P2B）、商业机构对个人（B2P）和商业机构对商业机构（B2B）。

不管是批发支付还是零售支付，都有前端和后端。前端包括：一是资金来源，比如银行账户；二是发起支付的服务渠道，比如零售支付App；三是支付工具。后端包括：一是清算，指支付指令传输和对账过程，有时也包括结算前的交易确认；二是结算，指转移资金以解除两方或多方之间的偿付义务。

支付系统中有3种主要结算方式。第一种是实时全额结算系统，指逐笔全额结算支付指令。实时全额结算系统效率高，降低了支付有关各方的信用风险，但对流动性的要求更高。第二种是延迟净额结算（Deferred Net Settlement，简写为DNS），指对支付指令轧差后净额结算。延迟净额结算能节约流动性，但轧差和结算都需要一定时间。延迟净额结算有结算风险，体现在两个维度：一是信用风险，指收款方或付款方的支付服务商（Payment Service Provider，简写为PSP，一般是商业银行）在结算完成前违约造成的风险；二是流动性风险，指收款方可能延迟收到资金的风险。第三种是实时全额结算系统和延迟净额结算的混合模式。比如，如果付款方的支付服务商没有足够资金执行实时全额结算系统，支付系统提供流动性节约机制，将付款指令与其他支付指令轧差后才结算。

在几乎所有国家，批发支付都用实时全额结算系统，并且实时全额结算系统通常由中央银行所有并管理。在实时全额结算系统中，如果金融机构账户余额不足，可能造成支付指令阻塞，为此中央银行会为金融机构提供日间信用额度。零售支付之前通常用延迟净额结算。

结算的一个主要风险是本金风险（Principal Risk），指因为资金支付与证券交割不同步，卖出方交付证券后无法获得资金，或者买入方支付资金后无法获得证券的风险。因此，金融交易后处理强调DVP原则——证券交割当且仅当资金支付。取决于付券端和付款端是全额结算还是轧差后净额结算，共有3种DVP模式：一是DVP模式1，指证券和资金都是逐笔全额结算；二是DVP模式2，指证券逐笔全额结算，而资金轧差后净额结算；三是DVP模式3，指证券和资金都是轧差后净额结算。

图19.5是一个典型的金融交易后处理流程。

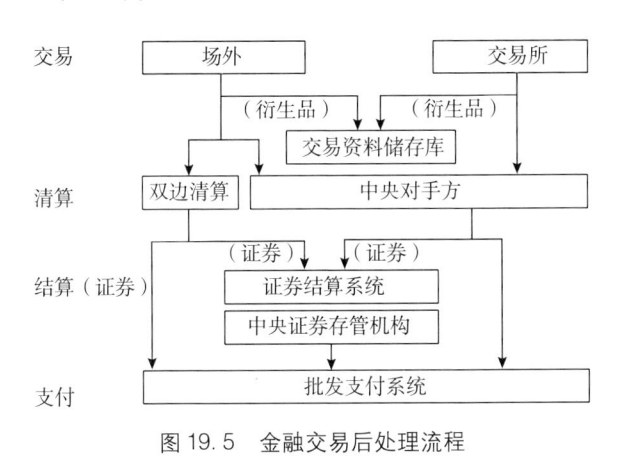

图 19.5　金融交易后处理流程

（二）区块链应用于金融交易后处理的关键机制

1. 必要性与合理性分析

区块链应用于金融交易后处理是从账户范式到通证范式的转换。但仅靠范式转换不足以支持在金融交易后处理中引入区块链的必要性和合理性，关键要证明区块链能提高效率，降低风险，并保留目前模式的优点。

在证券的间接持有模式中，一笔交易涉及多个中介机构，比如中央证券托管机构、托管机构（可以有多层）、交易所和经纪商等。每个中介机构都使用自己的系统来处理、发送和接收交易指令、核对数据以及管理差错等，并维护自己的交易记录。每个中介机构使用的数据标准也都不统一。这些都会产生大量成本，并增加中介机构之间对账的难度。这些问题在证券多层持有时更为明显。

如果中央证券托管机构的结算和账本维护功能通过区块链来实现，那么中央证券托管机构与证券结算系统融为一体，所有市场参与者共享一个账本，将带来以下好处：一是通过分布式、同时化和共享的证券所有权记录来简化和自动化交易后处理工作，降低中央证券托管机构和各种中介机构在后台对账和确认交易细节信息的工作量；二是缩短结算所需时间，减小结算风险敞口；三是因为交易有关信息由交易双方共享，能促进自动清算；四是缩短托管链，使投资者可以直接持有证券，降低投资者承担的法律、运营风险以及中介成本；五是可跟踪性好，透明度高；六是去中心化、多备份能提高系统安全性和抗压性（CPMI，2017）。最后，通证化证券的持有者可以通过智能合约编程，对证券进行自动化管理，以实现灵活的风险转移、对冲和资源配置等功能。账户体系也能对证券进行自动化管理，但由中心化的账户管理者实现，而通证化证券则把自动化管理能力下放到证券持有者。对通证的可编程性感兴趣的读者可以参考邹传伟（2020）的文章。但Bech等人（2020）认为自我执行合约可能引发风险传染和放大顺周期性。

通证化证券要实现以上好处，需满足以下前提。一是中央证券托管机构很好地履行认证功能，确保已发行证券信息的真实性。二是区块链上的记录有法律效力，第三部分已指出这个问题。三是区块链能保证结算的最终性（Settlement Finality）。这个问题对联盟链难度不大，但一些公链因为存在分叉的可能性，只能在概率意义上保证结算的最终性。四是能实现DVP。五是能有效处理差错和例外情况，区块链不可篡改的特征客观上增加了这个问题的难度。六是在可能有多方参与验证的情况下，确保交易信息的保密性。七是运营层面的问题，包括身份管理、系统可拓展性以及与现有流程和基础设施的互操作性。接下来先讨论第五至七点（账本管理问题），再讨论第四点（DVP可行性问题）。

2. 账本管理问题

Bench等人（2020）提出从以下维度理解账本管理问题。第一个维度是谁有权验证账本。在账户范式下，只有中心化的账户管理者有验证权，它们的信誉和权威非常重要。比如：在支付中，商业银行验证存款账户所有者的身份；在证券交易中，中央证券托管机构验证证券账户所有者的身份。而在通证范式下，理论上任何人都可以验证通证交易是否符合事先定义的算法规则。可以把前者称为基于机制设计的信任，把后者称为基于技术的信任。

第二个维度是谁有权更新账本，存在两种情形。一是无须许可的，理论上任何节点都可以验证交易并更新账本，通过共识算法决定在某一时点上由哪个节点行使这一权力。二是需要许可的，只有受信任的机构才可以验证交易并更新账本。如果只有一个节点可以更新账本，那就与账户范式无异。但即使在这种情况下，通证范式也有价值。比如，中国人民银行的DC/EP原型系统可能使用基于UTXO模式的中心化账本。这个中心化账本体现为数字货币发行登记系统，由中央银行维护。因为中央银行的信用显著高于商业银行和其他私营机构，没必要在DC/EP中引入分布式信任机制，所以DC/EP使用中心化账本是有道理的（邹传伟，2019b）。

第三个维度是谁有权使用账本（即发起交易），存在两种情形。一是公共的，任何人或机构都可以发起交易。二是私有的，只有受信任的人或机构可以发起交易。这种情形与账户体系中的权限管理类似。

第四个维度是谁有权查看账本，存在两种情形。一是非等级的，任何人或机构都拥有账本的完全备份，并获知账本内的全部信息。二是等级的,只有部分人或机构才拥有账本的完全备份。

3. DVP 可行性问题

一些项目测试了区块链应用于金融交易后处理能否实现 DVP。这个问题的复杂性在于,对金融交易后处理的付券端和付款端,既可以用通证范式,也可以用账户范式,共有 4 种不同组合。表 19.1 说明,每种组合都能找到对应的项目。

表 19.1 对区块链应用于金融交易后处理的试验

		支付端	
		账户范式	通证范式
交割端	账户范式	目前的主流模式	Fnality①
	通证范式	Bond-i(世界银行);实时全额结算系统和通证化证券(英格兰银行);TARGET 2 和 ID2S(基于区块链的商业票据,中央证券托管机构)	原子结算:Jasper(加拿大银行),Stella(欧央行和日本银行);跨链结算:Stella、Ubin(新加坡金管局)

表 19.1 中值得特别说明的是付券端和付款端都用通证范式的组合。根据姚前(2019)的介绍,在基于区块链技术的数字票据交易平台中,对数字票据的资金结算设计了两套方案:一是链外清算,即采用实时全额结算系统清算(对应表 19.1 中付券端通证范式和付款端账户范式);二是链上清算,即通过央行数字货币进行结算。试验结果发现,央行数字货币的引入大幅简化了票据交易流程,可实现自动实时的 DVP、监控资金流向等功能。而如果采用链外清算,则基于区块链技术的数字票据优势将大幅缩水,与传统电子票据系统差异不大。这说明,证券通证化后,必须配合资金通证化,才能发挥区块链在金融交易后处理中的潜力。

付券端和付款端都是通证范式这个组合存在的两种情形(图

---

① Fnality 是一个由 15 家金融机构组成的联盟,计划发行与加元、欧元、日元、英镑和美元挂钩的稳定币。

19.6）。一是付券端和付款端使用同一个通证体系（也就是同一条区块链），称为单账本 DVP。对单账本 DVP，资金和证券记录在同一账本。两个交易对手方各自确认交易指令之后，原子结算智能合约可以协调清算和结算，从而使得证券和资金同时完成转让。Jasper 项目和 Stella 项目认为，DVP 模式 1（即证券和资金都是逐笔全额结算）在这个情形下可行。因此，需要看到在去中心化环境下轧差后净额结算的难度比较大。

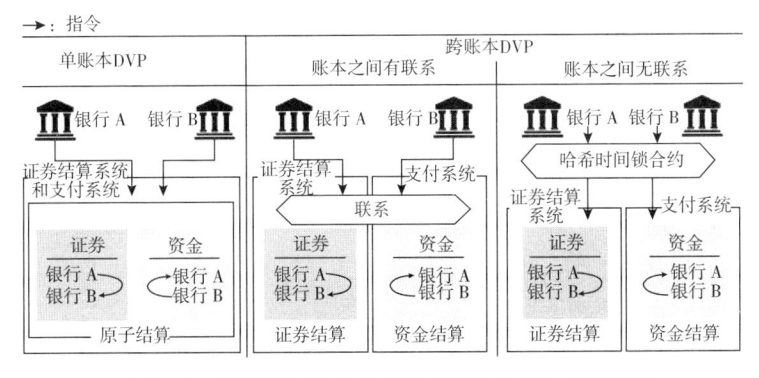

图 19.6　付券端和付款端都是通证范式时的 DVP 模式

二是付券端和付款端使用两个不同的通证体系（也就是两条不同的区块链），称为跨账本 DVP。对跨账本 DVP，资金和证券记录在两个不同的账本，需要账本之间存在某种机制将两种资产的交易联系起来，有两种可能方法。第一种是由一个中心化机构在两条区块链上协调证券和资金的转让。第二种是通过哈希时间锁合约。但能否在所有场景下都实现 DVP 仍是一个需要研究的问题。Jasper 项目认为，跨链结算可能有本金风险。Stella 项目测试发现，使用哈希时间锁合约的跨账本 DVP 可能发生结算失败，并导致两种不同结果。第一种结果是资金和证券被退还给各自原始持有人，两个交易对手方都不会承担太大风险，但会面临重置成本风险和流动性风险。第二种结果是资金和证券都会被一个交易方获得，另一方会承担较大的本金风险。

本章在总结关于区块链应用于金融交易后处理的文献的基础

上，试图回答下列问题：在区块链上发行和交易证券是什么原理？央行数字货币怎么应用于金融交易场景？区块链应用于主流金融领域会是什么形式？应该说，本章的回答是初步的。对区块链应用于金融交易后处理，还有大量的经济学、技术、法律和商业拓展等问题需要研究。

第一，资金和证券通证化的经济学逻辑不复杂，但法律问题尚无清晰答案，主要体现为通证持有者的法律权利，以及通证持有者、通证发行者与通证的储备资产之间的关系。

第二，区块链应用于金融交易后处理的必要性和合理性。目前分析表明，在证券的间接持有模式中引入区块链，有助于缩短托管链条，降低对中介机构的依赖，简化对账工作量，从而缩短结算流动并提高结算效率。这些改进对证券多层持有更为明显。但在我国资本市场（包括股票市场与债券市场）这样的直接持有模式中，区块链的改进作用还有待测试。

第三，我国在数字票据交易平台的试验表明，证券通证化后，必须配合资金通证化，才能发挥区块链在金融交易后处理中的潜力。因此，区块链应用于金融交易后处理，央行数字货币是一个不能回避的问题。

第四，区块链会为金融交易后处理带来新的问题，包括但不限于：结算的最终性，有效处理差错和例外情况，在去中心化环境下轧差后净额结算的可行性，跨账本 DVP 的可行性。

参考文献

[1] 狄刚. 数字货币辨析 [J]. 中国金融, 2018 (17).

[2] 范一飞. 中国法定数字货币的理论依据和架构选择 [J]. 中国金融, 2016 (17).

[3] 范一飞. 关于央行数字货币的几点考虑 [N]. 第一财经, 2018.

[4] 穆长春. 在中国金融四十人伊春论坛上的发言 [EB/OL]. ht-

tps：//finance. sina. com. cn/money/bank/2019 - 08 - 11/doc - ihytcern00964 91. shtml.

［5］香港交易所. 证券持有系统与"穿透式"市场监管的国际经验［R］. 2020.

［6］姚前，汤莹玮. 关于央行法定数字货币的若干思考［J］. 金融研究，2017（7）.

［7］姚前. 法定数字货币对现行货币体制的优化及其发行设计［J］. 国际金融研究，2018a（4）.

［8］姚前. 中央银行数字货币原型系统试验研究［J］. 软件学报，2018b（9）.

［9］姚前. 共识规则下的货币演化逻辑与法定数字货币的人工智能发行［J］. 金融研究，2018c（9）.

［10］姚前. 法定数字货币的经济效应分析：理论与实证［J］. 国际金融研究，2019（1）.

［11］姚前. 基于区块链的新型金融市场基础设施［J］. 中国金融，2019（23）.

［12］杨燕青，周徐. 金融基础设施、科技创新与政策响应——周小川有关讲座汇编［M］. 北京：中国金融出版社，2019：21 - 22.

［13］易刚. 庆祝新中国成立70周年活动新闻中心发布会上的发言［EB/OL］. http：//news. sina. com. cn/o/2019 - 09 - 24/doc - iicezueu7987562. shtml.

［14］徐忠，邹传伟. 区块链能做什么，不能做什么［J］. 金融研究，2018（11）.

［15］邹传伟. 区块链与金融基础设施——兼论 Libra 项目的风险与监管［J］. 金融监管研究，2019（7）.

［16］邹传伟. 对人民银行 DC/EP 的初步分析［J］. 新金融，2019（12）.

［17］周小川. 信息科技发展与金融政策响应［J］. 金融市场研究，2019（9）.

[18] Bech, Morten, and Jenny Hancock. "Innovations in Payments", *BIS Quarterly Review*, 2020.

[19] Bech, Morten, Jenny Hancock, Tara Rice, and Amber Wadsworth. "On the Future of Securities Settlement", *BIS Quarterly Review*, 2020.

[20] Committee on Payments and Market Infrastructures (CPMI). "Distributed Ledger Technology in Payment, Clearing and Settlement: An Analytical Framework", Bank for International Settlements (BIS).

[21] Committee on Payments and Market Infrastructures (CPMI). "Wholesale Digital Tokens", Bank for International Settlements (BIS).

[22] DTCC. "Guiding Principles for the Post-Trade Processing of Tokenized Securities".

[23] Libra Association. "An Introduction to Libra", https://libra.org/en-US/white-paper/#the-libra-currency-and-reserve.

| 后记

    2019年10月24日，习近平总书记在主持学习区块链技术发展现状和趋势时强调，区块链技术的集成应用在新的技术革新和产业变革中起着重要作用。我们要把区块链作为核心技术自主创新的重要突破口，明确主攻方向，加大投入力度，着力攻克一批关键核心技术，加快推动区块链技术和产业创新发展。习总书记在主持学习时指出，区块链技术应用已延伸到数字金融、物联网、智能制造、供应链管理、数字资产交易等多个领域。

    本书重点讨论区块链与金融的结合，特别是区块链与资产证券化的结合，从会计报表的角度看，区块链从资产负债表右边介入，属于货币端的应用，这是央行和商业银行的主要工作。区块链在货币端应用是一个自洽的体系，货币生在账本上，流转在账本上，在数学上可验证。

    区块链从资产负债表左边介入，资产不是原生于链上，如何使资产映射到账本，确保其在账本上的"唯一性"，是区块链在资产端应用的一个核心课题。

    区块链与资产端结合，使资产数字化，与实体经济可以深度融合，推动产业的转型和升级。资产的数字化进程会随着货币数字化的进程而不断走向深入，两者同时数字化才能形成资产负债表意义上的闭环。

    我本人一直从事资产证券化和REITs领域的研究、实践、创新和技术方面的工作，主编和翻译了一系列作品，在2015年的时候，与万向区块链试验室的肖风总交流，他跟我说，未来的金融业货币数字化、资产数字化,可能就不需要资产证券化了。他的这个观点对我触动很大,引发我对区块链的关注和研究。

2016 年,我在翻译《区块链:技术驱动金融》一书的时候,邀请谢平教授为这本译著作序,序言的题目是"资产证券化可能成为区块链最好的一个应用"。2019 年,我与姚前局长沟通,希望在他的带领下,就区块链与资产证券化方面做一些更深度的思考和研究,这个想法得到他的支持,并在行业专家的协作下,完成了本书的内容,他们的具体分工如下。

第一部分《数字资产概述》中的第 1 章《数字资产与数字金融》、第 2 章《区块链高质量发展与数据治理》、第 3 章《基于区块链的资产证券化信息披露应用》,由姚前局长主笔。

第二部分《区块链与资产证券化结合的探索与实践》中的第 4 章《资产证券化业务的发展过程及瓶颈》、第 5 章《区块链在资产证券化过程中的应用》、第 6 章《区块链在资产证券化应用市场中的案例》、第 7 章《区块链在资产证券化中的应用前景及挑战》,由腾讯集团副总裁赖智明、腾安基金总经理李康宁主笔。

第三部分《资产证券化底层技术》中的第 8 章《资产证券化实现的区块链技术基础》、第 9 章《区块链技术的运用方式》、第 10 章《区块链技术发展及其在资产证券化领域应用的展望》,由趣链科技首席执行官李伟、美国城市国家银行副总裁郁冰峰、趣链北京分公司副总经理张贝龙、趣链北京分公司梅冰晶、链证数科试验室林华主笔。

第四部分《STO:基本框架、法律挑战及监管展望》中的第 11 章《STO 的基本概念与生态模型》、第 12 章《STO 的发展:国际现状》、第 13 章《STO 在我国:现实意义与发展空间》、第 14 章《STO 产品的分类设计》、第 15 章《STO 的监管:基本框架与初步探索》,由汇丰晋信基金副总经理王立荣、链证数科试验室林华主笔。

第五部分《数字货币与数字资产融合》中的第 16 章《稳定币》、第 17 章《央行数字货币》、第 18 章《数字资产》、第 19 章《基于数字货币与数字资产的金融体系》，由万向区块链股份董事长肖风、万向区块链首席经济学家邹传伟主笔。

  姚前局长和我负责对每位作者的初稿进行审阅、统稿，提供修改意见，并与出版社进行沟通。

  这本书的出版得到万向集团肖风总的大力支持。另外，我也要感谢中信出版社的许志老师和北京紫金智能金融研究院秘书长白雪女士的协助。

林华

作者简介

肖风

中国万向控股有限公司副董事长兼执行董事,上海万向区块链股份公司董事长兼总经理,万向区块链实验室创始人。南开大学经济学博士,有超过18年的证券从业经历和资产管理经验。历任深圳康佳电子集团股份有限公司董事会秘书兼股证委员会主任,中国人民银行深圳经济特区分行证券管理处科长、副处长,深圳市证券管理办公室副处长、处长,证管办副主任,博时基金管理有限公司总裁。

赖智明

腾讯集团副总裁,富融银行董事长。2012—2019年担任腾讯财付通总经理,与团队共同推出微信支付业务,为腾讯打造支付基础设施及金融开放生态做出具战略意义的重大贡献。在支付领域抓住快捷支付的机遇,于2014年推出微信红包,实现全球最大规模的互联网金融创新;微信支付的商业支付日均交易笔数,发展迅速至超过10亿(2019年第四季度)。之后,再与团队推出理财平台"理财通",总客户资产超过人民币8 000亿元(2019年上半年)。2015年起担任腾讯金融科技负责人至2019年,期间逐渐建立起以支付为入口,覆盖理财、证券、银行、区块链等多元领域的金融生态体系。2019年6月起出任富融银行(由腾讯等投资发起设立的香港虚拟银行)董事长。广东省政协委员,曾任众安在线财产保险股份有限公司、和泰人寿保险股份有限公司、中信资本控股有限公司等金融企业的董事。美国麻省理工学院计算机学士及硕士,辅修经济学,美国哈佛大学商学院工商管理硕士。

李伟

趣链科技首席执行官。毕业于浙江大学计算机科学与技术学院，研究方向为分布式系统及数据一致性。具有十余年金融科技工作经验，曾先后供职于微软亚洲研究院、道富银行浙江信息技术中心等公司。2015年年底投身于区块链基础平台即国产自主可控联盟链平台研发，承担区块链领域多项核心技术的研究攻关，2016年创立趣链科技，任首席执行官，从事联盟区块链的技术研发与商业化探索，并主导其在工农中建等银行、上海证券交易所等大型金融机构的落地。

邹传伟

万向区块链首席经济学家，经济学博士。先后就读于北京大学、清华大学和哈佛大学。曾长期供职于中央汇金公司、中国投资公司和南湖金服，曾荣获首届"孙冶方金融创新奖"、第五届中国软科学奖（前沿探索奖）和第一财经"2019年度机构首席经济学家"称号。

王立荣

现任汇丰晋信基金管理公司副总经理。18年金融市场从业经历，长期从事股票、债券、利率和股指期货的投资、交易和研究工作；在长期金融市场工作中，对宏观经济、货币与财政政策、政府与社会资本合作（PPP）、资产证券化与区块链技术等领域有长期跟踪研究和经验的积累。曾任中国资产证券化研究院副院长，国家发改委PPP专家库首批定向邀请专家。

郁冰峰

特许金融分析师和中国注册会计师（非执业），上海交通大学会计学士，加州大学戴维斯分校工商管理硕士。现任加拿大皇家银行（RBC）旗下的美国城市国家银行（CNB）高级副总裁和评估部经理，主要负责该银行各类资产和负债的市价研究和估算，信贷会计研究和建模及购并项目的分析、评估和会计处理等工作。曾先后供职于毕马威华振会计师事务所、通用电气（中国）公司、加州 CalPERS 基金固定收益部；2006—2010 年任美国毕马威结构金融部经理，主要从事资产证券化的构架、建模、审核、评估、风险管理和会计处理等咨询工作。

张贝龙

趣链科技北京分公司副总经理。大型股份制商业银行科技部多年从业经历，金融领域资深专家。对区块链技术和金融业务均有深刻理解，主导过各类金融区块链项目落地工作。

李康宁

腾讯腾安基金销售公司总经理，腾讯金融科技资金业务负责人。中国保险业协会资产证券化委员会委员。中国人民大学硕士。多年银行、券商资管、固收及投行工作经验。国内最早一批券商资管及证券化业务开拓者，国内最早 T+0 类货币产品（信达现金宝）设计者，国内最早供应链金融金融科技模式创新实践者。

梅冰晶

趣链科技高级业务专家。欧洲外资银行投行部和商行部门从业经历，回国后从事区块链与金融科技相关工作。目前负责趣链科技金融领域区块链项目。